21世纪经济管理新形态教材·工商管理系列

ERP沙盘模拟实训

赵辉越　李　卓　闫雯玲 ◎ 主　编
陈子豪　章鸣灿　田　锐 ◎ 副主编

清华大学出版社

北京

内 容 简 介

本书是为高等院校财会类、工商管理类、金融类专业学生编写的教材。与传统的 ERP 教材相比，本书力求从务实的角度，系统地阐述与 ERP 相关的基本理论，并结合我国的实际情况介绍了两种典型的 ERP 软件产品，还特别介绍了一些与 ERP 系统相关的先进制造系统及管理模式，力图将理论与实践紧密结合起来，使读者对 ERP 的理论、方法和实践有正确、全面的认识。

本书共分为两大部分：第一部分为 ERP 电子沙盘模拟过程中涉及的相关知识介绍。第二部分则为 ERP 电子沙盘模拟实验教学，主要介绍金蝶、博浪两款 ERP 电子沙盘软件的操作规则和 ERP 电子沙盘操作手册，便于读者动手操作。

本书既可以作为普通高等院校 ERP 电子沙盘模拟实验课程教材或自学教材，也可以作为实训操作用书。

图书在版编目 (CIP) 数据

ERP 沙盘模拟实训 / 赵辉越，李卓，闫雯玲主编 . —北京：清华大学出版社，2023.5
21 世纪经济管理新形态教材 . 工商管理系列
ISBN 978-7-302-63520-8

Ⅰ . ① E… Ⅱ . ① 赵… ② 李… ③ 闫… Ⅲ . ① 企业管理－计算机管理系统－高等学校－教材 Ⅳ . ① F272.7

中国国家版本馆 CIP 数据核字 (2023) 第 080148 号

责任编辑：付潭娇 刘志彬
封面设计：汉风唐韵
版式设计：方加青
责任校对：王荣静
责任印制：杨 艳

出版发行：清华大学出版社
网 址：http://www.tup.com.cn，http://www.wqbook.com
地 址：北京清华大学学研大厦 A 座 邮 编：100084
社 总 机：010-83470000 邮 购：010-62786544
投稿与读者服务：010-62776969，c-service@tup.tsinghua.edu.cn
质 量 反 馈：010-62772015，zhiliang@tup.tsinghua.edu.cn
印 装 者：北京嘉实印刷有限公司
经 销：全国新华书店
开 本：185mm×260mm 印 张：19 字 数：446 千字
版 次：2023 年 6 月第 1 版 印 次：2023 年 6 月第 1 次印刷
定 价：55.00 元

产品编号：096971-01

前　言

随着 IT 技术的迅速发展和电子商务的广泛应用，企业面临的竞争环境发生了根本性的变化，顾客需求瞬息万变，技术更新不断加速，产品生命周期不断缩短，企业间竞争日趋激烈。这就为加快高等院校培养新型高质量经管类人才提出迫切而现实的要求。高等院校经济管理类课程要求理论教学必须与实践相结合，通过开设 ERP 电子沙盘模拟实验课程，灵活运用沙盘教具模拟企业经营的全过程，可以使师生置身于模拟企业经营之中，体会市场竞争的不确定性和残酷性，加深学生对财务管理、战略管理、运营管理、营销管理等课程理论教学内容的理解，并能运用学过的专业知识为模拟企业经营献计献策。教学实践表明，ERP 电子沙盘模拟实验课程深受广大师生的欢迎，已经成为高等院校经济管理类专业的一门重要课程。

本书力求从务实的角度，系统地阐述与 ERP 相关的基本理论，并结合我国的实际情况，介绍两种典型的 ERP 软件产品，还特别介绍一些与 ERP 系统相关的先进制造系统及其管理模式，力图将理论与实践紧密结合起来，使读者对 ERP 的理论、方法和实践有正确、全面的认识。

本书是编者在多年会计学、财务管理、工商管理等专业领域的理论教学和 ERP 电子沙盘模拟实验课程教学的基础上，本着通俗易懂的原则编撰而成的。本书可作为 ERP 电子沙盘模拟实验课程教材或自学教材，也可作为实训操作用书。

本书共分两大部分，第一部分为 ERP 电子沙盘模拟过程中涉及的相关知识介绍，主要为跨专业学习的学生简要介绍相关专业知识，其中包括模拟企业战略管理、市场营销、基础会计、财务分析等相关的基本理论。第二部分则为 ERP 电子沙盘模拟实验教学，主要介绍金蝶、博浪两款 ERP 电子沙盘软件的操作规则和 ERP 电子沙盘操作手册，便于读者动手操作。

本书第一章由赵辉越编写，第二章由李卓编写，第三章由陈子豪编写，第四章由章鸣灿编写，第五章、第六章和第七章由闫雯玲编写，田锐校稿，研究生申红雨、王麓茗参与辅助工作。本书在编写过程中参考并引用了大量的文献，使用博浪、金蝶公司提供的软件和道具。在此，向所有被引用文献的作者，向给予我们帮助的专家和学者表示诚挚的谢意。

由于编者水平有限，书中难免存在缺陷和疏漏，恳请专家、读者批评指正。

编　者

2022 年 11 月

目　录

第一章　战略管理

第二章　市场营销

第三章　基础会计

第四章 财务分析

第五章 金蝶沙盘操作规则

第六章 博浪沙盘软件操作

第七章 ERP沙盘操作手册

第一章 战略管理

学习目标

1. 了解企业战略管理理论前沿，战略管理过程模式、战略管理层次结构等实践发展动向；

2. 掌握战略管理的基本理论和基本方法，通过对战略管理构成要素进行分析，解决实际问题；

3. 掌握企业经营管理环境结构，运用 PEST 分析方法、波特五力分析方法分析实际企业的战略环境；

4. 针对在投融资管理现状、管理过程中存在的问题进行分析，为企业投融资发展提出新思路；

5. 了解企业运营管理理论沿革，结合现实发展，对企业运营管理提出新的思考；

6. 关注与企业现实相关的战略实施与控制过程中出现的问题。

第一节 认识企业战略管理

企业战略管理部分的内容蕴藏着深厚的中国传统文化内涵。"战略"一词最早是军事方面的概念，它起源于兵法，指将帅的智谋。企业在制定战略时，要统揽全局，高瞻远瞩，对外部环境和内部环境进行分析，明确自己的外部机遇和威胁，内部优势和劣势，知己知彼，才能百战百胜。战略管理来自于实践，经过管理学专业人才的提炼总结，上升到理论高度，最后走进教材。随着时代的发展，理论也会推陈出新，在前人的理论基础上进一步结合当时的实践，重新提出新的理论。新经济的产生会影响企业的行为，进而对战略管理提出新的需求，因而需要结合理论与实践，将战略管理应用到企业实践中。

一、企业战略管理的定义

企业战略是一种计划或决策，确定了公司所经营的商业和经营策略。它建立在企业的任务和目标之上，同时也是参照企业内部各个业务部门所充当的角色。

首先要明确战略究竟是一种什么样的计划或决策。根据战略思想的演变，目前，学术界有以下五种定义：战略是一种计划（计划学派）；战略是一种定位（定位学派）；战略是一种愿景或理念（企业家学派）；战略是一种模式（学习学派）；战略是一种策略（权力学派）。

目前，这五种定义中最基础的是"战略是一种计划"，后面四种定义是对前一种定义的补充完善，而不是替代。从时间序列上看，战略是一种计划，主要代表了理性主义学派的观点，而后面四种定义代表了非理性主义学派的观点。

首先，计划通常发生在事情开始之前，所以战略应该是事前决策，而不是事中决议。

其次，战略是一种理性的决策，管理层具有主动性，对战略的决策应该是主动决策，而非被动决策。这种观点成立的前提：一是环境相对稳定或环境变化相对较慢，未来的变化是可以预测的，而且预测比较准确；二是管理者足够理性，能够对内外部环境进行理性分析、合理预测，然后做出理性的选择。

二、企业战略管理的过程模式

企业的战略决策可以分为事前主动决策和事中反应性决策两种。在此基础上，事前主动决策具有较大的合理性，而在过程中的决策，尤其是事中反应性决策，往往会受到非理性因素的影响。企业在制定战略时，除了制定一些长期的、整体的、重大的决策外，还要注意特定条件下的对抗性竞争。企业战略管理的过程模式可分为战略制定、战略实施、比较评价与控制这三类。在整个战略实施过程中，企业不再一味地追求严格性，而是要求做到严格性与创新性统一，这样才能在动态环境中进行有效的企业战略管理。

扩展阅读 1.1

战略

（一）战略制定

战略制定是制定一个企业的长远发展计划，指通过对公司内部、外部环境因素进行分析与整合，明确公司的目的与属性，设定公司的目标，制定公司实现目标的对策与策略。

1. 战略综合规划

企业战略是公司发展的长远愿景，它是从上到下的整体规划。公司将根据自身的特征和目标需要，制定相应的发展战略、投融资战略、品牌战略、产品战略等。企业的整体战略规划应从内外两方面进行；对外要及时收集和获取外部的信息；对内要分析管理水平和人员素质，了解产供销现状，以及清楚企业所处行业地位，通过全面地分析对比，做出合理的综合规划。

2. 技术开发战略

技术开发指将研究所取得的成果或一般的科学知识用于生产过程的技术活动。工业企业的技术开发包括：产品开发、设备和工具开发、生产工艺开发、能源和原材料开发，改善环境的技术开发等。不同的企业可以根据实际情况选择技术研发的重点。企业通常会对现有的产品进行技术改造：以提高质量，形成竞争优势；或降低生产成本，利用优惠的价格占领市场份额。技术研发和技术创新是公司的核心竞争力和活力所在，而技术研发又是公司发展战略的重要组成部分。

3. 竞争战略规划

企业的竞争战略有多种，不同的公司可以根据自己的特点和优势来制定自己的竞争战略。任何一种竞争战略的制定，其终极目标就是让自己的产品在竞争中胜出，从而获得竞争优势，抢占市场。

（1）一般战略。该战略是许多公司普遍采用的一种战略，即通过扩大生产规模或运用现代科技手段来减少生产成本，从而使产品的成本大大低于同类产品，形成强大的价格优势，从而在价格战中占据一定的市场份额。

（2）综合战略。综合战略指企业通过整合自身的优势，或与其他公司合作，通过跨界、多个层面的合作，通过整合企业的资源和产品的综合优势，共同抵御市场竞争的压力。

（3）特殊战略。即根据以上战略，企业根据自己的特点和长处，进行有针对性的短期策略。比如，先发制人、以小换大等独具特色的战略形式。在激烈的市场竞争中，企业必须根据自己的能力和行业特点，制定有针对性的、符合公司发展要求的竞争战略。

（二）战略实施

战略实施是战略管理过程的第二阶段活动，也是战略管理过程的一个重要部分。在制定了公司战略计划之后，管理者的工作重点也就转移到了执行战略上。企业发展战略的实施指将战略制定阶段确定的战略规划、计划、预算、工作流程等，统筹动员和运用内外资源，根据既定的战略目标，将战略制定阶段确定的战略计划转变为具体的行动。企业战略的执行往往需要企业在组织结构、经营流程、能力建设、资源配置、企业文化、激励机制、治理体系等方面做出调整，并采取相应的措施。不管是哪一家公司，不管是哪一种发展策略，都要把它运用到公司的实际发展中去，从而形成一个完整的战略执行系统，使整个发展策略得以有效地执行。

1.战略控制概念

战略控制就是对战略规划、实施过程和效果进行监控，建立与战略目标相适应的激励和制约机制，使公司的长远发展成为现实的经营目标，从而保证战略目标的实现。战略控制主要是在执行公司的经营策略时，考察公司为实现其目的而开展的各种活动的进度，对其实施后的业绩进行评估，将其与既定的战略目标和业绩标准进行对比，找出差异所在，并对其原因进行分析和修正。让企业的战略执行与企业的内外环境和目标相协调，从而完成企业的战略计划。

2.战略控制的基本特征

（1）可行性。可行性是公司能否实现的战略。公司是否具备执行有效的策略、资金、人力或其他资源、技术和组织上的核心能力。当战略可行性存在不确定性时，应拓展策略研究领域，寻求与其他企业、金融机构进行合作，以实现共同发展。

（2）多样性。由于公司的经营环境在不断改变，尤其是在政府政策、竞争对手和其他利益相关方等方面存在诸多不确定因素的情况下，公司在任何时候都会产生新的机会，从而影响到公司的战略实施。为了达到公司的战略目标，必须采用多元化的策略控制模式，因地制宜地进行持续监控，合理分配战略资源，提升经营绩效，推动战略目标的实现。

（3）灵活性。战略控制是在战略实施过程中开展持续监测的动态过程，针对出现的各种矛盾和问题，保持正确的战略方向，及时根据实际情况进行调整和修正，避免出现过度干预，产生消极作用。

三、企业战略管理的构成要素

企业战略管理由以下四个要素构成，这是进行企业战略管理的重要依据。

（一）经营范围

经营范围指企业在某一特定的时间里，以其技术、人才和资本的优势来确定产品类型或服务领域。企业根据当时的人才、技术、市场、资金等特点确定公司的业务范围，即在其所熟悉的业务范围内，发挥自身的长处，将有限的资源集中于自身的市场并充分利用，而非四面出击。经营领域的合理性、经营方向的稳定性都将直接影响到企业的策略选择和执行的效果。狭隘的经营范围会限制公司的行为，不能适应不断变化的外部环境，而过于宽泛的业务范围会使其变得模糊不清，让公司无所适从。同时，企业资源的过度分散也会导致企业的整体实力下降。适当的业务领域界定了公司的生产和运营活动，为公司的战略制定和执行提供适当的范围，从而避免在面对各种发展机遇和方向时手足无措，同时也避免在错综复杂的环境中失去方向。

要确保公司的战略得以落实，其业务范围就必须保持相对稳定。企业经营业务范围相对稳定并不意味着业务数十年一成不变，而是要避免频繁的变化伤害公司的生命力，特别是对于大中型企业来说，很难进行大规模的业务调整。但是，随着科技的快速发展，产品的更新速度加快，产品的性能和功能也随之发生变化，过时的技术将逐渐被淘汰。因此，在未来一段时期内，企业想要能够及时地进入和退出特定的业务领域需要公司的运营领导层具有灵活性。

（二）资源配置

资源配置指企业资源和技能组合的水平和模式。广义的企业经营资源包括人力、资金、材料、设备、时间、商誉、信息、管理、技术、经验、产品，甚至市场等多种因素。从公司的长期发展来看，公司的资源总量整体呈现出一种持续增长的态势，但在一定的时间内，其总量是有限的，是稀缺的。一种经营资源的获取，必然会导致某种或多种资源的牺牲，当某些项目、某个部门的资源需求被满足时，其他的项目、部门就会出现短缺。企业的运营资源在各个项目、各个行动、各个部门之间采用不同的分配方式，会产生不同的运营效益。资源配置是为了获取执行公司战略所需的多种运营资源，合理调配公司的运营资源，使有限的资源集中到公司的核心区域，从而形成竞争优势，达到公司的战略目标。

企业战略取决于企业的资源。但是，由于企业的资源有限，因此，为了达到战略目的，必须从资源的内在潜能出发，从整体战略、功能策略、各业务活动对企业资源的需求等方面进行合理的配置。

（三）竞争优势

竞争优势指企业在市场竞争中，根据自身的资源分配方式和业务范围来决定自己的市场竞争地位。竞争优势可以指公司在产品、市场中的位置，也可以指利用特定的资源。竞争优势来源于3个方面：企业技术的创新、企业业务的整合、企业员工的培育。

（1）企业技术创新指生产技术的创新，包括新技术开发，或将已有的技术进行应用创新。竞争是一种优胜劣汰的机制，通过技术创新，可以降低成本，提高产品质量，提高经济效益，从而使企业在市场上获得优势。所以，企业要想在竞争中战胜竞争对手、保全发展自身、获取更高的利润，就必须不断地进行技术创新。

（2）企业业务整合，即企业在发展过程中，基于对当前业务布局与运行情况的诊断，结合企业长期持续发展的战略需要，对企业已有的业务进行战略性调整和重新组合的过程。企业业务的整合包含内、外一体化两个方面。内部整合指企业根据最优分配的原则，对现有的行业进行重组，包括产品结构、经营模式、组织状况等，从而提升企业的整体效益与综合竞争力，从而达到更好的发展。所谓外部整合，就是企业为加速发展而进行的并购重组，其目标是加强企业的竞争能力和对企业的控制能力。

（3）企业员工的培育指员工在知识、技能、态度、观念等方面，运用科学的方法得以提高。确保员工能够拥有自己胜任的工作，并能够按预定的标准，完成当前或未来的工作的能力。现代的企业竞争，归根到底是人才的竞争，从某种意义上讲，也是企业员工培育的竞争，因此，要重视员工全面素质的提升和企业文化的认同。

（四）协同作用

协同作用指企业在资源配置和经营范围的决策中所能寻求到的各种共同努力的效果。在企业经营管理中，要达成一个目标，即企业整体的资源效益高于各个部门的独立利润总和。企业之间的合作可以分成 4 种。

（1）投资协同。它的功能是由企业内部的各个企业共同使用设备、共同储备原材料、共同研发新产品、共享企业所特有的工具和技术。

（2）生产协同。它的功能是充分利用现有的人力、设备，共享经验所带来的优势。

（3）销售协同。它的功能是通过销售渠道、销售机构和销售方式来完成销售活动。

（4）管理协同。管理协同企业充分利用其管理能力，同时管理若干个业务，使经营成果大为提高，是一种相当重要的协调作用。当然，如果协同作用使用不当，也会产生负协同作用。

四、企业战略管理的层次结构

企业的战略决策不仅是企业领导者个人的任务，而且更需要各级管理人员的共同参与和努力。企业战略可以划分为三个层次：公司战略、业务单位战略、职能战略。

（一）公司战略

公司战略指为实现企业总体目标，对企业未来发展方向做出的长期性和总体性战略，是企业最高层次的战略，是企业整体的战略总纲。公司战略规定了企业使命和目标，经营范围的选择，为经营范围服务的特异优势、战略推移和可能的时间策略。

在有多个经营单位或多种经营业务的情况下，公司战略主要指集团母公司或者公司总部的战略。公司整体战略的目的在于：明确公司在今后一个时期内的整体发展趋势，协调公司内部各部门的关系，合理分配资源，培养核心业务其重点是：一是从公司整体的角度出发，根据公司的外部环境和内部情况，决定公司的使命和任务，产品和市场的范围；二是"如何经营这些业务"，也就是在不同的战略机构中，如何对资源进行配置并确定发展方向，以达到公司的总体战略目标。

在企业的战略管理中，既有不同的决策角度，又有不同的内部特征和外部环境，可以根据不同的情况，选择不同的策略。

（1）防御型战略是企业为应对市场上可能给企业带来的威胁，采取的一些措施保护和巩固现有市场的一种战略。防御型战略是为了降低被攻击的风险，减弱企业所具备的竞争性行动产生的影响，从而影响竞争对手的行为。例如：宏观经济萧条、通胀严重、消费者购买力弱；企业产品进入衰退期，市场需求急剧下滑，没有新的产品投放市场；公司在强大的竞争者面前不堪一击；公司的高级领导对市场需求的改变不够敏感，在危机面前无所适从，只能采取被动的防守策略。在面临困难时，企业的高层领导人应积极选择具有发展前景的业务进行投资，进行有序的资源调配，采取防卫策略。

（2）稳定型战略指在内外环境的约束下，企业在战略规划期使企业的资源分配和经营状况基本保持在目前状态和水平的战略。稳定型战略追求企业经营方向及其正在从事经营的产品和面向的市场领域内，所达到的产销规模和市场地位都大致不变或以较小的幅度增长或减少。采取稳定型战略的企业，一般处在市场需求及行业结构稳定或较小动荡的外部环境中，企业所面临的经营战略是一种消极的发展战略。企业实施紧缩型战略只是短期的，其目的是为了抵御竞争对手的进攻，避开环境的威胁，从而迅速实现自身资源的最优配置。

（3）进攻型战略指在一个竞争性的市场上，主动挑战市场竞争对手的战略，其目的是使企业在现有的战略水平上向更高一级的目标发展。采取进攻型战略的既可以是行业的新进入者，也可以是那些寻求改善现有地位的公司。新技术、新产品，以及在产品生产营销中获得的竞争优势等，都可以成为企业进攻性行动的中心。

（4）增长型战略，又称扩张型战略，是一种以扩张为导向，不断开发新产品、新市场，采用新的生产管理方式，扩充员工数量，进而扩大产销规模，提高市场占有率的积极性战略。企业要实施增长型战略，就必须分析战略规划期内的宏观经济与产业经济状况，以便从环境中获得更多的资源。

（二）业务单位战略

业务单位战略是企业战略中的业务单元在公司战略的指导下，经营管理某一特定的业务单元的战略计划，具体指导和管理经营单位的重大决策和行动方案，是企业的一种局部战略，也是公司战略的子战略，它处于战略结构体系中的第二层次。

现代大公司往往是集多种经营为一体的企业，或生产多种产品，由几个相互独立的产品和营销部门组成，如事业部或策略运营单元。因为各行业产品或服务的差异，面临的外部环境也不尽相同，可为各种业务提供的资源支持也不尽相同，所以，在规模较大的企业中，如果其下属的业务部门数目较多，往往会设置一个策略部门，让其在整体战略的指引下，根据公司的整体战略，对特定产品、市场、客户、地域等进行战略决策。对于只经营一种业务的小企业，或者不从事多元化经营的大型组织来说，业务层战略与公司战略是一回事。所涉及的问题是，在已有的产品和市场中，以何种方式进行商业运作，才能获得客户认同的营运优势。在企业的经营层面上制定公司的竞争策略，包括：如何获得竞争优势；如何使公司的利润最大化；如何扩大市场占有率；如何决定产品的范围、价格、促销手段、销售渠道等。

业务单位战略的类型如下。

1. 成本领先战略

成本领先战略指企业通过降低自己的生产和经营成本，以低于竞争对手的产品价格获得市场占有率，并获得同行业平均水平以上的利润。成本优势在企业的运作中起着至关重要的作用，而成本优势的产生取决于行业的规模经济、技术专利、原材料优待等。实施成本领先战略的风险主要有：降低产品价格会导致利润率下降；新入者会落后于市场，失去对市场变化的洞察力；技术变化会降低企业的资源利用效率；企业容易受到外部环境的影响。

2. 产品差异化战略

产品差异化战略指为使企业产品、服务、企业形象等明显区别于竞争对手，获得竞争优势而采取的战略。企业可以通过以下策略实现产品差异化。

（1）R&D（research and development）策略指企业大力开展研究和开发工作，使产品在质量、式样、造型等方面不断创新，满足顾客需要，形成区别于同类企业的竞争优势。

（2）促销策略指企业通过利用人员推销、广告、公共关系和营业推广等各种促销方式，向消费者传递产品信息，引起他们的注意和兴趣，激发购买欲望和购买行为，以达到扩大销售的目的。

（3）服务策略指企业职员为消费者提供优质服务，满足消费者合理的差异需求，实现目标客户提供利益的保证和追加。

3. 专一化战略

专一化战略是企业根据所具备的优势，以较高的效率、更好的服务为特定的顾客群、产品线或地区市场制定的战略，从而超过较广阔范围内的竞争对手，比如实现差别化，或实现低成本，或二者兼得。

（三）职能战略

职能战略指企业各职能部门为贯彻、实施和支持公司战略与业务战略而在企业特定的职能管理领域制定的战略。侧重职能部门的效率，一般可分为研究与开发战略、生产战略、人事战略、财务战略、营销战略等。它更具有行动导向性，在促进公司战略成功方面具有关键性作用。由于各个职能部门都有各自的目标和行为，因此会造成各个部门之间的利益冲突，从而影响到公司的绩效。职能战略主要针对某个职能部门的工作效率问题，着重于如何有效地使用企业的资源，以达到最大限度地发挥其作用的目的。它的内容要比经营战略更加详细和具体，它的功能是把整体战略和经营战略的内容具体地结合起来，并使各个功能相互配合。

1. 职能战略的类型

（1）研究与开发战略指围绕企业战略所确定的产品和市场战略，通过科学的调查和分析，制定产品开发和工艺开发战略。这为企业的产品更新换代、提高生产效率、降低生产成本提供了科学依据和技术保障。有三种主要的研发策略。基础研究。目的是探索新知识，探索新事物，探索自然现象与自然现象之间的关系和演变规律，为新技术开发、新产品开发奠定理论基础。应用研究。目的在于探讨在基础科研中所获得的科研成果和理论成果，并将其用于实际生产。开发研究。目的是利用基础与应用研究的知识与成果，开发新产品、新工艺等。

（2）生产战略指在企业总体战略和竞争战略的基本框架下，决定如何通过生产运作活动来达到企业的整体战略目标。它是通过对企业内部、外部环境的综合分析，对经营管理、生产运作体系等方面的基本问题进行分析和判断，从而确立总体的指导方针和一套相应的应对策略。生产战略包括以下类型：成本策略，指利用制造体系中的规模经济优势，实现设计与制造的规范化，使其成本大大降低，进而获得竞争优势，形成一种进入壁垒；质量策略，指以品质要素为核心，以消费者所感知的产品或服务品质，取得较高的市场份额及持续获利；时间策略，指企业将时间视为一项重要的竞争优势资源，以减少产品研发与生产周期，从而达到满足不同市场需求的目的。

（3）人力资源战略指对组织中的工作人员开展管理和开发活动，为组织获取持续的竞争优势，并推动组织发展战略。科学、合理的人力资源战略管理，既能及时获取人才，又能进行科学的配置、开发和利用，并根据人力资本的价值来决定员工的薪酬和福利，这作为一种激励手段，保证了企业的战略目标能够顺利地达成。要加强企业的人才战略管理，必须建立多元化的用人机制，建立人才吸引机制，营造良好的用人机制，加强员工对自己的事业和发展的科学规划，建立科学的考核体系，健全人才的激励机制。企业人力资源战略管理是企业和事业单位战略发展的关键，是企业和事业单位实现战略目标的重要保障和保证。管理者不仅要做好人才管理工作，还要结合实际情况，构建出一套科学合理的人才战略规划，并对其实施有效的监督和控制，使其能够被有效地应用，发挥最大的作用。

（4）财务战略指企业为谋求资本均衡有效流动，提高资本运营质量和效率，实现企业战略目标，增强企业的竞争优势，在分析企业内、外部理财环境对资本流动影响的基础上，对企业资本流动进行全局性、长期性和创造性的谋划，并确保其执行的过程。公司的财务战略的首要任务是：根据公司战略、单位战略及其他功能战略的要求，对公司的资金需求进行分析和判断，确保公司运营所需的资金，确定融资渠道和途径，调整和优化公司的资本结构，运用有效的资产管理手段，提高资金的使用效率，最大限度地利用资金，以确保公司战略的实施。

（5）营销策略，是根据企业战略定位，在市场调研、顾客分析和竞争分析的基础上，对企业市场营销目标、产品和市场定位、营销策略及其组合的总体谋划。它的主要内容是：对客户的需要进行分析和识别，以满足客户对产品和服务的需要；将产品和服务的相关资讯传达给客户，并从他们那里得到回馈；在合适的时间和地点提供商品或服务，以满足交易需求；决定商品和服务的定价。营销策略的制定过程：首先，将公司所面临的整个市场进行细分；其次，确定目标市场，制定营销策略；最后，建立一个清晰的市场组合计划。

2. 制定职能战略的要求

职能部门战略是在公司战略的指引下，根据自身的专业功能，将公司的整体战略转变为各职能部门的具体行动方案。按照公司发展战略的基本要求，各职能部门经理必须明确自己的职责。

（1）期限：职能部门的策略用于确定和协调短期的经营活动，它的期限较短，一般在一年左右。职能部门策略较短的原因：一是职能部门管理人员可以根据总体战略的要求，把注意力集中在当前需要进行的工作上；二是职能部门管理人员可以更好地认识到职能部门当前的经营条件，及时适应已经变化的条件，并做出相应调整。

（2）具体性：企业战略为企业的生存和发展确定了目标，指明了方向。企业总体战略是笼统的，未细化的，职能部门的策略要比总体战略更加具体，更加细化，更加明确。整体战略为公司指明了整体的战略方针，而功能部门的战略方针则为那些负责全年指标的经理们提供了明确的指引，让他们明白要达到全年的目标。此外，特定的功能策略能够提高各职能经理执行战略的能力。

（3）职权与参与：企业高层管理人员负责制定企业长期经营目标和总体战略，职能部门的管理人员在总部的授权下负责制定年度经营目标和部门策略。最终，这些战略将由总部批准。通过参与决策，使各职能部门经理能够更有意识地完成其年度经营目标和功能策略，进而提高其执行战略的责任感。

公司战略、业务单位战略和职能战略共同组成了企业战略体系。公司战略趋向于抽象观念的整体价值，主要由公司的高层管理者来确定；业务单位战略主要针对特定业务部门的经营策略，主要由业务部门的领导来完成；职能策略的重点是实施与运作。企业的各战略管理层级之间是相互联系、相互配合的：每个层面的策略都为下一阶段的策略指明了方向，并形成了下一阶段的策略环境；而每一层面的策略都能保证并支撑上一层面的战略目标。企业要达到整体的战略目标，就必须把三个层面的策略有机地融合在一起。

（四）企业的经营战略管理

企业的经营战略管理系统要以日常运作为起点，以一系列的方式和步骤，构建有效的经营策略管理系统，为企业的发展指明方向和路径，加强员工的思想凝聚，保证企业经营有序开展。经营战略管理具有以下特点。

1. 经营战略管理的预见性（环境、国家宏观政策）

预见性是企业经营战略管理的基本特点。企业的经营策略不仅体现了公司追求长期发展的需求，也体现了公司在今后一段时间里的整体规划。尽管其制定要从目前的外部和内部状况出发，指导和限制现有的生产和运营活动，但这些都是长期的，是长期发展的开始。凡是为适应环境条件的变化所确定的长期基本不变的行动目标和实现目标的行动方案，都是战略。而那种针对当前形势灵活地适应短期变化，解决局部问题的方法都是战术。经营策略的经营不是总结历史，它是一种对未来行业发展、企业经营目标的预测。根据预测结果，制订实现的方法、路线和措施。

2. 经营战略管理的整体性

整体性是企业经营战略管理的显著特点。企业的经营战略是以企业的全局为对象，根据企业总体发展的需要而制定的。它所规定的是企业的总体行动，它所追求的是企业的总体效果。经营战略就是企业的纲领、蓝图，要从企业发展的总体角度考虑，实现企业整体的健康平稳有序发展。尽管它必须包含公司的局部活动，但在策略中，这些局部活动是整体业务的一个有机部分。这使得企业的经营策略更加全面化、系统化。

3. 经营战略管理的稳定性

稳定性是企业经营战略管理执行过程中的特点。经营战略制定的是企业长期的发展目标，所以，战略的执行环境在一般情况下都不会发生很大的改变，即使有些变化，也是预料之中的。因此，企业制定的战略目标、战略方针、战略重点、战略步骤等都要相对稳定，不能朝令夕改。在长期的经营过程中，要坚持战略的严肃性，避免经营中的混乱。

4. 经营战略管理的抗争性

企业经营策略指在激烈的市场环境下，公司为应对各种冲击、压力、威胁和困难而采取的应对措施与行动方案。它与那些不考虑竞争、挑战而单纯为了改善企业现状、增加经济效益、提高管理水平等为目的的行动方案不同。只有在这些工作直接涉及增强公司竞争力、应对挑战、具有战略意义的情况下，才能成为公司战略的组成部分。市场就如同战场，现代的市场永远都和激烈的竞争紧密相关。企业的经营策略是在激烈的竞争、严峻的挑战中形成并发展起来的。

第二节　企业战略环境

企业是一个动态的个体，它在发展的过程中，不断地适应环境，甚至改变环境，从而促进社会的发展，促进经济的繁荣。企业与环境的基本关系是一种以局部和整体为基础结构的、相互依赖的、动态的平衡关系。企业环境指与企业生产、运营相关的各种要素的综合。企业外部环境是企业生存与发展的多种外在因素的综合作用；企业内部环境指企业内部的各种物质、文化要素的综合。在分析和平衡影响企业的各种内部、外部因素和作用的基础上，从辩证的、系统的观点出发，审时度势，趋利避害，做出适应环境的动态选择，从而保持公司的生存和发展。

一、企业外部环境

企业的外在环境是由大量的不受企业控制的因素所组成的，它包括了宏观和微观两个层面。宏观环境因素主要有政治、经济、技术、文化等方面；微观环境因素主要有市场需求、竞争环境、资源环境、行业性质、竞争者状况、消费者、供应商、中间商和其他社会团体。宏观环境因素对公司和企业的微观环境有很大的影响，同时也会影响到公司的经营行为。由于事物是普遍联系的，且外因对内因也会产生相关作用。所以要用发展的眼光看待事物，关注国内外局势及管理理念的更新。近几年，中美经贸摩擦，企业更应该注重对外部宏观环境分析，同时还要增强对社会市场经济特点的了解，学习并掌握事物发展的客观规律和相应的方法论，并以此来指导行动。坚定中国特色社会主义道路自信与制度自信。

（一）企业外部环境层次

1. 企业的宏观外部环境

美国学者约翰逊（Johnson）与斯科尔斯（Scholes）提出 PEST 分析是战略外部环境分析的基本工具，分别代表政治（politics）、经济（economy）、社会（society）、技术（technology），用于分析企业所处宏观环境对企业战略的影响，以新能源汽车产业为例进行分析。

1）政治环境

政治环境指在商业活动中所涉及的政治制度、政治形态、政策、法律、法规等。政府管制、特殊关税、专利数量、政府采购数量、进出口限制、税法修改、专利法修改、劳动保护法修改、公司法和合同法修改、金融和货币政策等都对企业战略产生重要影响。在一个稳定的政治环境下，企业可以通过公平竞争来获得合法的利益，从而获得自身的生存与发展。政府的政策和法律对公司的生产和经营活动起着控制和调节作用，同一政策和规章对不同的公司来说，也会产生不同的机遇和约束。

比如：中小企业的创新资金扶持政策对其创新能力和水平产生一定的影响，进而对其发展产生一定的影响；完善的政策、法规制度，完善的政策法规实施能力，对中小科技公司的发展起到了重要的支撑作用，对中小企业的健康发展起到了积极的指导作用。由于中小企业是一个特殊的群体，其所涉及的行业往往会对国家的政治、经济、社会发展造成重大影响，因此，各国政府往往会在一定程度上给予一定的政策支持。例如：通过出口退税等方式，让高科技产品以不加关税的方式直接进入世界市场；对科研机构进口的仪器设备实行进口关税减免。此外，还可以通过发挥创新基金在宏观上的引导作用，引导企业、金融机构和社会资本的投资，从而使社会资本得到有效的使用。

2）经济环境

经济环境是企业在制定战略时，要综合考虑各种经济因素，包括国内外经济制度、经济结构、政策、经济发展水平和经济发展趋势等。

扩展阅读 1.3

经济发展水平

在全球经济社会和互联网信息技术迅猛发展的今天，我们正处于一个新经济时代。在新经济的激烈竞争中，企业要想在新的环境中立足，就要顺应新的形势，与时俱进。《中华人民共和国 2018 年国民经济和社会发展统计公报》表明，我国的经济仍然处于中等水平，并取得了较快的发展。GDP 第一次超过 90 兆元，同比增加 6.6%。与此同时，全国各地、各部门都在大力推进产业结构的战略性调整，深化了供给侧结构性改革，绿色发展深入人心。

3）社会文化环境

社会文化环境指商业活动所涉区域的民族特征、人口规模、文化程度、价值观、宗教信仰、教育水平、社会结构、风俗习惯等。社会文化环境对企业的生产经营有着潜移默化的影响，形成了与特定环境相适应的基于社会网络、所处社会结构中的位置和由此产生的关系、信任等形式的可获取的稀缺性资源——社会资本。社会资本能够有效地改善公司的运营业绩，增加公司的技术、资源和机会，减少交易费用，减轻信息不对称，进而提升公司的价值。

4）技术环境

技术环境指科技发展水平、发展趋势、发展速度、国家科技体制、科技政策等，包括科研领域、科技成果类别的分配和先进程度、科技研发能力等。在信息经济与技术飞速发展的今天，技术环境会给企业带来创新机遇，亦会造成毁灭性冲击。因此，企业必须要提前了解新技术所带来的改变，并及时做出反应。

2. 微观环境分析

微观环境是企业生存和发展的特定环境，相对于宏观环境，微观环境可以更直观地为企业提供有用的信息，也更易于被企业认识。微观环境包括市场需求、竞争、资源等，直接涉及政府和有关部门的政策、法规、法令等，同时也会对产业和企业产生直接的制约和影响。

1）市场需求

"市场需求"是商品生产中对企业所产生的环境要求。市场需要分为实际需要与潜在需要，实际需要指消费者有支付能力的需要，而潜在需要则是由于某些原因而不能立即实现的需要。当前的市场销售情况取决于实际需要，而潜在的需求决定了公司将来的市场。

2）竞争环境

"竞争环境"指行业内的竞争规模、竞争对手的实力和数量、竞争的激烈程度，反映出公司的市场成本和进入壁垒。其主要内容包括同行竞争、替代产品行业竞争、买方竞争、供应商竞争等。

3）环境资源

资源是企业在进行生产和运营过程中必须投入的全部资源，包括人力、资金、技术、信息等。资源环境指资源开发利用的状况，资源的供给状况，资源的发展和变迁。

（二）行业分析

企业在一定行业中进行生产经营活动，行业分析主要包括行业概况分析和行业竞争结构分析等方面。行业概况分析需要掌握该行业的发展阶段、行业在社会经济中的地位、产品与技术特点。

行业竞争的结构分析主要是为了把握行业的竞争状况，其中最有名的就是波特五力分析模型，它可以分析产业的竞争格局和产业与其他产业的关系。波特认为，一个产业的竞争并不只是单纯的竞争，还有五大要素：潜在竞争者进入的能力、替代品的替代能力、购买者的议价能力、供应商的议价能力、现有竞争者的竞争能力。这五种基本竞争力量的状态和综合水平，将直接影响到整个产业的竞争，也就是最终的赢利潜力和资金流向这个产业的方向，也是公司维持高利润的关键因素。

1. 潜在竞争者进入的能力

潜在竞争者进入后，将会与现有公司争夺原有的市场，从而引发新一轮的竞争，由此对现有公司是极大的威胁。这样的进入风险在很大程度上依赖于产业的吸引力及进入壁垒的规模。由于政府的引导和市场的刚性需求刺激了新能源汽车的消费热情，使得新能源汽车产业的竞争气氛更加激烈，因此，新能源汽车产业得到了极大的发展。这些企业在开发、生产、销售等方面都有着先天的优势。我们可以看到，在2021年的新能源汽车生产销售榜单中，这些企业的名字和型号都到如表 1-1、表 1-2 所示。

表 1-1　全球 2021 年新能源乘用车销量排行榜（车型 TOP 5）

排　　名	车 型 名 称	销售量 / 台	市 场 占 比
1	特斯拉 Model3	500 713	7.7%
2	五菱宏光 MINIEV	424 138	6.5%
3	特斯拉 Model Y	410 517	6.3%
4	大众 ID.4	121 631	1.9%
5	比亚迪 秦 PLUS DM-i	1115 53	1.7%

表 1-2 全球 2021 年新能源乘用车销量排行榜（车企 TOP 5）

排　　名	车 企 名 称	销售量 / 台	市 场 占 比
1	特斯拉	936 172	14.4%
2	比亚迪	593 878	9.1%
3	上汽通用五菱	456 123	7%
4	大众汽车	319 735	4.9%
5	宝马	276 037	4.2%

2. 替代品的替代能力

替代品指其他与该产业的产品功能相同或类似的产品，而这些替代品之所以成为威胁，是因为其在某一方面或多个方面优于原有产品，如价格低廉、质量高、性能好、功能新颖、服务质量好等。如果替代品具有较高的利润率，则会给现有产品带来很大的压力，从而使原公司在竞争中处于劣势。

3. 购买者的议价能力

购买者对该产业的竞争压力主要体现在购买需求的增加上，如要求低价、质量好、服务好等，同时也反映出购买者在利用已有的公司间的竞争来向制造商施压。消费者的购买批量、对产品的依赖程度、改变厂商时的成本和所掌握的资讯，是影响消费者谈判的最根本的因素。

4. 供应商的议价能力

供应商主要是通过增加投入要素的价格和单位价值的质量来影响现有企业的利润和产品的竞争力。供给力量的强弱，主要是由供给要素决定的，如果供给要素的价值占到了整个产品总成本中的很大一部分，这将会极大地提高供给的竞争力，甚至会对产品的品质造成重大的影响。

5. 现有竞争者的竞争能力

竞争的主要形式有价格竞争、广告宣传、新产品引进等。竞争的强弱依赖于众多因素，如竞争者的人数和实力的比较、产业发展的速度、利润率的高低、产业的产能与需求的比较、产业进入和退出的壁垒等。

二、企业内部环境

企业内部环境指企业的客观物质条件、工作条件及企业自身的整体实力，是企业内部物质与文化的总和。企业内部环境的形成是一个从低级到高级、从简单到复杂的过程，其目的在于创造一个良好的内部环境，以达到公司的赢利目的。

（一）企业内部环境管理

企业内部环境管理可以从企业内部管理分析、市场营销能力分析、企业财务分析等几个方面进行介绍。

1. 企业内部管理分析

企业内部管理包括计划、组织、激励、任用和控制五个职能领域，它们互相依赖、互相影响，计划是其他四种职能的基础。

1）计划

计划是企业从现在到未来的发展过程中对目标、实现目标的途径及时间的选择和规定。计划能力将直接影响到企业的战略执行，计划是企业有效战略制定的重要依据，也是企业战略执行与评估的重要依据。计划工作是否由上而下进行，企业工作能否按规划流程进行，能否取得协同效应，能否对环境的改变有所了解，并做出正面的回应，这些都会对规划的效力产生影响。

2）组织

组织有序、协调地利用各种资源来达到公司的目标，其目的是通过对企业的各项活动进行合理的配置，从而提高企业的生产和运营效率。组织工作的效率取决于企业在不同的工作岗位上有没有合理地安排各种活动和任务。企业只有在每个工作任务、工作要求、工作分工和协作的基础上，才能保证企业的战略执行，并对企业的战略进行评估。组织工作的效率既要遵循一般的组织原则，又要根据企业的具体情况，正确处理分工与协作、职权管理范围、集权与分权的关系。

3）激励

激励指通过制定合适的奖励方式和设计适当的工作环境，采取相应的行为准则和惩罚措施，来激发、引导、维护和促进组织成员的行为。管理的激励功能包括领导作用、团队动力作用、信息交流作用和组织变革作用。企业领导水平的高低直接影响到员工能否得到有效的激励，以及各方面的利益协调。战略管理的成败和企业内部的信息交流状况息息相关，只有充分了解和支持员工战略，才能使战略制定、实施和评价工作更加有效。而企业战略的执行将使公司发生重大变化，企业职工对其改变的态度和适应能力可能成为公司的长处或软肋。

4）任用

任用，也叫人力资源管理，它是企业按照用人条件和用人标准，通过恰当的方式，对各部门的员工进行合理的选择。其中，员工的招聘、任用、培训、分配、考核、奖惩等方面的工作，往往影响到公司的战略管理。对于中小企业来说，虽然有了员工招聘的程序，并有一些主管和行政人员在进行招聘工作，但最终的聘用权力还是在公司高层的手中。而且，由于公司没有建立起员工的招聘、上岗前后的培训工作，因此很容易对公司的经营和发展产生负面影响。

5）控制

控制职能指企业通过某种控制机制和方法来实现战略规划与实际活动的协调。企业的控制功能对企业进行战略评估与修正非常重要，因此，企业管理层通过评估企业的经营行为并进行相应的纠正，能够保证企业的规划与目标得以顺利实施，从而降低因经营决策而带来的损失。目前，国内大部分中小企业在对各种风险进行分析时：往往只注重企业的实际收益和经营业绩，忽略了其他内部控制指标的执行；往往以企业的经营品质为首要目标，没有对顾客的相关状况进行分析和合理选择，没有重视有关工作人员所提供的代理服务质量，也没有及时跟进发展，提高服务品质。

2. 市场营销能力分析

企业的市场营销能力分析主要是通过企业的市场定位和产品营销组合来分析企业在市场营销中的优势与劣势。

市场定位是公司高层在制定新策略前要考虑的问题。在产品、地理位置、顾客类型、市场等方面，企业应明确其产品与服务的目标市场。企业的市场定位清晰、合理，能够将资源集中于目标市场，从而形成竞争优势。

营销组合是一系列能够对市场需要产生影响、获得竞争优势的营销方法。营销组合的有效性要求是：针对目标市场的需求，设计出适合目标市场需求的营销组合。目前，中小企业在发展过程中还忽略了营销渠道的选择，其原因是：在新的产业市场环境下，中小企业缺乏足够的市场调研，造成了传统的营销模式和老套的营销模式。

在产品策略上，新能源汽车的电池充电问题是当前消费者不选择电动车的一个主要因素，因为电池充电桩建设成本高、速度慢，所以单一厂商可以通过提供电池租借的方式来解决问题，以消除民众的顾虑，激发潜在客户的购买欲望。目前，新能源汽车的销售方式可以分成"全车销售 + 自充电"和"裸车销售 + 电池替换"两大类，通过定价、能量供应等方式进行营销，以增强市场竞争力。

在定价策略上，由于新能源汽车的价格偏高，因此，企业可以采用多元化、合理的消费信用方式来解决这些消费者的还款问题，从而使那些没有实际消费能力的消费者能够立即获得商品。还可以通过举办一些促销活动，比如提供售后服务等来吸引顾客。

在销售渠道方式上，目前，国内新能源汽车的销售渠道有三大类：厂家直营，特许经销商、总代理商代理销售，网上销售。与前两个传统渠道相比，未来的网上营销渠道仍有很大的发展空间。

在推广方式上，广告与公共关系是促进消费者与新能源汽车之间关系的两大重要手段，报纸、杂志、电视、广播、网络等都可以成为其传播媒介。

在营销手段上；经验营销是一种更好的营销手段，它可以让潜在的消费者在第一时间做出购买决定，这样才能有效拓展潜在的市场。体验营销可以与网上销售渠道相结合，消费者在网上体验到相关车型后，就可以在网上直接单击下单。在市场营销中，服务人员的专业素质与产品的销售状况有着密切的联系，汽车销售者必须对汽车的相关性能、构造、汽车相关维修售后服务、信贷服务等进行全面的了解，并为客户提供专业的销售顾问服务，提高其对相关品牌的认可度。

3. 企业财务分析

企业的财务分析可以分为两个层面：一是对企业财务管理水平的分析；二是对公司财务状况的分析。

企业财务管理分析指公司财务经理对公司资金的运用是否按公司的战略需要来确定融资方式和资金的配置，并监督资本运行，确定利润的分配。公司的财务决策分为三类：融资决策、投资决策、股利分配决策。融资决策是公司融资的最优选择，公司的财务经理要按照公司的战略和方针，准确地、及时地、适当地从公司内部和外部融资渠道筹集所需要的资金；投资决策，公司的财务经理利用资本预算技术，在产品、部门和新项目中，按新销售、新利润、投资回收期、投资收益率、达到盈亏平衡的时机进行投资；股利分配决策是企业取得的利润按照国家规定做出调整，依法缴纳所得税后，对税后净利润进行分配的决策，这会涉及股利分配和留存利润的比例问题。

企业财务状况分析根据一定时期内的财务报告，对公司的财务情况进行分析，并做出财务评估，其目的是了解公司的财务状况，从而提高公司的资金管理水平，确保公司的正常发展。公司的清偿能力、负债资本的比率、流动资本、利润率、资产利用率、现金产出、股票市场的业绩等，都会使很多本来可以执行的策略被否决，而公司财政状况的恶化也会使策略的执行和现存的公司策略发生变化。

（二）企业内部环境分析

扩展阅读 1.4

财务比率

通过对公司内部环境的分析，可以了解公司目前的实力状况，发现影响公司生产经营的主要因素，识别其优劣势，从而找到外部发展的机遇，制定公司的战略。当外部环境为公司创造了机遇时，内在条件是把握机遇的重要因素，只有当内外环境都适合时，企业才能得到良好的发展。

1. 企业资源分析

企业的一切活动都依赖于资源，而资源的占有与使用状况决定了其经营的效率与规模。企业资源包括人、物、财、技术、信息等，可以划分为两大类，即有形资源和无形资源。

1）人力资源

人力资源分析的具体内容是：生产经营、技术、管理、市场营销等人员的数量、技术水平、知识结构、能力结构、年龄结构、专业结构、人员配置、合理使用、各种人员的能力和培训、管理体系等。在数字经济时期，人才拥有了更多的就业选择权与工作的自主选择权，而不仅仅是靠劳动来获取工资，更需要与资本所有者共享创造成果。因此，要从人才的内部需要出发，充分尊重人才的选择和工作的自主，为他们提供优质的产品和服务，以获得他们的满意和忠诚度。

2）物力资源

物力资源分析指对企业生产和运营所必需的物质条件及其使用状况进行研究，物力资源是企业持续供给社会和市场所需要的商品，是企业再生产的必要保障。随着数字经济的发展，科学技术的发展范围不断扩大和加速，对物力资源进行分析和管理，可以使企业更好地利用新的设备和材料，从而推动技术的进步。与此同时，在新技术成果的推广和应用中，企业与社会生产各个环节的相互影响，对社会生产力的发展起到了重要的推动作用。

3）财力资源

财力资源分析主要指企业的资本拥有、构成、融资渠道和资金使用等情况，主要包括财务管理分析、财务比率分析、经济效益分析等。

4）技术资源

技术资源分析主要涉及技术资源的状况，包括生产设备、工艺装备水平、测试仪器水平、技术人员和技术人员水平、技术水平和能级结构等。

5）信息资源

信息资源包含各种情报资料、统计资料、规章制度、计划指令等。如企业组织现状、企业组织结构和经营管理中存在的问题。

2. 企业文化分析

企业文化分析主要集中在企业文化的现状和特征，以及文化对公司经营行为的影响上。企业文化是企业战略制定和成功执行的一个重要前提和工具，其内在的物质条件是制约企业发展的内在因素。

1）企业文化及其结构

企业文化指企业在经营活动中所形成的，并为全体成员普遍接受和共同奉行的价值观、信念、行为准则、行为规范及行为方式、物质表现等。企业文化具有一定的客观性，在一个具有悠久历史的企业中，由于面对相同的环境，因此，在共同的活动中，人们会逐渐形成类似的思维方式和行为方式。

2）企业文化功能

在企业经营中，企业文化的作用主要表现为以下方面。

（1）引导作用。公司文化能为公司的生产和管理决策提供良好的指导和良好的精神环境，比如，用价值观来引导员工，让他们根据公司所倡导的价值观，做出正确的决定，并自觉地为公司的目标而工作。

（2）凝聚作用。公司的共同价值观、信念和行为规范可以增强员工的集体意识，从而形成一股强大的凝聚力和向心力，使企业团结一致。

（3）限制作用。公司的制度文化是以规章制度和行为规范的形式表现的，它对每一个人的行为都起到了一定的制约作用。

（4）辐射作用。企业文化不仅影响公司本身，而且也通过多种途径影响着整个社会。例如，员工与社会各界的交流，产品的宣传、销售、服务等，都能体现公司的价值观和文化特征，使社会认识到，公司对社会及其他公司有影响。

3. 企业能力分析

企业能力指企业对资源的使用效率，根据其重要性，可以将其划分为普通能力与核心能力。从综合能力的角度上，可以分为综合能力与专业能力；从内容上可以分为组织能力、社会能力、产品营销能力、生产技术能力、市场开拓能力和经营能力。拥有的资源并不一定能够得到充分的使用，因此，如何才能更好地发挥企业的资源使用效率，就成为了企业进行内部环境分析的一个关键因素。

1）企业能力分析的内容

企业能力分析是对企业关键能力进行识别，并对其进行有效性和竞争优势的分析。产品和市场能力的分析侧重有差异，例如：产品和市场能力的分析，包括产品的开发、收益、竞争、产品质量、销售增长率、市场潜力等；生产和技术能力的分析，包括生产计划和组织、生产管理能力、生产技术设备、物资供应和工艺实施能力、技术开发能力。

2）企业的核心竞争力

企业的核心能力是企业特有的，能够为客户提供特殊的效用，并在一定的市场中保持长期的竞争优势。企业要想在竞争中形成并维持自身的竞争优势，就需要具备一些独特的技术与能力。知识、技能和其他资源是随着时间的推移而逐步累积起来的，是企业所拥有的最重要的资源和资产。企业的核心能力储备情况决定着公司的业务领域，尤其是多元化经营的广度和深度。

第三节　企业投融资战略管理

近年来，随着互联网及相关技术的飞速发展，企业投融资模式发生了巨变，同时也滋生了一些棘手的问题。例如，在学习企业投融资管理知识的过程中，这些知识的原则都在控制风险的情况下使收益最大化，企业容易陷入"利润至上"的思想当中，忽略社会担当。但雄安新区的规划促进周边企业迅速发展，证明了当今我国企业应以知识经济、智慧城市、乡村振兴等城乡资源规划及配置为契机，在发展方向上进行调整。企业在学习的过程中要加强逻辑思维能力的培养，拥有透过现象看本质及归纳总结的能力，可以帮助企业制定和完善相关投融资战略。

一、认识企业投融资管理

在企业的运营和管理中，在对资本资源进行分配时，企业要自觉地在筹资方式、筹资对象、资金使用方式等方面做出抉择，这就是所谓的"投融资"。投融资能力与公司各方面都表现出了正比关系，投融资是公司经营的两种主要方式，通过不断地创新投融资方式和手段来规避公司可能遭遇的金融风险，维护企业的经济权益，促进企业实力不断做大，以获得更高的实际利润。

（一）企业投融资原则

匹配原则，即企业的长期资产将得到长期资本的支撑，而短期的资产将会得到短期资本的投资。严格地说，匹配原则也指用短期融资来支撑季节性的资金需要，以长期的资本来支撑长期的资本需要。

现金法则指要想保持公司的长远发展，关键在于管理者是否能够做出有效的决定来产生充足的资金。创造利润会产生更多的资金，只有快速实现的利润，才是真正有价值的。

（二）投融资资本管理形式

根据效益原则，企业可以接受或投出现金、实物和无形资产。企业从接受投资、融资租赁、发行股票等方面获得资金，按照其性质分为权益性资本和债务性资本。权益性资本指投资者所投入的资金，反映了出资人的权益；债务性资本是企业通过借贷、融资租赁等手段来筹资，从而构成企业的负债资本。但是，不同的经营方式有不同的管理方法，企业要根据自己的实际情况做出合理的选择。

经营性资金的筹集与使用。根据企业的资本需求，资金的需求量不能超过企业业务的增量。企业要进行集体民主决策，并根据效益原则，确定企业在一定时期内，业务所需的合理的经营资金量，募集资金。企业要建立基金使用追踪责任制，亦可以采取单笔资金、单项业务资金使用的分账制或封闭式管理。

消费性资金的筹集与使用。企业要按照先经营，后消费，节约使用的原则，对各种消费进行合理的筹资和安排。在使用资金的时候，要严格做好项目预算和支出的计划。

（三）企业投融资管理现状

1. 贷前风险

因为很多企业所经营的业务内容有限，往往忽略了公司的内部结构和经济管理，没有一个比较完善的会计体系，因此无法准确地统计出企业的运营状况。在传统融资的过程中，需要企业提供有关企业经营发展的详细财务资料，且只有经过一轮又一轮的审核，才能对公司的偿债能力进行准确的评估，但这对那些急需资金的企业是不利的。不过，金融部门在对企业进行调查的时候，也会对其信用状况和贷款风险进行评估，对于那些有不良贷款记录的企业，都会做出审慎的评价。企业要想提高自己的信用水平，就必须加强企业内部管理，不断地提高各层管理者和职员的素质，以此来促进公司的可持续发展。

2. 贷后风险

在企业发展的过程中，企业的财权是非常单一的，经营者的道德和信用程度对企业的贷款非常重要。当经营者丧失了信贷级别的担保时，企业将会在经营生产的各个方面都受到威胁。同时，企业的内部风险也来自制度不完善，这不仅反映在企业的贷款融资上，也反映在企业的决策中。所以，必须要建立健全的财务管理体系，以保证企业的内部资金运作，了解当前企业经营状况，从而促进企业的健康发展。

（四）投融资管理中存在的问题

1. 重视宏观调控因素

企业在发展的过程中，会受到财政政策和货币政策的影响。国家的宏观调控政策会影响公司的发展，特别是那些没有足够资金的企业，会影响它们的投资和融资，从而引发风险。例如，我国部分产业受到了国家政策的限制，这就极大地阻碍了企业的投资和融资，提高了企业的投融资成本和风险。

2. 内部管理水平不高

目前，我国大部分企业仍采用传统的财务管理方式，没有进行有效的管理模式创新，导致企业的内部管理效率低下，在投资和融资过程中，缺乏有效的规划，从而产生了一定的风险。此外，许多企业缺乏诚信建设的意识，没有充分考虑市场信息的变化，造成投资和融资的不合理，有些公司甚至出现财务会计信息不透明，恶意偷漏税等行为，给企业造成了一定的不良后果，这些都会对企业投融资产生负面影响。

3. 投资结构不合理

由于企业对投融资结构不了解，缺乏对市场经济动态的把握，导致企业盲目投资，给企业造成重大经济损失。企业的资产构成不合理，主要表现在三个方面。第一，资本结构的不合理。由于自身的资金、规模等因素的制约，造成了对企业资金总量的过度关注，对资金质量的忽略，造成了资本结构的混乱，企业资本结构的动态调整已成为人们关注的焦点。第二，企业的债务构成不合理。企业贷款给银行的大部分资金都是硬资本，缺乏灵活性，很难防范企业的财务风险，从而为企业的经营带来灾难。第三，企业的资产配置不合理。企业资产包括房屋、土地、设备、技术、资本等，如果企业的资产结构是分散的，资产链条过长、前后断带，则会削弱企业的市场竞争力。

4. 融资渠道单一

企业通常采用内源融资，以减少融资风险，这样可以减少贷款带来的利息负担，但当企业的业务扩张时，仅依靠单一的融资渠道很可能导致项目的资金短缺，从而导致企业的资金周转出现问题，进而影响到企业的运营。

扩展阅读 1.6

融资特征

（五）优化企业投融资管理体系

1. 规范融资流程以提高自身融资能力

企业在进行融资管理的过程中，必须清楚企业自身的融资方式、融资规模、融资目的及资金的配置与使用，必须对企业资金的运用和管理进行规范化处理，这样可以让企业的财务和资金的管理程序更加顺畅。要确保财务数据的真实、可靠，要建立完善的财务管理体系，加强对企业的财务监督，以提高公司的资金运用效率。通过与企业业务内容相关的中下游企业、银行、第三方金融机构的融资合作，不断扩大融资企业在融资领域的知名度和社会影响力，为融资企业的资金筹集打下坚实的基础，从而有效地保障企业融资管理工作的顺利进行，提高融资企业整体经济效益。

2. 完善管理体系

在企业投融资的过程中，首先应当建立相对应的管理机构，通过制定一系列符合标准的管理政策及制度，例如，在企业投融资运营的过程中，应当建立准备基金，并制定相应的资产配置策略，提出风险控制要求，以及最大化企业投融资运营比例。在做出投融资运营之前，应对风险展开评估和控制，并对最终的投融资效益展开考核和评估。

3. 加强风险管理

企业在投融资的过程中，通过对债券及股票等产品进行买卖，依靠金融市场获取效益。然而，投融资大多都存在一定的风险，收益的不确定与投融资风险成正比关系，企业想要获得更多的社会经济效益应当合理进行投融资，只有这样才能够有效降低企业在金融业务发展过程中存在的风险，并确保投融资选择的正确性。在企业进行金融业务投融资的过程中，会伴随着风险。例如，企业在进行投融资时，不仅会受到企业规模的制约，同时也会受到一些外在因素的干扰。这也导致了企业在进行金融业务投资的过程中，无法达到预期的效益，甚至会失去本金。针对这种情况，企业应当展开金融风险管理与财务控制，只有这样，才能够对企业将要进行的投融资展开预测及评价，根据风险的等级进行应对，做好风险控制策略，才能够最大程度地确保企业资金安全。

4. 优化企业经营分析

企业在进行企业经营分析的时候，必须按步骤对其进行优化。第一，在进行投资决策时，要全面把握企业的战略目标和实际运作状况，并依据产业发展趋势做出合理的投资决策。第二，要健全相应的保障与奖励体系。只有健全的制度体系，才能保证公司的正常运作，而随着业务分析的不断发展，公司将会根据实际情况不断改进，并严格遵守国家有关的行业标准和技术标准，对业务数据进行分析。只有要全面掌握企业的实际状况，厘清分析的重点和难点，才能让各个环节都能有条不紊地进行，从而提高业务分析的科学性、合理性和全面性。第三，要做好企业的日常运营和财务管理工作，掌握公司的财务运作状况，并通过对公司的财务数据进行分析，反映公司在发展中所遇到的各种财务风险和挑战，并从财务数据中挖掘潜在的发展规律，为企业提供有效的财务管理服务。第四，在经营过程中，效益分析是一项非常重要的工作，它是将会计与效益分析相结合的一种经营模式。

5. 构建供应链金融

核心融资公司以总贸易金额为基础，以上游企业在为核心企业提供金融产品时，实际需要缴纳的税款余额作为融资依据，然后通过上游银行的贷款来获得资金。简单来说，就是将上游公司的实际税款账户中的余额，用来抵押资产。目前，这种上游融资担保方式主要由上游公司自己承担，如果上游债权人自身不能偿还银行账款，那么核心上游企业就可能需要自行承担银行相应的上游货款清偿责任。

二、投融资战略管理内容

扩展阅读 1.7

案例分析

（一）投融资战略类型

1. 扩张型投融资战略

扩张型投融资战略以企业的一体化战略为基础，以快速扩张企业资产为目标，在实施投融资战略的时候，要保证对其正常运行的大部分资金进行留存；而一旦出现了资金不足的问题，就需要及时进行融资。企业在募集的过程中，没有使用股本融资，而采取了债务融资。

2. 稳定型投融资战略

稳定型投融资战略是保证公司业绩持续改善、资本规模稳定增长的先决条件。在实施稳定的投融资策略时，通常都会对现有的资本进行优化和分配，以提高资本的有效利用率，而在此过程中，公司的赢利积累是公司稳定扩张的重要基础。适度的资本负债、经济收益、股利分配，是实现稳定投融资策略的一个重要特点。

3. 防御型投融资战略

防御型投融资战略是为防范企业财务危机、保障投融资策略实施的重要手段；而采取防御型投融资策略则以降低财务危机为目标，一般将减少现金利用作为防御型的主要任务。采取削减的方式和盘活存量资金的方式，是降低企业成本、提高人力资源管理水平的有效途径。

（二）企业投融资战略管理内容分析

1. 企业投资战略分析

投资战略是企业的战略计划、财务管理中的重要环节，它决定了企业能否充分发挥其所拥有的有限资金，使企业能够实现企业资源合理配置、优化资本结构、提高市场竞争力、参与社会利益分配。投资战略包括：投资方向与规模的规划、资源优化目标、投资收益的综合评估、投资策略的执行。投资战略的内容主要是：各类资产的投资方向、企业资本规模比例的确定；对产品进行更新或新产品开发的投资；内外部生产扩张的投资；单独投资还是联合投资；设定风险与收益情况下的投资决策等。

2. 企业融资战略分析

融资战略是实施投资策略的先决条件，它不仅决定着企业整体战略的成败，而且其成本还会影响到公司的运营费用和债务负担比率，进而影响到企业的市场竞争力。融资战略是企业的战略规划，是企业在筹资过程中，为了更好地适应未来不断变化的市场和自身发展需要而制定的一项长期性、系统性的筹资策略。目标是减少企业融资成本，保证融资渠道的稳定性和灵活性，同时平衡融资风险。

3. 投融资战略管理程序分析

投融资战略与企业发展战略有异曲同工之妙，其过程大致可分为投融资战略规划、投融资战略执行、战略评估。从整体上看，企业的投资与融资策略要根据企业的整体战略目标和外部环境因素制定出相应的对策，并进行整体的战略规划。在实施投融资策略时，要全面评估项目的投融资计划，并根据企业设定的目标及外部政策和经济形式的变化，及时修正企业投融资战略，以确保企业投资战略正确。无论投融资策略如何，不能让企业投融资战略在企业整体战略中独立出来，要始终将企业投融资战略作为企业整体发展战略的一部分。

三、投资管理

（一）企业投资管理概述

投资是一个企业做出的极为重要的决策之一。在一般情况下，人们都会将一些可以在未来获取收益的支出行为叫做投资。但对于企业投资来说，投资是企业通过对目前自身经济状况分析并进行支出，而后会在未来获取与风险成正比的预期收益或资本产生升值的一种经济行为。在市场经济条件下，不仅可以促进国家经济不断增长，还在微观和宏观层面都起着至关重要的作用。在微观层面，投资与企业的发展息息相关，同时也是一个企业提高自身价值的一种方式。在宏观层面，社会投资总量的很大一部分被企业投资占据，这也可以说明投资所创造的收益有利于推动国家经济的增长。因而，企业投资是一个企业需要认真对待的一部分。

（二）企业投资管理存在的问题

1. 融资渠道狭窄

由于中小企业有资产规模小、信用等级低、经济效益波动大等特点，因此，融资难一直是制约其发展的重要因素。中小企业的融资方式主要是间接融资，而直接从资本市场融资比较困难，因此，相对于大型企业，中小企业的融资需求更为紧迫。而对银行等金融机构来说，为了减少自身金融风险，他们对中小企业的贷款要求会越来越苛刻，即便能拿到贷款，也只是一些小规模的贷款，这就造成了他们的资金来源渠道较少，投资也受到了一定的限制。

2. 不合理的投资结构

我国的中小企业在发展过程中，由于专业投资管理人员的短缺、投资管理机制的不健全，其在投资时常常存在着盲目跟风和随性而为，缺乏对投资项目的调研和分析，并且因为对投资结构的认识不足，导致了投资容易产生偏差。一般来说，中小企业在进行投资时，往往把有形资产看得比无形资产更重要，把大部分的资金都用来购买固定资产，而在技术研发、人才培养等方面投入较少。

3. 法律制度相对欠缺

一般而言，中小企业的资金主要来自外部融资，企业的投资与融资在维持其独立性的前提下，彼此关系密切。中小企业因为是小型企业，因此其内部管理比较松散，与大型企业相比，存在较大的投资风险。当中小企业对筹集的资金进行投资时，企业管理者和债权人的矛盾会越来越多，尤其是在对企业的经营管理控制上，会给企业的投资造成很大影响。

（三）解决中小企业投资管理问题的相关对策

1. 进行全面的市场调查，做到精、准、细

企业在进行投资时，其市场调查的深度与广度将会影响到企业的投资效果，而市场调查可以为企业的投资项目提供一份可行性分析报告，为中小企业更好地理解行业市场提供一个良好的依据。因此，市场调查必须做到精、准、细，具体可以从各种渠道搜集行业数据、市场需求等信息，并根据最新的政策和制度，对市场环境进行深刻的剖析和讨论，并始终坚持市场导向，制定出完善、科学、合理的市场调查报告。

2. 改革中小型企业的投资决策，使之更具时代性和科学性

企业的投资决策将直接影响投资的成功与失败。合理、科学的投资决策必须要有一个健全的决策过程管理系统，这是一个以合理性、合法性和效率为前提的，包括投资决策的流程图和相关的授权制度。这就需要企业经营者具备独到的洞察力，在整个行业的发展趋势下做出标新立异的决策，并根据企业的实际发展状况不断创新决策内容，制定完善的决策方案，以降低投资过程中的风险，使企业投资更趋平稳。

3. 不断加大企业投资管理监督力度

在企业的发展中，需要建立健全的内部管理体系，而在进行投资管理时，需要建立健全的投资管理体系，保证投资的秩序，防止盲目投资，从而降低投资的风险。同时，要加强对投资的监管，加强对管理者的专业技能培训，提高员工综合素质，为有效开展投资管理工作打下人力资源基础。

4. 不断加强投资风险评估与防范

为保证我国企业的投资行为受到法律的保护，我国的中小企业在进行投资时应遵守有关的法律、法规。企业在进行投资时，必须遵循三条原则：一是要合理利用各种模式体系和相应的制度，使投资管理走向多元化；第二，在进行投资时，要对市场有充分的认识，对其进行深入的分析，从而从根本上预防投资风险；第三，要对自己的发展做出正确的判断，并根据市场环境和产业发展的信息，做出科学的投资决定。

5. 完善投资管理制度

在投资经营活动中，企业的投资管理系统发挥着举足轻重的作用，是保证投资经营活动科学、规范和有效开展的先决条件。要想改善我国企业的投资经营体制，必须从四个方面入手：第一，要积极引入现代经营理念和经营方式，不断提升投资管理水平，保证与公司的发展规模相适应；第二，要始终立足于自身发展的现实，并与相关的法律、法规相结合，不断完善公司的投资管理体制，发现问题要及时处理；第三，财务部应将公司的经营收益与既定目标进行比较，并进一步优化会计核算要求、成本预算等；第四，加强对财务的监管，保证资金的合理、科学，并定期进行会计核算，避免财务风险。

6. 优化企业投资管理结构，提升投资管理水平

企业在进行投资经营时，必须立足于自身发展的实际，并与已有的业务相结合，不断调整投资结构，提高经营管理水平，以达到最佳的效益。企业在进行投资管理时，投资管理人才是企业发展的关键，所以，要加强对投资管理的专业化人才的培养，并在项

目所在地引进高素质的管理人才，以达到降风险、提高效率的目的。此外，公司还可以引入先进的管理手段和管理理念，并运用现代管理方式，对企业的投资管理进行有效的整合，以达到更好的效果。

四、融资管理

企业融资指以企业自身为主体，融通所需营运资金，使企业及内部各环节之间的资金供求由不平衡（即资金短缺或盈余）到平衡（适当规模的资金）的运动过程，是企业在后续资金无以为继或无法运行时，保障企业正常生产与运行，以解决运营危机、财务危机等的行为。企业结合自身内部条件及未来生存发展的需要，既要筹集为满足投资所需资本及生产经营活动和发展所需资金，又要保证资金来源的稳定性和灵活性，力求降低融资成本，把融资风险降低到可控范围内，以增强企业的融资竞争力。企业在制定融资策略时，要对自身有着充分地了解。企业在进行融资机构的选择时，也需要对金融机构及其他融资群体十分熟悉。企业集团要加强融资管理，应针对行业特性及实际运行、发展情况进行切实分析，从而制定科学、合理的管控思路，以指导融资管理的顺利进行。

（一）融资种类

根据公司所融资金的来源渠道可分为权益融资和负债融资。权益融资指由公司所有者提供的资金，如发行股票、吸收直接投资或内部积累等方式；负债融资是由公司债权人提供的资金，如发行债券、向银行借款或融资租赁等方式。

根据公司所融资金的期限可分为短期资金和长期资金。短期资金指使用期限在一年以内的资金，满足公司流动性资产周转中对资金的需求。长期资金指使用期限在一年以上的资金，是公司长期、持续、稳定地进行生产经营的前提和保证。

根据资金取得方式可分为内源融资和外源融资。内源融资指公司利用自身的储蓄转化为投资的过程，如公司留存收益和折旧。外源融资指吸收其他经济主体的闲置资金，转化为自身投资的过程，如公司发行股票、债券、银行借款等。但对于正处在快速扩张阶段的企业来说，内源融资的供给可能是杯水车薪，因此，需要外源资金的注入。当前外源融资主要包括银行贷款、出售股权、发行股票与企业债券等。在承担融资风险时，其成本相较于内源融资，成本更高。外源融资一方面可以利用资本市场上的流通资金进行募集，包含债券与股票；另一方面，可以利用信贷机构进行长期贷款与短期贷款，实现有效融入资金。

根据融资活动是否通过金融机构可分为直接融资和间接融资。直接融资指资金供求双方通过一定的金融工具直接形成债权债务关系或所有权关系的融资方式。间接融资指资金供求双方借助金融机构来实现资金融通活动。

（二）融资方式

（1）股权融资方式：融资方式将以融资方（包括项目在内）的股权进行抵押借款。这种投资方式指投资人将风险资本投资于拥有能产生较高收益项目的公司，协助融资人快速成长，在一定时间内通过管理者回购等方式撤出投资，取得高额投资回报的一种投资方式。

（2）债权融资方式：投融资双方签订借贷合同进行融资，确定相应固定利率和收回贷款的期限。

（3）债转股的融资方式：投融资双方开始以借贷关系进行融资，投资方在借贷期间内或借贷期结束时，按相应的比例折算成相应的股份。

在不同的时间阶段采用不同的融资方式：在项目的初级阶段，主要以股权融资方式为主，因为对融资方来说，这个阶段的资产负债情况不会有很大的压力；在中后期阶段，可以运用股权、债权方式，这个阶段的融资方对整个项目有了明确的预期，在债务的偿还上有明确的预期。

（三）融资战略制定

选择合适的融资策略是企业整体发展战略的需求，并根据宏观环境和自身发展阶段不断优化、合理配置。优化融资环节的重要性对企业来说表现在以下几点。第一，企业要开展投资战略的首要条件是具有科学合理的融资策略。科学合理的融资方案可以预测投资需求量的大小，及时准确地抓住最佳融资机会，筹集规模适度的营运资金，合理组织资金供应，保证满足生产需求、经营管理需求，积极主动应对激烈的市场竞争使企业投资战略目标得以实现。第二，企业发展的必要保障是具有合理的资本运作理念。企业不断提升自身融资的能力、改变单一融资模式，利用财务杠杆进行负债经营与资本经营。力求降低融资成本，提高企业赢利水平，进一步增进企业健康有序发展。第三，进一步加强融资管理能力有利于提高企业的潜在价值。通过优化合理配置权益融资与负债融资两者之间的比率关系，平衡企业权益成本和债务成本，来优化企业的融资结构。一般认为最优资本结构能使企业投入资本最低而实现企业价值最大，最大限度地提升企业潜在的价值，实现企业战略目标。

集团内部在实现融资管理时，应切实制定总体的融资战略，始终坚持多层次、多渠道、多元化的融资结构，根据行业发展的总体趋势及未来走向，明确具体的融资方式和融资渠道，并及时关注行业动向，适时调整融资结构，且应逐步建立健全专门的融资管理机构。

（四）企业融资管理中常见的问题

1. 企业财务风险防范意识淡薄

在外源融资过程中，企业要结合自身应对风险的能力，做出科学客观的评估。如果企业缺乏应对风险的能力，运营成本管理意识低下，就可能出现融资规模扩大、过度融资、资金浪费、利用效率低下等情况。此外，一些初创企业公司架构尚不完善，内部运行体系仍在发展中，无法对最佳融资金额进行评估，一些融资机构为获得高昂的融资回报，采取高报价的方式，导致部分企业融资过剩，增加融资成本。

2. 部分企业融资渠道单一

现阶段政策和法律保护支持体系，投资体制尚不完善，证券市场门槛很高，上市融资难度较大，很难使用股权投资，部分企业在选择融资时更偏向于贷款的方式。但随着国家政策对贷款逐渐实行紧缩政策，虽然部分企业具有成长潜力，但由于成立时间不长，或没有好的项目和产品，未能充分显示其成长性，未能让银行充分识别。因此，银行的放贷资金往往不能满足需求，且贷款利息和后期监控的成本相对而言比较高，加之企业的抵押品不够充足，其评级也会受到影响，一般相对偏低。

3. 企业资本结构不合理

一般而言，基于企业发展生命周期和投资战略的不同阶段，对融资战略的选择是不同的。不同的融资决定了不同的资本结构，不同的资本结构决定了不同的公司治理结构，从而会影响到公司的经营效果。随着企业的发展壮大，企业积累资金已无法为企业的长远发展提供足额的资金，必须从外部筹集资金。多数企业缺乏优化的资本结构，中小企业的股权资本融资渠道不畅，债权融资情况也不容乐观。现实状况就导致了中小企业负债资本占据较大比重，负债经营往往是中小企业比较单一的选择。在市场经济下，合理利用债务筹资是一种正常的理财手段，利用财务杠杆可以降低资金成本，增加企业的价值，较股权融资成本低且速度快。但债务性融资金额过多，超过合理区间，投资收益率未能弥补融资成本时，企业资产负债率越高，财务风险就越大。而另一些企业为项目过多的运用权益筹集资金，过多的权益性融资使融资成本提高。在这种资本结构下，企业无法使自身价值最大化，在面对风险时也不能灵活调动资金，当企业需要的资金量较大时，股份容易被恶意收购，易造成控制权更替，使企业失去实际控制权。

4. 财务管理制度不健全

企业融资难、资金成本高，是因为在很大程度上受企业财务管理水平的限制。首先，现阶段不少企业的财务人员工作还停留在报销、付款、报税等基础业务上。其次，财务人员未严格按照《企业会计准则》进行核算，财务报告不能真实反映出公司实际的运营状况，无法判断企业的运营风险和财务风险。但企业在进行融资时，融资渠道会对企业的风险承担能力进行评估。派出专业评估人员对企业价值进行核算。再次，将企业提供的数据与实际数据进行对比，如实际审查结果与企业提供会计资料差距较大，影响企业信誉程度，则融资审核通过率极低。然后，企业现有的管理水平未能积极拓宽融资渠道，而单一融资渠道阻碍了资金的获得，阻碍了企业的发展。最后，企业内部控制体系不完善，造成资产产权不清晰、资金管理混乱，影响企业有效融资。

（五）优化融资管理

1. 提升企业防范融资风险的能力与意识

企业融资战略首先要遵循的原则是风险可控，在明确融资目标的同时，必须把控融资全过程。做好融资风险预警、评估，和采取相应的措施，这就要求企业财务人员与企业管理者具备较高的专业水准和良好的应变能力。熟悉法律法规，把控行业经济周期，密切关注国家政策的影响与外部的宏观环境动态。必须加强关于财务知识的学习，了解融资为企业带来的风险，灵活运用科学的预测方法。严格按照《企业会计准则》进行核算，做好各项指标分析，如偿债能力、营运能力、赢利能力等。

2. 合理制定融资计划，力求与资金需求相平衡

在企业生产经营过程中，务必熟知国家相关法律法规及国家政策，了解宏观经济形势，根据国家财政政策和货币政策，采取科学、及时、理性的方法预测融资中的风险和机遇。在国家法律允许的范围内，利用政策优势，减少经营成本，开拓融资渠道，减少单一性融资带来的风险。在制定融资计划的同时，企业需考虑自身规模问题：对企业内

部而言，过早融资会使资金闲置，过晚又会丧失投资最佳时机。从企业外部讲，瞬息万变的经济发展形势直接影响企业融资，融资成本和难度的加码促使企业要抓住有利时机，优化融资决策。将融资总规划与财务战略目标相结合，完成财务战略目标，同时做好融资计划，实现相互支撑、相互指导、相互补充。

3. 适时调整融资结构，推动企业发展

在一定的战略期间，融资工作的行动指南就是如何有效完成融资总任务。主要解决采取何种融资方式——债务融资还是权益融资，以及如何确定两者合理的结构比例，筹得的资金如何适度满足生产经营和投资项目的需要等问题。在目前的市场融资体系中，银行贷款仍是一种较为便利的融资手段，在拓宽融资渠道方面发挥着重要的作用，但其他渠道的发展也为未来的融资市场带来生机，企业在进行银行融资的同时，应选择其他渠道降低运营成本，减少经营风险。

4. 建立健全财务制度，提升内部控制水平

健全财务制度，提升内部控制水平，是推动发展的必要保障。主要实行以下几点。第一，严格按照《企业会计准则》进行核算，形成统一的资金账户、核算口径，提升资金的管理效率。第二，提升企业管理水平和风险防范能力，建立健全内部控制制度，为资金安全运行提供有力的制度保障。第三，对外披露的企业信息财务报告做到及时、真实、完整，有利于维护企业良好的声誉和形象，提升企业的诚信度和公信力。第四，促进企业更快实现发展战略，提高经营活动的赢利能力和管理效率，提高资金的使用效率。

第四节 企业运营管理

创新是企业发展的源泉，尤其在大数据、人工智能、物联网等技术飞速发展的背景下，企业不仅要有创新意识，更要有创新能力。通过学习融合战略管理，提供企业运营管理解决方案的能力，可以对企业在运营管理领域进行学术研究，培养创新创造，以及团队合作完成挑战性运营项目的能力。

一、运营管理的定义

扩展阅读 1.8

运营管理

运营管理是计划、组织、实施和控制运营过程的一种统称，它涉及产品的制造和服务的创造。运营管理还包括设计、运行、评估和改进系统，以生产和供应企业的主要产品和服务。伴随着服务业的出现，制造业的观念得到了进一步的拓展，它逐渐将非制造业的服务业纳入其中，既有实物商品的生产，也有无形服务的供应，因此，实行高效的经营管理已变得日益重要。

二、运营管理的对象

运营管理的目标是运营过程与运营系统。运营过程是一个投入、转化和产出的过程，是一个劳动过程或者价值增值的过程，是运营活动的首要目标，因此，运营活动的组织与控制是运营活动的首要目标。运营系统指能够完成以上转换过程的一种方式，其组成与转化过程中的物质转化、经营过程相应，由物质体系和管理体系组成。运营能力通常与中小型企业的运营和控制层次有关，如果中小型企业的运营管理水平高，那么如何合理地制定营销方案是实现其销售需求的关键。

（一）我国现行的运营能力分析系统中的问题

1. 企业领导不关注企业运营能力分析

虽然目前一些企业已经进行了一些内部的变革，但在实际操作中，许多管理者并没有将其放在心上。他们认为，企业的运营能力与当今社会的发展无关，也没有将企业的经济和企业的运营能力联系在一起。

2. 企业领导不懂企业运营能力的分析系统

在实际运用中，企业的运营能力并不是很好，因为很多企业的经理和业务系统的员工都不了解这个系统。

3. 企业员工不配合企业运营能力的分析系统

为了使运营管理更好地与企业的运营能力相结合，需要全体员工的协作。但现在，很多人都不喜欢这种管理系统，他们觉得，如果不遵守企业的规章制度，那么他们就会被迫离职，这就造成了员工对运营能力的不信任，从而出现了各种各样的问题。

（二）加强企业运营能力分析

1. 提高企业领导对企业运营能力分析的重视

在对企业运营能力进行分析时，要考虑到目前为止所遇到的一些问题。最主要的问题是，企业的管理者没有把自己的经营能力系统放在首位，认为自己的运营能力分析系统不足以提升企业的核心竞争力。要改变当前的企业领导者对企业经营管理能力的不重视，必须做到以下两个方面。

第一，作为一个企业的管理者，应该增强对企业运营能力的认识。在企业的运营能力分析中，必须将企业赢利能力、企业财务管理质量纳入到企业的经营能力系统中。因此，要想提升企业的综合发展效益，必须加强其运营能力。因此，企业经营者应加强对运营能力的分析，把运营能力分析作为企业经营管理的一个重要内容。

第二，企业的部分管理层人员对企业员工所提出的意见要重视。企业的一些员工亦可以提出一些问题，让企业的高层来思考，从而提高企业的运营能力。让更多的管理高层来探讨在企业内部如何更好地运用运营能力分析系统。

2. 提高企业领导对企业运营能力的分析

目前，我国企业经营能力评价系统在应用中还存在着许多问题，即运营能力系统的使用质量不高，许多企业经营者未能对其进行有效的应用，导致其在应用中出现了许多问题。因此，可以针对自身存在的问题，做好以下工作。

第一，针对企业目前的日常现金进行管理。现金可以提升企业的流动性，也可以让企业在经营的时候，避免出现市场风险，同时也可以帮助企业提升偿付能力。然而，当前我国许多企业的资金周转状况不佳，使得其在经营中的利润并不高，因此，在进行日常管理时，必须确保企业内部的现金流，并采取相应的措施来增加企业的资金流动。

第二，要对管理人员的工作责任进行重新定位。在企业经营能力系统分析中，管理者的工作主要是对其经营能力进行分析。要想更好地提升业务能力，就必须要考虑到员工的工作素质，要做到专业，要做到最好，必须要有一个好的员工。同时，在企业内部也要建立相应的管理制度，以保证其所包含的内容稳定、科学，对企业的发展起到一定的促进作用。

第三，要加强数据采集。企业的经营管理水平与企业的发展有很大的关系，数据采集的质量与企业的发展质量有密切的联系，而数据的使用效果也是影响企业发展的重要因素。因此，在数据采集的时候，必须强调数据的归类，在数据处理的时候，要用同样的方法来计算。

3. 提高企业员工对企业运营能力分析的配合度

在进行运营能力系统分析时，必须充分考虑企业面临的风险和员工。即企业的经理必须始终把员工的情绪、员工的状态作为解决问题的首要途径，具体有以下方面。

第一，企业可以不断提高员工的福利待遇。福利待遇不仅仅表现在绩效奖金、年终奖等物资上，还应该注重员工的精神奖励。这可以对企业的其他员工进行激励，同时也可以让其他员工知道，企业重视员工的发展。不管是企业的晋升，还是企业的奖励，优秀的员工都会被优先考虑。

第二，要建立一个目标，并经过多次的评估。多轮的考核就是防止员工因为一次考核的质量太差而被企业开除，所以要对其进行全面的考核。只有在一次又一次的考核不合格之后，企业的员工才会被开除。这样可以让员工感受到企业的人性化、公平公正的同时，也能让员工们更好地适应，积极地参与到业务能力的分析中来。

三、运营战略

为了保证企业在市场中的竞争力，应该运用运营战略来保证企业在市场中的竞争力，并着重从决策的各个层面来进行管理，以保证企业的整体和高效。运营战略从四个方面展开，即自上而下、自下而上、资源导向及市场导向，因为每一个企业的经营策略都应该从不同的角度来考虑。

（一）自上而下

运营战略中自上而下的观点囊括了通过企业战略来影响商业实施的过程。其主要内容有：①对企业的产品、运营情况有一定的认识；②对当前经济形势有较为准确的判断；③确定目前的生产经营目标；④制定目标完成的步骤流程；⑤确定在目标流程中需要进行哪些运营；⑥对各个操作岗位进行分目标分解；⑦实现各个任务目标。从这些步骤中我们可以看到，整个目标由管理人员来制定，然后，在企业的层次上，层层分解目标，到达最后的执行者。

（二）自下而上

运营战略中自下而上的视角包含了使用日常经验来指导战略决策的功能。具体的工作流程为：①运营岗按照不同的渠道、方法，实现各自的工作目标；②部门实现部门的目标；③实现产品指标；④实现企业目标。执行，就是以目标为导向，而更多的是在基本的工作中，也就是我们通常所说的经营，只有达到了自己的目标，我们才能逐步实现产品的整体目标。这个经营策略的核心思想，就是将一个大目标分解为若干小目标去执行，为一个个小目标被实现，一个完整的企业规划才能实现。从这个战略的观点来看，创造性可以被最大化，从而为我们提供实际的解决办法。

（三）资源导向

以资源为导向的运营角度，从企业的资源、能力、过程等角度来设计经营战略。从战略的观点来看，企业的经营环境决定了企业的经营状况。易捷航空之所以采取这种经营战略，是因为它对航空业的运力和网络资源的真正理解。在其他国家，在资源有限的情况下，采用合理的资源分配策略进行策略操作更适用于规模较小的企业。

（四）市场导向

以市场为导向的商业视角，关注市场的需要，以及竞争者的影响。从战略的观点来看，企业的经营战略是在企业的外部市场环境下进行的。易捷航空能够有效地运用这个视角，引导其在经营管理方面做出战略性决定，从而使顾客满意，并能维持其在市场上的竞争力。

四、运营管理的目标

运营管理的首要目标是质量、成本、时间和灵活性，这是企业最基本的竞争来源。因此，在企业的运作中，运营管理起着举足轻重的作用。特别是在过去的十多年里，资讯科技的飞速发展为营运增加了强有力的工具，同时也使得运营学的研究进入了一个新的发展时期。它的内容越来越丰富，范围越来越广，系统越来越完善，在当前竞争环境下，企业运营管理理论出现了新的发展。

（一）跨企业的集成管理经营是企业运营管理的重要内容

现代运营管理是从运营战略的制定、运营系统的设计、运作等各个层面来进行的，它把经营战略、新产品开发、设计、采购、供应、生产、配送、售后服务等作为一条"价值链"来进行全面的经营管理。

（二）多品种、小批量的混合生产模式已成为主要趋势

随着资源、能源价格的大幅上涨，企业的生产成本也随之上升，市场需求也随之转向多样化，因此多品种、小批量的混合生产模式逐渐形成。面对多元化的市场需求，企业需要采用多种生产模式。所以，在"硬件"与"软件"这两个层面上，要寻求有效的解决方案。

（三）信息化技术已成为企业运营管理与控制的一种重要方式

在信息技术快速发展的今天，企业运营管理的一系列改革已经成为企业运营管理

领域的一个重要课题。数字科技对企业的影响越来越大，而先进生产技术（advanced manufacturing technology，AMT）的应用也在不断地改变着企业的经营模式。管理信息系统（management information system，MIS）与电子系统在企业中的运用，涉及产品的生产、销售、企业内部的财务和人事的管理，这些都是企业经营管理的重要内容。

（四）"柔性"是决定企业生存与发展的关键

提高产品的需求量和适应性，就是提高"柔性"。经营管理的直接目标是：①企业（组织、机构、单位、部门）；②股东（所有者），其宗旨是表达和实现股东意愿；③业务，其宗旨是执行和解决所有非专业业务中的公共事务；④雇员，其目标在于实现对其服务与合理预期的满足；⑤制度，其目标是为制度定制和实施提供保障，建立标准，控制过程。

五、"全球运营"成为现代企业的一个重要课题

随着经济全球化、一体化的发展，企业间的生产行为由集中式向分布式转移，企业的选址问题已由单一的地理位置决定转向了基于市场需求的网络化选址。

（一）我国中小企业全球化运营所面临的问题

1. 管理落后，缺乏战略目标

我国中小企业的生命周期一般都比较短，其中一个重要的原因就是其经营管理的滞后。并且由于我国中小企业经营模式落后、组织结构僵化、管理流程低效等原因，在企业进入国际化经营阶段后，其薄弱环节已经明显成为制约企业进一步发展的瓶颈。此外，国内的中小企业大多缺乏长远的战略眼光，很少注重公司的长远发展，只注重短期的利润，但短期的成功不能保证公司的长久发展。因此，缺少企业的核心能力，缺少活力的企业文化，都会成为制约企业发展的重要因素。

2. 创新不足，国际竞争力弱

绝大多数中小企业在技术创新方面的投入不足，研发支出只占总营收的 1%～2%，而世界 500 强企业的研发支出则占据了其产品销售收入的 5%～20%。更重要的是，很多中小企业并没有意识到科技投资与技术创新对企业发展的深刻影响，仍然依赖于劳动力成本低廉、经济负担较轻等特点，不愿意投入大量的资金去研发高科技产品。

3. 面对风险，规避防范不力

我国中小企业在国际市场上仍有一定的盲目性和偶然性，对国际市场的抗风险能力较差。当今市场的竞争瞬息万变，国际经营与国内企业相比，在很多方面都有很大的差别，跨国经营牵扯的范围较广，所要考虑的问题也较多。特别是中小企业，他们缺乏国际化的管理经验，而且往往受自身人力、财力、物力条件的制约。

（二）我国中小企业全球化运营所面临的机遇

1. 全球化的机遇

尽管我国企业在国际化的过程中遇到了一些困难，但是随着全球化发展，我国企业也随之有着一定的发展。在世界范围内，技术、资讯、资金的快速流动正逐步改变着世

界范围内的商业竞争规则，而正是这种变化给我国公司提供了一个机会，让他们能够更好地凸显我国优势。

2. 网络化的机遇

互联网是现代企业发展的重要基石，互联网的发展使国际间的交流更为便捷，也给我国公司的全球化经营带来了机会。互联网在全球化经营中，不仅是一种业务手段，更是一种巨大的市场和商业平台，它可以为我国企业提供广阔的发展空间。

目前，国内很多公司借助互联网的力量，把我国的市场与世界的市场联系在一起，从而在全球竞争中脱颖而出，如阿里巴巴、百度、新浪等企业。

3. 区域化的机遇

随着经济的全球化发展，区域具有更强的创新性及灵活性。我国企业在全球化的过程中，可以把各国看作是一个地区的结合体，在这个地区形成一个商业循环。在全球化的业务经营中，我们可以选择北美市场、欧洲市场、发展中的新兴市场与非洲市场。我国企业在进行国际化运营时，必须根据自己的实际情况，选择合适的国际市场来推动公司的发展。

4. 知识经济的机遇

我国在 20 世纪的产业迁移中，已经成为众多发展中国家中的佼佼者。因此，在全球化经营的发展下，我国企业在知识密集的转移过程中，将会获得巨大的优势。欧洲、日本在这种知识密集型产业迁移中，没有太多的优势，是因为这些国家的发展成本很高，但我国拥有雄厚的人力资源及大量的高科技人才，这正是我国高科技企业发展的关键。

六、企业营运资金管理

对于企业的财务管理来说，如何有效地提高运营资本的使用效率是重中之重。从实际情况来看，很多企业对运营资本的管理不够重视，造成了很多问题需要解决，同时也会影响到公司的经济效益。

（一）企业营运资金的定义与特点

从广义上来讲，营运资金就是企业花费在流动资产方面的资金，如现金、有价证券、应收账款、存货等所占用的资金。因此，它又被称作总营运资本。从狭义上来讲，营运资金就是某个时点内企业流动资产与流动负债之间的差额。通过营运资金，人们可以了解企业的偿债水平。如果流动资产总额远远超出流动负债总额，则说明企业具有良好的偿债能力；反之，则说明企业的资金周转能力差，偿债能力差。

营运资金的主要特点包括 4 点。

（1）变动性与易变现性。营运资金是一年或已满一年的一个营业周期内能够变现的资产或需要偿还的债务，其状态是容易变现的，存在变动性。

（2）周转时间短。企业通常可采用短期筹资的方式来获取营运资金。

（3）营运资金占用数量存在波动性。基于各种内外因素的作用，流动资产与流动负债会受到不小的影响，从而导致数量波动明显。

（4）资金来源的多样性。营运资金可通过多种内外部融资手段获得，如短期融资、短期借款、预收账款、票据贴现等。

（二）当前国内企业营运资金管理问题

1.流动资金不足

我国许多企业的流动资金不足是其经营资金管理中的一个突出问题，使其面临流动性风险。就企业而言，流动资金是其可以得到的最低成本资金，也是公司在应对突发事件时经常使用的资本。这个时候，如果流动资金不足，就会让一个项目的资金周转出现问题，从而影响到公司的正常运营和发展，甚至最终会导致公司倒闭。

2.营运资金结构缺乏合理性

公司的营运资金结构与公司的资产结构有密切的关系，如果公司的营运资本结构不合理，则会造成公司的资产结构不合理。因此，在经营管理中，必须兼顾风险和利益，权衡二者之间的关系，以保证运营资本的合理配置、公司的经济效益最大化。由于投资的盲目性，企业的运营资本结构常常不平衡，从而容易造成流动资金不足。

3.营运资金管理水平较低

目前，我国许多企业对运营资本的管理还比较浅显，缺乏足够的关注，还没有建立起一套科学、合理的财务管理制度。

4.缺乏高素质的专业人才

企业经营资本管理的专业性很强，对从业人员的专业素质有很高的要求。但是，目前，许多企业的运营资本管理工作都以财务部门为主，而许多财务人员缺乏对运营资本的认识和思想上的重视。同时，由于财务人员自身的专业素质、对运营资本的理论知识和工作经历等方面的欠缺，导致公司运营资本的发展受到一定的限制。

（三）新时期企业提升营运资金管理质量的对策

1.高度重视并完善营运资金管理制度

管理层应从经营资本管理的角度，全面理解营运资本的运作，并根据公司的发展战略目标，为这项工作提供全方位的支持。

2.加大对营运资金项目管控力度

企业要强化流动资产的管理，流动资产通常指短期债券、货币资金、存货等资产。对于以上的流动资产来说，企业要加强对其营运资金的管控力度。

3.重视应收账款信用管理

应收账款属于一种商业信用，是在销售货物或劳务形成过程中产生的。目前，我国大部分企业都存在着一定程度的信用问题，信用贷款虽然能为企业带来一定的经济效益，但同时也存在着一定的资金占用和回收风险，如果对其进行不当的处理，则将给企业带来巨大的损失。因此，企业应最大限度地减少这类坏账风险。

4.重视从业人员的业务培训，以提高管理水平

财务会计人员是企业经营资金管理活动的重要执行者，其职业素质是影响经营绩效的关键。因此，要加强会计人才的职业素质，不断地进行业务训练，不断提高自己的业务能力，为公司的经营资金提供人力支持。同时，公司的财务人员也要积极地借鉴和汲取国外公司的

扩展阅读 1.9

案例分析

成功经验，以提高财务人员的整体素质。同时，公司要积极地与其他优秀的公司进行协作，吸取他们的优秀管理经验和方法，并运用到会计人才的培训中，提高员工的综合素质。在加强会计管理队伍建设的同时，要注重引进高素质的人才，合理地安排和优化内部管理队伍。这对改善公司运营资本的经营管理具有重要意义。

第五节　战略实施与控制

关于制定战略的理论相当丰富，而好的战略要得到好的执行，所以战略的实施与控制相当重要。战略实施最核心的目的就是将战略和运营有机地衔接起来，在把握传承和合理控制的前提下，战略才能顺利实施。

一、战略实施的主要内容

战略实施是战略制定的延续。这就是在企业确定了目标和策略之后，要把这个想法变成自己的行为。在这种转变中，首先，企业必须思考战略的制定与执行之间的关系，二者之间的协调程度愈高，则愈能取得成功。其次，制定战略规划，对选定的战略进行具体实施。最后，对经理执行策略的方式进行分析。

（一）战略制定与战略实施的关系

1. 战略问题的诊断

企业要达到自己的目的，既要有行之有效的战略，又要有效地实施策略。在实施策略时，必须明确自己要做哪些改变才能使战略得以顺利执行，如果没有一个有效的组织架构，企业的战略是无法实现的。

任何一个环节出了问题，都会对整体的策略产生重大影响。策略的制定和执行会导致四种结果：成功、动摇、困难和失败。

在摇摆不定的情况下，企业虽然无法完美地制定出自己的策略，但实施起来却是一丝不苟。企业可以成功地实施策略，从而克服原来策略的缺陷。另一个情况是，企业很重视这种不完美的策略，从而导致了企业的破产。在这两种情形下，企业必须能够及时、准确地判断出该策略的最终结果，并积极地进行改善。

在困难的情况下，虽然企业的策略很好，但执行起来却很糟糕。这通常是因为企业经理过于关注策略的制定，而忽略了执行。一旦出现问题，经理们往往会对策略进行调整，而不会去查看执行流程有没有问题。因此，新的策略仍然是"旧"的，唯一的出路就是失败。

在一个失败的象限中，企业的问题在于，他们的策略本身并不完美，并且没有得到很好的实施。在这样的背景下，企业经理们要想扭转策略是非常困难的。因为，如果一个企业保持原有的策略，而采取了不同的执行方法，或采取了新的策略，那么，就不能取得好的效果，仍然会以失败告终。

从以上的论述中，企业可以清晰地看到两个方面：一是战略的执行和策略的制定。二是在策略执行不到位的情况下，难以对企业制定的策略进行评价。

2. 战略变化的分析

在实施策略时，必须明确自己要做哪些改变才能使战略得以顺利执行。

企业的战略变动有多种，总体上可划分为 5 种。评估这 5 个策略改变的关键在于，它们能否帮助经理们处理问题，并更好地执行策略。

1）原有战略

原有战略是在上一个计划期内企业已实施的战略。因为在这个层面上，没有新的技术和新的商业业务，所以企业可以确保每个活动都能按预定的计划进行，从而使策略得以顺利执行。同时，企业在前一阶段所取得的经验曲线效果应该能够在较低的成本下平稳地执行该策略。

2）常规战略变化

常规战略变化是企业在策略上所做的一种正常的改变，以吸引客户或为其产品定位。在日常的商业运作中，企业可以通过调整广告、包装、制定价格策略，甚至通过改变营销的方式来实现常规的战略转变。

3）有限的战略变化

有限战略变化指企业在现有产品系列的基础上，将研发的新产品推向新的市场时所需的局部改变。因为产品的更新途径越来越多，所以其变化的形式也越来越多。若将高科技融入产品中，将会给企业的经营策略带来新的复杂性。

4）全面的战略变化

全面的战略变化是企业在组织架构和战略上进行重组的重要改变。这种改变主要表现为两个方面。一是由于同一产业内的企业联合或兼并而产生的。二是发生在企业内部的重大的、根本的改变，尤其是在多元化经营的情况下，当企业的高层管理者向下属的经营单位以大进大出的方式进行合并或出售时，这种变化尤为显著。

5）企业转型

所谓"企业转型"，就是企业改变自己的经营方向。这一转变主要有两种。一是由于不同产业间的企业组成联盟或是兼并而产生的变动。二是企业从一个产业脱离，转移到一个新产业之中。由于这一转变要求企业的任务是发展新的管理技巧和新的产品技术，因此，企业战略的实施将更加复杂。

（二）战略实施与组织架构

企业的战略适应性决定着企业的组织结构是动态的，因此，在企业利用现有资源和可能占有资源的情况下，为应对企业外部环境和内部条件发生变化时，进行一个复杂的调整过程。随着企业的发展，其规模、产品和市场都在不断变化。在这种情况下，企业应该采取合适的战略，同时，企业组织架构也要进行相应的响应。

1. 增大数量战略的结构

在产业发展的初期，外部环境竞争不太激烈的情况下，只要采取简单的组织结构和形式，就可以扩大生产规模。

2. 扩大区域战略的结构

当产业发展到一定程度后，当某一区域的生产或销售无法适应自身发展速度和市场需求时，就需要向其他区域拓展产品或服务。为了使这些产品与服务达到统一、规范化、专业化的目的，企业必须要有一个职能部门结构。

3. 纵向整合战略

在产业发展的后期，竞争日趋加剧，企业必须具备一定的原料生产能力，或掌握一定的销售渠道，以降低竞争的压力。因此，企业应采用事业部制架构。

4. 多种经营战略

在产业进入成熟阶段时，企业往往会发展出一系列与原来产品无关的新产品系列，或在其他行业里经营企业原有产品和服务，以规避投资和运营风险。此时，企业应该根据自身的规模和市场状况，分别采取矩阵式结构或经营单元式结构。

（三）导致战略实施失败的常见错误

1. 对竞争环境判断失误

为了避免错误地判断竞争环境，必须培养一种能够适应环境变迁的企业文化。在对竞争环境进行分析时，我们需要对自身的竞争空间进行准确的界定，而不仅仅限于目前的竞争对手，还要对潜在的、新兴的竞争者进行深入的研究。此外，还需要建立一套高效的竞争情报体系，以确保企业内部的信息畅通。

2. 不合时宜的假设前提

一些企业的战略是基于一系列不正确的先决条件，或是并没有根据情况的改变而及时地修改战略决策的先决条件。根据企业经营重要性差异，企业可以将各种前提假设进行分类并具体分析。最后不要忘记，在不同的前提下，由于外部环境变化和企业自身业务的调整，必须要重新定义企业战略，以保证其有效性。

3. 被日渐侵蚀的竞争优势

企业的短期实力无法转变成持久的竞争优势，最终会在激烈的市场竞争中处于劣势。企业高层管理者要有大局观和动态管理意识，将企业经营活动建立在流程的基础上，将重心落在企业价值链上。应当努力将各种增值业务进行整合，关注动态的竞争环境，通过创新的方法，为企业创造独特的价值。

4. 盲目扩张自损价值

企业在经营过程中，常常忽视自身实际情况，盲目地涉足某些自己不熟悉的业务领域，最终导致经营失败，从而削弱了企业的价值根基。要想成功实现企业多元化经营，就必须始终保持企业的核心竞争力。从企业价值链的观点来看，新业务是否可以作为企业现有价值链的一种自然延伸，是衡量企业多元化战略决策的重要标准。

5. 受制于组织结构

在实施企业战略时，必须从根本上改变传统的组织架构，创造一种全新的、没有国界的组织形式。首先要明确企业战略环境，确定企业战略所涉及的主要目标及其相互之间的联系；其次进行相应的组织架构的设计；最后是一个机构内部与其他机构之间的协调与融合。只有建立清晰的目标，进行高效的交流，以及跨部门的组织结构，才能打破障碍，让组织中的各个部分相互协作。

6. 失控

企业的失控往往有两种原因：一是企业对一些专横、顽固目标的盲目追逐；二是企业的战略控制系统失衡，不能在企业文化、激励机制、行为准则这三方面达到平衡。为了控制策略的实施，需要采用"双环路"监测系统，并对目标自身进行实时评估。

7. 领导失效

强有力的领导在企业战略实施过程中，是最后成功的关键因素。但是，经常发现不少企业的高层管理人员要么固执，要么优柔寡断，对一些基本性原则视而不见，因此，他们并没有为实现企业的战略计划提供强大的领导能力。这样的企业经常会陷入被动，而企业的战略规划也会变成一种空谈。

（四）战略实施与控制理论

首先，企业战略是一种非常实用的管理方式，但在不同的企业中应用，战略制定不同，其作用也是天差地别。企业战略实施与控制是一门实践性很强的专业，而要想真正的掌握，最重要的就是将其运用到实践中去。

其次，现代企业普遍存在着一种注重战略而忽视执行力的现象。而企业战略的实施和控制，则可确保企业战略能够得到正确、高效的执行。

战略实施控制理论可以分为：战略理论介绍，战略管理研究，平衡计分卡的介绍和应用，控制理论的介绍，控制的方法，成本控制。在这些方面上，可以找到问题如下。

1. 多数论文阐述的就是通用性原理

不管是战略理论，还是控制理论，都是以理论为主。而大部分的理论，都是为了找到一个普适性、放之四海皆准的理论。这就导致很多企业虽然找到了相关的理论，但这些理论并不适用于所有的企业。

2. 从保障战略实施的角度进行的控制研究不多

目前，大部分的战略管理过程研究都是围绕战略制定、战略实施和战略评估三个方面进行的，其中，较多研究集中在战略制定阶段，对战略实施和评估的研究还停留在对特定功能战略的探讨阶段。

3. 提出寻找个性化的方法论并不多见

很多理论都是从宏观的角度来对某一理论进行论证，缺乏针对个体化策略控制的研究，主张在已有的理论基础上，构建一种能够使企业构建出符合自身特点的策略实施控制系统。经过多方参考，尚未见有针对策略控制的个体化研究。

4. 把平衡计分卡与信息系统进行结合的研究不充分

平衡计分卡在我国的应用较为广泛，虽然也有不少学者对其进行了细分，但还远远不够，大多数的研究都是将注意力集中在计分卡的设计上。所以，目前还没有对计分卡的运用进行深入的探讨，没有一种能够保证计分卡的全面运用，也无法有效控制企业的战略实施。

（五）平衡计分卡

1. 平衡计分卡的优势

（1）利用平衡计分卡，可以控制策略的执行，并根据计分卡的方式，选择适合自己企业的控制点，制定特定的控制标准。

（2）利用信息系统的方法，可以将平衡计分卡的细分点表达出来，保证了平衡计分卡自身的良好实施。同时，也有利于所有的员工都能参与到企业的战略执行中，实现共同的目标。

（3）有一种可以让中小型企业建立一种切实可行、易于掌握的策略控制系统。

通过对企业的战略进行细分，筛选出与企业远景相匹配的各个控制点，并依据其自身的战略特征，制定一套相应的、适应本企业目标的控制标准，使之能够满足企业的发展要求。在现有的理论体系中，用平衡计分卡的原则来划分策略是最科学的最合适的，也是最容易被企业理解和实施的。

2. 个性化企业战略控制的定制

个性化企业战略控制的定制分为以下几个步骤。

1）企业战略的制定

企业可以运用企业战略管理理论，从内部和外部环境、竞争对手等方面进行分析。根据企业的远景，制定适合本企业的经营战略。

2）战略的细分

运用平衡计分卡的原理，将企业的策略分成四部分，分别从财务、客户、内部流程、学习和成长四个层面进行，并将其分解为以不同的控制点来表示企业的战略。也就是说，要达到企业的战略目标，就必须达到各个部门的控制点。

3）控制标准的确立

在进行了战略细分之后，还需要制定相应的控制标准，不同的企业目标也是不同的，所以，在同一细分点上，控制的重点也会有所不同。因此要从控制点的选取、控制重点的确定、控制标准的制定等几个方面来构建一个符合本企业的个性化控制系统。

3. 个性化战略体系的形成及应用

这个控制系统必须能够很好地实施，从而使企业的战略得以更好地执行。所以，对其自身的控制系统进行深入的研究就显得尤为重要。随着信息技术的进步，这种控制语言可以被转换成计算机语言，成为一套操作系统，使得企业的雇员能够在日常工作中贯彻执行企业的战略，企业的全体员工有共同的目标，能更高效实现企业的整体战略。

1）用 IT 技术表达战略

从现在的数字技术及智能化发展程度来看，很多中小型企业都可以通过计算机系统来控制战略实施。同时，由于战略被整合到了信息系统中，因此，它就成为了一种有效的管理手段，可以使所有的人都参与到它的管理之中，把抽象的战略控制纳入日常工作中。

2）定制的效果及修改

当企业将战略分解后，最终形成自己需要的控制内容，再由软件企业定制相应的控制软件，以达到更好地提高战略控制效果，同时也能符合企业习惯及特点。如果各企业能够按照自身的策略将其所需的软件功能分解出来，那么，软件企业就可以轻松地为其提供专门的策略控制软件。因此，定制软件的作用如下。

能够让企业得到适合自己特点的策略控制体系，从而提高企业的工作效率，更好地发挥企业的战略效益。定制化的出现与发展对战略控制理论的发展是有益的。将企业战略在信息系统中表达，策略并不是一成不变的，修改信息系统并不是难事。

二、企业战略实施执行

（一）创造良好战略实施环境

1. 调动员工战略实施积极性

多用正向激励，慎用负向激励，激励重在行动。

2. 形成支持战略实施企业文化

结果导向：贡献在外部（目标）。

以人为本：领导是关键（中心）。

一次做对：习惯成自然（态度）。

灵活创新：权变为灵魂（方法）。

3. 树立结果导向追求卓越精神

给高业绩以充分回报，目标管理利弊：目标明确采取结果导向，允许过程多样化；结果难衡量或一旦衡量出来会有破坏性，因果关系确定，可建立保证体系。

（二）内部战略支持系统的建立

建立内部战略支持系统的步骤如下。

（1）明确企业政策与程序。

（2）搜集重要战略信息。

（3）建立战略信息报告系统。

（三）发挥战略实施领导作用

如何发挥战略实施领导作用，大致有以下几点。

（1）营造支出战略实施组织氛围。

（2）保持组织反应性与创新性。

（3）处理好组织内部政治关系。

（4）适时进行战略调整。

三、战略实施模型

战略实施的模型大致有以下几种。

1. 指挥型

在这个模型中，企业管理人员采用了严谨的逻辑分析方法，重点对战略制定进行考虑。高级经理可以自己制定策略，也可以指示战略计划人员去决定企业所要采取的战略行动。

2. 变革型

与指挥模式不同，在变革模式中，企业的高管主要关注于企业内部的实施战略，他的作用是设计合适的行政体系，以使战略实施能够高效地执行。为了实现这一目标，企业的高级经理们要通过其他各方的帮助来进行一系列的改革，例如，组织结构的调整、信息的整合、经营业务范围的兼并和整合，从而提高企业的战略成功概率。

3. 合作型

在这种模式里，负责制定战略的高层管理人员启发其他的管理人员运用头脑风暴法去考虑战略制定与实施的问题。管理人员仍可以充分发表自己的意见，提出各种不同的方案。这时，高层管理人员的角色是一个协调员，确保其他管理人员提出的所有好的想法都能够得到充分的讨论和调查研究。

4. 文化型

文化模式拓展了合作型模型的范畴，把基层的企业员工也纳入其中。在这个模型中，企业负责战略制定与实施的高层管理者首先对企业的任务提出了自己的观点，并鼓励员工按照企业的任务来设计他们的工作活动。在这方面，高层管理者的作用是引导全局，而在策略的实施上，则放手让每个人做出自己的决策。

5. 增长型

在这个模型中，企业的高层管理者鼓励中层和底层管理者去开发和实施他们的战略，以促进企业更好地发展。这个模型不同于其他模型，是从下往上提出战略。这样的策略集合了实践第一线的经理们的经验和才智，而高层管理者仅仅对战略做出自己的判断，不会把他们的观点强加给下属。在规模较大的多元化经营企业中，此模式更为适合。

四、战略实施的相关因素——麦肯锡7S模型

在 7S 模式中，战略、结构、制度被视为"硬件"，而风格、人员、技能和共同价值观则是"软件"，"软硬件"组合是企业成功运作的关键。麦肯锡企业的 7S 模式让全球的经理人意识到，软件与硬件同等重要。

扩展阅读 1.11

7—S 模型

（1）战略　战略是企业根据内外环境及可取得资源的情况，为求得企业生存和长期稳定地发展，对企业发展目标、达到目标的途径和手段的总体谋划，它是企业经营思想的集中体现，是一系列战略决策的结果，同时又是制定企业规划和计划的基础。

（2）结构　战略要求有良好的组织架构以确保实施。组织结构是企业的组织意义和组织机制的基础，是企业组织的构成形式，包括目标、协调、人员、岗位、相互关系、信息等组织要素的有效排列组合方式。

（3）制度　企业的发展与战略实施离不开健全的制度保障，而每一项制度都是企业精神与战略思维的体现。

（4）风格　托马斯·J.彼得斯和罗伯特·沃特曼两个学者都认为，优秀的企业都表现出一种宽严并重的管理方式，即"中央集权"和"地方分权"，使生产和产品研发部门保持高度的独立性，但同时也坚持一些流传久远的价值观念。

（5）共同的价值观　因为战略是企业发展的方向，所以，只有当全体员工理解并运用它来指导实践时，战略才能得以顺利实施。

（6）人员　实施战略也要有足够的人力做好准备，而实施战略的成功与否，往往取决于是否有合适的人才来执行。

（7）技能　在实施企业战略的过程中，必须对员工进行严格的、系统的培训，并具备相应的技术。如果没有经过训练，一个人就算有再好的天赋，也很难施展出来。

五、战略管理方式

1. 混乱式管理

"混乱式管理"指企业中董事会和高级管理人员在企业战略管理过程中参与度较低的一种经营策略。在企业经营中，企业的董事会和高级管理者对企业的经营策略管理缺乏足够的关注和参与，在这样的企业中，几乎没有进行过战略管理。

2. 自由企业家式的管理

"自由企业家式管理"指董事会参与程度较低，高层经理参与程度较高的情形。在这样的企业里，高管要么是最大的股东，要么是最具影响力的人。在这样的背景下，董事会只是一个装饰品。

3. 木偶式管理

"木偶式管理"指企业的高层经理在企业董事会的领导下，服从其命令，遵从其对企业的重大决策，甘当受控的"木偶"。

4. 合作式管理

"合作式管理"指企业的董事会和高级管理人员都积极地参与到企业的战略管理中，并在整个过程中积极协作。这是最有效的企业战略管理方式。

六、战略控制的类型与战略控制过程

（一）战略控制的类型

1. 回避控制问题

管理人员可以采取适当的手段，使不适当的行为没有产生的机会，从而达到避免控制的目的。具体做法如下。

（1）高效自动化。企业运用计算机或其他自动化手段使工作的稳定性得以保持，按照企业的目标正确工作，减少控制的问题。

（2）管理集中化。集中化把各个管理层次的权力集中在少数高层管理人员手里，避免分层控制造成的矛盾。

（3）与外部组织共担风险。企业将内部的一些风险问题与企业外的一些组织共同分担，减少控制。

（4）转移或放弃某种经营活动。企业的管理人员可能会由于没有很好地理解某些生产经营活动的过程，感到难于控制企业中的某些活动，而转移或放弃某项活动，以此来消除有关的控制活动。

2. 特定活动的控制

对特定的活动进行控制，是确保每个员工都能按自己的意愿行事的一种控制方式。以下为3种不同的实践方式。

（1）约束行为。有两种行为约束。一是通过物质手段或设备来约束雇员。二是行政制约。在此约束下，雇员们要根据自己的工作任务，防止与企业期望不符的情况发生。

（2）实行工作责任制度。该控制系统具有反馈特性。实施工作责任制的条件有：① 明确企业所容许的行为范围，使员工遵守一定的规定；② 对员工的工作表现进行监督；

③按照规定的标准对员工进行奖励或处罚。应当指出，该制度不仅是对员工的行为进行检查和评价，更重要的是要激发员工的行为，激发员工的工作热情。

（3）预审。这是对员工工作完成之前的审查，如直接监督、计划审查、预算审批等。这样的检查能够修正可能的不良行为，从而实现有效控制。

3.绩效控制

它是以业绩为核心，以企业的成功为中心的控制形式，并以业绩责任制的方式实现对目标的有效控制。绩效控制体系的总体需求是：①明确期望的业绩范围，比如，企业需要控制效率、质量或服务等；②从业绩的角度来衡量利益；③按业绩进行利益分配，对实现业绩的员工给予奖励，对业绩不达标者进行处罚。

4.人员控制

这一控制依赖于对业务做出最大贡献的人。如果需要，人员控制系统也能为这些人提供协助。当发生控制问题时，可以通过下列方式来处理。

（1）落实员工培训方案，改进岗位配置，提升重点岗位员工的素质。

（2）改善员工与员工之间的交流，让员工清楚知道和理解他们的角色，并与企业内其他团体的工作进行良好的配合。

（3）建立内部团结一致的工作团队和有效的利益共享的工作团队，促进员工之间的相互监督。

（二）战略控制过程

战略控制的一个主要目的是要尽可能地将企业的实际利益与战略规划相一致。为此，战略控制的流程可分成以下几个阶段。

1.制定效益标准

战略控制的首要环节是对规划进行评估，并确定其效益指标。从企业实际工作的角度出发，建立控制标准就是要在企业中建立起一套考评体系。如果一家企业进行了更细致的目标管理，那么，将考评系统进行分解的指标就会变成一个现成的考评系统。如果没有，则按照企业的战略愿景，根据战略规划将其分解，建立一些重要的评估指标。

2.衡量实际绩效

在此过程中，要将实际利益和规划利益进行对比，找出差异产生的原因。通常情况下，测量的结果有两种，一种是事情按照计划正在进行，一种是事情和计划之间有偏差。如果一切都按照计划进行，那就让它继续下去吧；如果事情不按照原计划发展，就说明现实情况与计划不符，那就需要进行下一步了。

3.纠正措施和权变计划

在最终的策略控制阶段，企业应该考虑采取修正行动或者执行应急预案。一旦企业意识到了外部环境的机遇和潜在的后果，就需要进行适当的修正和补救。当然，在实际利益和标准利益之间存在较大差异的情况下，也要及时采取相应的补救措施。

在实施纠错的过程中，企业有三种可供选择的方法。①传统的模式。企业会用传统的方法来弥补这些缺口。这个模型需要更长的时间。②专题处理方式。企业针对当前存在的问题集中进行专题讨论。这样的响应更迅速，节省了时间。③预设方案。企业可以提前规划潜在的问题，这样可以缩短响应时间，提高应对战略性突发事件的能力。

权变规划是企业在进行战略控制时，为应对突发事件而采取的应急预案。这个方案也是一个及时的补救办法，可以帮助企业经理应付陌生的环境。

七、战略控制的设计

（一）控制的方式

1. 事前控制

在实施战略之前，要制定一个合理又有效的战略计划方案，这需要企业高级领导的批准，而这些重要的业务活动在启动之前，都需要经过企业的领导批准，所批准的内容往往也就成为控制标准。

2. 事后控制

在企业经营活动之后，把战略活动结果与控制标准相比较，这种控制方式工作的重点是要明确战略控制的程序和标准。各部门将战略实施结果定期向高层领导汇报，由领导者决定是否有必要采取纠正措施。

3. 过程控制

企业高层领导者要控制企业战略实施中的关键性的过程或全过程，随时采取控制措施，纠正实施中产生的偏差，引导企业沿着战略的方向进行经营，这种控制方式主要对关键性的战略措施进行随时控制。

（二）控制方式的可行性

战略控制系统的设计主要取决于多种控制方案是否可行。在以上的控制方法中，对人员的控制则更广泛。在一定程度上，企业要靠员工自身的管理，靠自己的积极性。但在大部分的案例中，企业仍然需要采用特定的行为控制和结果控制，或两者相结合，以实现人力控制。在此背景下，企业要从控制方式的可行性出发。

在结果控制方面，最重要的问题在于，企业是否有能力有效地测量所期望的结果。通常，评估的能力主要有以下方面。

（1）正确性。也就是说，被评估的结果就是企业预期的结果。

（2）精确性。在管理上要有科学的方法，不能仅靠粗略的估算来衡量。

（3）及时性。企业应对评估结果进行适时的评估。

（4）客观性。在对结果进行评估时，要注意不能有主观的随意性。

在这四个要素中，任何一项不能被满足，都将导致整体的结果控制体系失效。

（三）控制方式的选择

选择的控制模式，主要依赖于企业管理者对预期的特定活动和评估重大利益结果的了解程度。为了确定控制模式，企业还可以把这两个层面进一步分为富余和贫乏、高和低四个层次。

最难掌控的状况是，企业不知道要进行哪些特定的活动，也无法在关键的结果方面做出良好的评估。在这个案例中，企业通常只会采用人力控制或者避免对问题进行控制。

管理者们对特定的期望活动了解得很少，但是他们对结果的控制有很好的评估。这样，就能更好地控制工作的结果。这一控制对高层管理者是有效的，它能让高层管理者清楚地了解企业期望的结果和他们的职责，并由此实现控制。

当管理者对预期的活动了解更多，而结果却很难进行评估时，就需要对其进行具体的活动控制。比如，当企业进行了大量的资金投资后，由于时间较长，很难及时、准确地评估决策结果。此时，经理人应该运用特定的投资分析技术来进行投资行为的控制。

管理者们不能仅仅依靠某一特定领域的人来做决定，也不能过早地提出一种或几种避免的方法。这时，管理者应该考虑具体的活动控制、成果控制，甚至是三方面的结合。

（四）控制选择的因素

管理者在选择一种或几种控制方法时，必须综合考虑控制要求、控制量和控制费用3个方面。

1. 控制要求

在一个企业中，管理者常常需要对一些具体的行为和作业进行控制，控制是基于这些行为或作业对企业整体利益的影响程度。所以，企业的控制权应集中于具有战略意义的重要行动上，而非易于掌控的细节。比如，大部分企业都在努力研发新产品，而非单纯地确保高效率地生产现有产品。

2. 控制量

每个控制方式所能提供的控制量，都与初始的控制设计和对企业的环境适应性有关。通常来说，人员的控制能够在一定程度上提供一些控制，但这种控制几乎不会给出任何失败的警示。当管理的需求、机会改变时，人员控制将迅速失去作用。

特定的行为控制和结果控制所能提供的控制量可能会有很大的变化范围。通常，控制要实现以下几点：①对每一个人的工作进行详尽的说明；②预防意外的活动，并对各种活动或结果进行有效监测；③有奖励和惩罚的规则。在特定的作业责任制体系中，只要有一项或多项因素发生变化，就会对控制措施的控制力产生影响。

3. 控制费用

控制费用主要由两个方面来决定：一是控制系统的价格费用；二是由于不同的控制系统的负面效应而导致的实际费用。

根据实际的控制系统的价格，随着技术熟练程度的提高，其成本费用也会随之下降。但要注意控制系统的不良反应，并在工作中尽可能地避免。

对具体的生产活动进行控制，由于要进行特定的评价，常常会造成生产进度的延误，从而影响到费用。同时，对特定活动的控制也会导致行政工作中的官僚作风，从而导致管理者在新的工作环境中不愿思考，或者没有思考。

（五）设计过程与反馈

战略控制指通过合理的控制，让所有人都能在最大程度上维持恰当和高效的行为。因此，在进行控制体系设计时，必须充分考虑企业自身的员工组成。如果企业认为除人力控制外，还要进行其他控制措施，那么，就必须对多种可选的控制措施进行可行性审查。在此基础上，管理层将依据可行性研究的成果，来确定是否采用具体的活动控制、成果控制或二者相结合。

反馈是控制系统设计中的关键环节，其功能主要如下。

（1）在强化成果责任制方面，需要反馈。尽管不能使用反馈来调节输入，但仍然可以监测整个流程的结果。

（2）当环境改变不断出现时，反馈能够通过对结果的评估来确定创新的必要性。

（3）为了使反馈的有效性得到进一步保障，必须有一个学习的过程。因此，企业管理者要对各种投入进行分析，掌握投入和产出之间的关系。当管理者对其投入和结果之间的关系把握得很好时，他们的关注点就会由"成果控制"转移到"特定的行为控制"，使整个"控制"的功能得到充分发挥。

为了有效利用反馈模式，管理者必须具备一个前提，那就是必须重复改变环境，或者至少是局部重复的环境改变。如果环境仅改变一次，那么反馈回来的信息就不能用于管理。这样的话，经理们就算知道结果的问题，也不会再做更多的修改。

八、企业战略的控制

（一）战略控制的必要性

战略控制就是对战略实施过程进行全程监控，及时修正偏离，从而保证战略的实施效果与期望的目标一致。所以，在企业的战略管理中，战略控制是一个非常重要的任务。企业的战略控制要对企业的效益进行评估，分析其与规划效益之间的差异，并对其进行改进。要实施有效的战略控制，必须要对战略的执行情况进行分析。

总体来说，战略控制更像是一种行为。只有当不同的控制能以既定的方式影响行为时，它们才会发挥作用。

（二）战略控制的基本原则

1. 控制系统必须节能

它不能产生太多或提供太少的信息，而是应尽可能经济地为企业各部门创造所需要的最基本的信息。

2. 控制系统必须合理

控制必须与企业的核心目标紧密相连，能够为各级管理者提供真实的、有价值的信息。

3. 控制系统应及时提供资料

频繁而迅速的反馈并不意味着更好的控制，关键在于及时地为管理层所用。

战略控制是企业在执行企业经营策略时，对企业的各种活动进行检验，并将其与企业的既定战略目标和业绩标准进行对比，找出其存在的问题，并对其原因进行分析，以使其与企业目前的外部环境和企业目标更加协调。

（三）战略控制的特点

（1）企业的战略行为必然要考虑到企业的外部环境，因此，企业的战略控制是开放的。

（2）战略控制是企业管理层对战略执行的整体控制。

（3）战略控制所依据的标准是企业的总体目标，而不是战略计划本身的目标。

（4）战略控制既要保证战略规划的稳定性，又要保证战略控制的灵活性。

（5）战略控制基于企业的利润，对战略行动进行客观的评估和测量。但是，用一个短期有效的量化方法来衡量企业的战略行动是非常困难的。

（四）控制的层次

企业的控制包括组织控制、内部控制和战略控制三种形式。每种形式的根本目的都是完成企业的使命，实现企业的目的和目标。

1. 组织控制

在大企业中，可以通过一个层次的组织体系来实现对战略管理的控制。企业董事会成员应该经常审查企业所实施的战略，检验其可行性，并对主要战略进行再思考和修改。而企业的总经理及其他高级主管，则应制定战略控制的准则，或指派规划人员组建战略控制团队，完成特定的控制任务。

2. 内部控制

内部控制指在具体的职能领域里和生产作业层次上的控制。内部控制多是战术性控制，一般需要从 5 个方面加以考虑。

（1）企业的总体利益。企业的高级经理们需要搜集生产作业、财务和资源的资料，以此来衡量企业和具体的生产运营部门的效益。

（2）企业方针。企业的高级经理们制定了企业的方针和政策，而企业在日常的生产经营活动中必须遵循这些政策，并将其纳入到企业的内部控制之中。

（3）财务活动。这是企业需要重点考虑的活动。例如，企业要考虑资产管理、税收计划、投资收益、获利水平和诊断等问题。

（4）预算控制。通过编制预算并以此为基础，执行和控制企业经营活动，并在经营过程中比较预算与实际的差异，对其进行处理。

（5）作业控制。贯穿整个企业生产经营过程，是对企业内部各项业务进展情况的控制，通常有生产控制、销售规模控制、质量控制等方式。这种控制功能十分强大，由多个管理部门共同作用。

3. 战略控制

战略控制是企业对财务部门、重大战略计划和活动的管理。与内部控制相比，这一控制更加直观和明确。比如，在研发新产品、开拓新市场、兼并与联合等方面，战略控制扮演了主要角色。战略控制要求经常提交控制报告或定期审核。另外，战略控制也要求对当前的企业战略进行评估和判断，以确保每个行为都与预定的计划相一致，从而达到企业的各项目标。

（五）战略控制的制约因素

1. 人员

在实施过程中，员工不仅是实施战略控制的主体，还是实施战略控制的目标。为了达到企业的战略目的：企业必须首先挑选和培养能够执行新战略的领导者；其次，调整企业内所有员工的相关行为习惯，以适应新战略的需要。

2. 组织

组织指企业的人事系统、权力与控制结构、领导体制及方式等。

3. 企业文化

企业文化是一个由企业的价值观念、传统习惯、行为准则等组成的体系，它会对员工的态度和行为方式产生一定的影响。

【思考题】

1. 大型企业与小型企业在战略管理过程和战略管理系统设计方面有什么不同？
2. 解释影响一个企业的产业竞争环境的五种基本力量（以某一个行业为例）。
3. 选择一个你所熟悉的公司，描述它在战略评价时所使用的战略评价方法或工具。

参 考 文 献

[1] 蓝海林. 企业战略管理 [M]. 北京：科学出版社，2022.

[2] 舒畅. 浅谈企业战略管理中的人为因素及优化措施 [J]. 宏观经济管理，2017（增刊 1）：89-90.

[3] 路江涌，何文龙，王铁民，等. 外部压力、自我认知与企业标准化环境管理体系 [J]. 经济科学，2014（1）：114-125.

[4] 李香花，徐淑钰，周志方. 环境管理体系认证及其成熟度、外部竞争压力与盈余持续性 [J]. 财会月刊，2021（11）.

[5] 邓欣湉. 基于价值实现视角下的企业文化与企业竞争力研究 [J]. 现代管理科学，2021（8）：91-99.

[6] 李琳，连怡臻. 企业融资约束、盈余管理与投融资期限错配 [J]. 会计之友，2019（14）.

[7] 王婷婷. 管理者背景特征与企业投融资管理策略关系分析 [J]. 商业经济研究，2020（16）.

[8] 向华，杨招军. 新型融资模式下中小企业投融资分析 [J]. 中国管理科学，2017，25（4）:18-25.

[9] 陈剑，黄朔，刘运辉. 从赋能到使能：数字化环境下的企业运营管理 [J]. 管理世界，2020，36（2）：117-128.

[10] 陈旭，焦楷，王鹏飞. 从场景到生态：服务型制造的企业运营管理变革 [J]. 工程管理科技前沿，2022，41（1）：82-89.

案例分析

比亚迪新能源汽车

即测即评

第二章　市场营销

学习目标

1. 对市场、营销等含义有清晰全面的了解；
2. 了解科技发展、渠道改变、竞争加剧给营销带来的新挑战；
3. 了解企业营销环境的因素、市场预测的主要方法；
4. 明确战略计划过程的主要步骤；
5. 了解市场细分、营销控制的主要方法；
6. 了解企业定价的主要因素、企业常用的成本、需求导向定价法。

第一节　认识市场营销

市场营销是研究营销规律的一门应用型学科，在信息技术高速发展的今天，借助人工智能、移动通信、机器人等现代化技术，消费者可以随时、随地进行消费。因此，伴随而来的是市场营销的新机会、新挑战，市场营销活动已经发生了巨大变化。展望"十四五"，我国将实施扩大内需战略，深化供给侧结构性改革，以创新驱动、高质量供给引领和创造新需求，不断优化供给结构，改善供给质量，提升供给体系对国内需求的适配性。企业要生存发展就要按照市场需求进行生产经营。

一、市场营销

（一）市场营销的概念

市场营销的广义定义为：个人和组织通过创造价值并与他人交换价值来获得所需所欲的一种社会及管理过程。在较为狭义的商业背景下，营销涉及与顾客建立可获利的、追求价值的交换关系。因此，我们将市场营销 (marketing) 定义为：企业为顾客创造价值并且建立牢固的顾客关系，进而从顾客那里获得价值作为回报的过程。

（二）市场、需要与交换

市场营销人员要了解顾客与市场的需求，首先要了解市场供应，需要、交换等几方面的概念。

1. 需要

需要是人因缺乏某事物而产生的想要得到的一种心理状态，是以对某种事物的欲望、兴趣或意愿的形式表现出来，需要是人类的本能；而欲望指人的需要经过文化和个性塑造后所呈现的形式，欲望是用可满足需要的实物来描述的。不同地域的人感到饥饿时所产生的欲望可能会有所不同：欧洲人可能会对汉堡包、薯条、饮料产生强烈欲望；而亚洲人可能会对各种各样的美食产生欲望，这就意味着个人所处的环境将塑造他的欲望。当具有足够的购买力时，欲望就转变成了需求。而人们的欲望和资源是既定的，人们需要的产品和服务要给他们带来最大的价值并令其满意。

杰出的营销型企业会不遗余力地去了解并弄清顾客的需要、欲望和需求。这些企业会开展消费者研究并分析浩如烟海的顾客数据，观察线上线下的顾客如何购物和互动。包括最高管理层在内的公司各个阶层的成员都与顾客保持紧密联系。

2. 交换

当人们通过交换来满足其需要和欲望时，就产生了市场营销。交换指通过提供某种东西作为回报，从别人那里取得所需物品的行为。从广义上来说，营销人员试图诱发消费者对某一供应物的反应。这种反应可能不只是简单地"购买"或"交易"产品和服务。

扩展阅读 2.1

案例分析

二、市场营销管理

（一）市场营销管理的概念及实质

市场营销管理指企业为实现其目标，创造、建立并保持与目标市场之间的互利交换关系而进行的分析、计划、执行和控制过程。市场营销管理的基本任务，就是为促进企业目标的实现，通过营销调研、计划与控制，来管理目标市场的需求水平、需求时机和需求构成。由此可见，市场营销管理的实质是需求管理。

（二）需求状况及其营销管理任务

1. 负需求

负需求指绝大多数人不喜欢，甚至花费一定代价也要回避某种产品的需求状况。对于负需求，市场营销管理的任务是"改变市场营销"，即分析市场为什么不喜欢这种产品，通过重新设计产品，降低价格和更积极的促销方案，改变市场对这种产品的信念和态度，将负需求转变为正需求。

2. 无需求

无需求指目标市场对产品毫无兴趣或漠不关心的需求状况，如消费者陌生或不熟悉的新产品。对于无需求，市场营销管理的任务是"刺激市场营销"，即通过大力促销及各种营销措施，努力将产品所能提供的利益与人的自然需要和兴趣联系起来。

3. 潜伏需求

潜伏需求指现有产品或劳务尚不能满足的、隐而不现的需求状况，如人们对无害香烟、节能汽车和癌症特效药品的需求。对于潜伏需求，市场营销管理的任务是"开发市场营销"，即开展市场营销研究和潜在市场范围的测量，进而开发有效的新产品和服务来满足这些需求，将潜伏需求变为现实需求。

4. 下降需求

下降需求指市场对一个或几个产品的需求呈下降趋势的需求状况，如产品进入饱和期，市场需求开始下降。对于下降需求，市场营销管理的任务是"重振市场营销"，即分析需求衰退的原因，决定能否通过开辟新的目标市场、改变产品特色，或采取更有效的促销手段重新刺激需求，使老产品开始新的生命周期，并通过创造性的产品再营销来扭转需求下降趋势。

5. 不规则需求

不规则需求指市场对某些产品或服务的需求在不同季节、不同时期，甚至一天内的不同钟点呈现出很大波动的需求状况。对于不规则需求，市场营销管理的任务是"协调市场营销"，即通过灵活定价，大力促销及其他刺激手段来改变需求的时间模式，努力使产品（服务）的供给与需求在时间上协调一致。

6. 充分需求

充分需求指市场某种产品或服务的需求水平和时间与预期的需求水平和时间相一致的需求状况，即供求平衡状况。这是一种最理想的需求状况。对于充分需求，市场营销管理的任务是"维持市场营销"，即密切注视消费者偏好和竞争状况，经常测量顾客的满意程度，不断提高产品质量，通过降低成本来保持合理价格，激励推销人员和经销商大力推销，千方百计地保持现有的需求水平。

7. 过量需求

过量需求指市场对某种产品或服务的需求水平超过了企业所能供给和愿意供给水平的需求状况，即供给小于需求状况。对于过量需求，市场营销管理的任务是"降低市场营销"，即通过提高价格，合理分销产品，减少服务和促销等手段，暂时或永久地降低市场需求水平。

8. 有害需求

有害需求指市场对某些有害物品或服务的需求，如消费者对烟、酒、毒品、色情电影和书刊等的需求。对于有害需求，市场营销管理的任务是"反市场营销"，即宣传其危害性，劝说消费者放弃这种爱好和需求。

三、市场营销管理与市场营销组合

（一）市场营销管理程序

根据经营战略的要求，各个战略经营单位和市场营销部门一般依据以下顺序进行市场营销管理。

1. 分析市场营销机会

市场营销机会是企业开展有效营销活动的内容和领域。企业应该对其所面临的市场营销机会进行全面分析，找出其市场营销有可能利用的条件，分析其无法避免的有关威胁，并提出设想。

2. 确定目标市场

在分析市场营销机会的基础上，进行以下工作。

（1）市场细分。依据顾客需求的不同特性，将整个市场区分为若干个细分市场，并对各个细分市场进行评价。

（2）选择目标市场。在市场细分的基础上，决定企业要为之服务的细分市场，即目标市场。

（3）市场定位。在拟定的目标市场上，为企业的产品或品牌树立特色，塑造预定的形象，以突出和显示与竞争者的区别。

3. 制定市场营销策略

市场营销策略是企业及其经营单位期望在目标市场上实现其目标所遵循的主要原则。它包括以下 2 项基本决策。

（1）市场营销组合。企业准备采取哪些市场营销手段，并如何运用这些营销手段，赢得目标市场的顾客。

（2）市场营销预算。企业决定各个经营单位、各项业务，以及产品的市场营销分别投入多少资金，资金如何在各种市场营销手段、各个市场营销环节之间进行分配。

4. 实施市场营销活动

企业在制定市场营销策略的基础上，为各个经营单位及不同的产品分别制定市场营销计划，并通过市场营销执行系统和控制系统将计划变为行动。

（二）市场营销组合

1. 市场营销组合的内涵

市场营销组合（marketing mix）是企业为了进占目标市场、满足顾客需求，加以整合、协调、使用的可控制因素。美国的尼尔·鲍敦（Neil Borden）将这些因素确定为 12 个，在 1950 年左右提出了市场营销组合的概念。理查德·克莱维特（Richard Clavet）把这些因素归纳为 4 大类型，即产品、价格、渠道和促销。1960 年，杰罗姆·麦卡锡（Jerome McCarthy）又在文字上，将它们表述为产品（product）、价格（price）、地点（place）和促销（promotion），即著名的"4P"营销理论。

产品、价格、渠道（分销）和促销是市场营销中可以控制的因素，也是企业进行市场营销活动的主要手段。对它们的具体运用，则形成了企业市场营销策略。

2. 市场营销组合的特点

（1）可控性：营销组合各因素对企业来讲都是"可控制因素"，就是说企业可以根据市场的需要，选择生产经营的产品结构，制定产品的价格，选择分销渠道和促销方式等，对这些营销手段的运用和搭配，企业有自主权。

（2）动态性：市场营销组合是一个动态组合，每一个组合因素都是不断变化的，是一个变数，同时又是相互影响的，每一个因素都是另一个因素的潜在替代者。

（3）复合性：营销组合是一个复合系统，具有复合结构，四个大因素（即4Ps）中又各自包含若干小的因素，形成各个"P"的亚组合。

（4）整体性：营销组合是企业根据营销目标制定的整体营销策略，它要求企业市场营销的相关因素协调配合，一致行动，发挥整体功能。

第二节 营销环境分析

市场营销人员要善于分析把握国内外发展趋势，着眼于需求变动，积极主动地面对企业发展中所遇到的各种矛盾，通过优先解决主要矛盾并以此来带动解决次要矛盾，使企业经营活动得到高质量发展。企业营销管理者要提高处理复杂问题的本领，能够适时调整企业营销策略，准确辨识、科学应对、主动求变，在积极应对挑战中把握机会，为企业创造收益。

一、宏观营销环境分析

宏观市场营销环境指企业不可控制的，并能给企业的营销活动带来市场机会和环境威胁的主要社会力量，包括人口环境、经济环境、自然环境、技术环境、政治法律环境及社会文化环境。企业及其微观市场营销环境的参与者，无不处于宏观市场营销环境中。

（一）人口环境

人口是构成市场的第一位因素。人口的多少直接决定着市场的潜在容量，人口越多，市场规模就越大。而人口的年龄结构、地理分布、婚姻状况、出生率、死亡率、人口密度、人口流动性及其文化教育等人口特性会对市场格局产生深刻影响，并直接影响着企业的市场营销活动。对人口环境的分析可包括以下几方面的内容。

1. 人口总量

一个国家或地区的总人口数量的多少，是衡量市场潜在容量的重要因素。一方面，人口数量同一国的国民收入一样，是决定市场潜在容量的重要因素。另一方面，人口爆炸性的增长，也会给企业的营销活动带来不利影响。

2. 人口结构

人口结构包括性别结构和年龄结构，其现状及发展趋势直接影响着消费品的产品结构，不同性别的人群和不同年龄的人群，由于生理和心理等差异，对同种产品有着不同的消费需求。

3. 地理分布

人口地区分布的异同，也会影响到需求的异同。居住于不同地区的人群，由于地理环境、气候条件、自然资源、风俗习惯的不同，其消费需求的内容和数量也存在着差异。

4. 家庭组成

现代家庭是社会的细胞，也是商品的主要采购单位。一个国家或地区的家庭单位和家庭平均成员的多少，以及家庭组成状况等，直接影响着许多消费品的需求量。

（二）经济环境

经济环境指影响企业市场营销方式与规模的经济因素，主要包括收入与支出水平、储蓄与信贷及经济发展水平等因素。

1. 收入与支出状况

社会购买力是受宏观经济环境制约的，是经济环境变化的反映。影响购买力的主要因素有人均国内生产总值、消费者个人收入、消费者支出模式及消费者储蓄和信贷等。

1）收入

在研究收入对消费需求的影响时，常使用以下指标：一是人均国内生产总值；二是消费者个人收入。消费者个人收入指消费者从各种来源所得的货币收入，通常包括个人工资、奖金、其他劳动收入、退休金、红利、馈赠、出租收入等。

2）支出

支出指消费者支出模式和消费结构。收入在很大程度上影响着消费者支出模式与消费结构。随着消费者收入的变化，支出模式与消费结构也会发生相应的变化。消费者的支出模式和消费结构指消费者收入中用于衣、食、住、行、娱乐、教育、保健等支出的比例。

3）消费者的储蓄和信贷

消费者储蓄实际上是一种未来的购买力。个人储蓄形式包括：银行存款、公债、股票和不动产。在正常情况下，银行存款随国民收入的增加而稳定增长，两者是成正比例的关系。但是如果通货膨胀、物价上涨，消费者就会取出存款，争购保值商品；消费者信贷是一种超前的消费方式，即个人通过信贷方式预支未来的购买力。

2. 经济发展水平

企业的市场营销活动还受到一个国家或地区的整个经济发展水平的制约。经济发展阶段不同，居民的收入不同，消费者对产品的需求也不一样，从而会在一定程度上影响企业的营销。

（三）自然环境

营销学上的自然环境，主要指自然物质环境，即自然界提供给人类各种形式的物质财富，如矿产资源、森林资源、土地资源、水力资源等。自然环境也处于发展变化之中。当代自然环境最主要的动向是：自然资源日益短缺，能源成本趋于提高，环境污染日益严重，政府对自然资源的管理和干预不断加强。所有这些，都会直接或间接地给企业带来威胁或机会。因此，企业必须积极从事研究开发，尽量寻求新的资源或代用品。同时，企业在经营中要有高度的环保责任感，善于抓住环保中出现的机会，推出"绿色产品""绿色营销"，以适应世界环保潮流。譬如，控制污染的技术及产品，如清洗器、回流装置等创造一个极大的市场，并探索一些不破坏环境的方法去制造和包装产品。

（四）政治法律环境

政治与法律是影响企业营销活动的重要的宏观环境因素。政治因素像一只有形之手，调节着企业营销活动的方向，法律因素规定了企业营销活动及其行为准则。政治与法律相互联系，共同对企业的市场营销活动发挥影响和作用。

1. 政治环境

政治环境指企业市场营销活动的外部政治形势和状况及国家的方针和政策。企业对政治环境的分析，就是要分析政治环境的变化给企业的市场营销活动带来的或可能带来的影响。

2. 法律环境

法律环境指国家或地方政府颁布的各项法规、法令和条例等。法律环境对市场消费需求的形成和实现具有一定的调节作用。

（五）科学技术环境

科学技术是社会生产力新的且最活跃的因素，作为市场营销环境的一部分，科技环境不仅直接影响着企业内部的生产和经营，而且还与其他环境因素相互依赖、相互作用，尤其与经济环境、文化环境的关系更为紧密，例如，新技术革命，既给企业的市场营销创造了机会，同时也造成了威胁。

（六）社会文化环境

市场营销学中所讲的社会文化环境，一般指人们在一定的社会环境中长期形成的某种特定的信仰、价值观、审美观、生活准则、风俗习惯等因素。文化环境是影响消费者动机、消费行为、消费方式的重要因素。企业必须重视对文化环境的研究，针对不同的文化环境制定不同的营销组合策略。文化环境所蕴含的因素主要有风俗习惯、宗教信仰、审美观念等。

二、微观营销环境分析

微观市场营销环境指与企业紧密相连、直接影响企业营销能力和效率的各种力量和因素的总和，主要包括企业自身、供应商、营销中介、顾客、竞争者及社会公众。这些因素与企业有着双向的运作关系，在一定程度上，企业可以对其进行控制或施加影响。

（一）企业自身

企业自身包括市场营销管理部门、其他职能部门和最高管理层。企业为开展营销活动，必须依赖于各部门的配合和支持，即必须进行制造、采购、研究与开发、财务、市场营销等业务活动。市场营销部门一般由市场营销副总经理、销售经理、推销人员、广告经理、营销研究经理、营销计划经理、定价专家等组成。

（二）供应商

供应商指向企业及其竞争者提供生产经营所需资源的企业或个人。供应商所提供的资源主要包括原材料、零部件、设备、能源、劳务、资金及其他用品等。供应商对企业的营销活动有着重大的影响。供应商对企业营销活动的影响主要表现在以下方面。

（1）供货的稳定性与及时性。

（2）供货的价格变动。

（3）供货的质量水平。

（三）营销中介

营销中介指为企业融通资金、销售产品给最终购买者提供各种有利于营销服务的机构，包括中间商、实体分配公司、营销服务机构（调研公司、广告公司、咨询公司）、金融中介机构（银行、信托公司、保险公司）等。营销中介是企业进行营销活动不可缺少的中间环节，企业的营销活动需要营销中介的协助才能顺利进行，如生产集中和消费分散的矛盾需要中间商的分销予以解决，广告策划需要得到广告公司的合作等。

1. 中间商

中间商是协助企业寻找消费者或直接与消费者进行交易的商业企业，包括代理中间商和经销中间商。代理中间商不拥有商品所有权，专门介绍客户或与客户洽商签订合同，包括代理商、经纪人和生产商代表。经销中间商购买商品并拥有商品所有权，主要有批发商和零售商。

2. 实体分配公司

实体分配公司主要指协助生产企业储存产品并将产品从原产地运往销售目的地的仓储物流公司。实体分配包括包装、运输、仓储、装卸、搬运、库存控制和订单处理等方面，基本功能是调节生产与消费之间的矛盾，弥合产销时空上的背离，提供商品的时间和空间效用，以利适时、适地和适量地将商品提供给消费者。

3. 营销服务机构

营销服务机构主要指为生产企业提供市场调研、市场定位、促销产品、营销咨询等方面的营销服务，包括市场调研公司、广告公司、传媒机构及市场营销咨询公司等。

4. 金融中介机构

金融中介机构主要包括银行、信贷公司、保险公司，以及其他对货物购销提供融资或保险的各种金融机构。企业的营销活动因贷款成本的上升或信贷来源的限制而受到严重的影响。

（四）顾客

顾客是企业服务的对象，也是营销活动的出发点和归宿，它是企业最重要的环境因素。按照顾客的购买动机，可将国内顾客市场分为消费者市场、生产者市场、中间商市场、政府市场和国际市场五种类型。

（五）竞争者

竞争者指与企业存在利益争夺关系的其他经济主体。企业的营销活动常常受到各种竞争者的包围和制约，因此，企业必须识别各种不同的竞争者，并采取不同的竞争对策。

1. 愿望竞争者

愿望竞争者指提供不同产品、满足不同消费欲望的竞争者。

2. 一般竞争者

一般竞争者指满足同一消费欲望的不同产品之间的可替代性，是消费者在决定需要的类型之后出现的次一级竞争，也称平行竞争。

3. 产品形式竞争者

产品形式竞争者指满足同一消费欲望的同类产品不同产品形式之间的竞争。消费者在决定了需要的属类产品之后，还必须决定购买何种产品。

4. 品牌竞争者

品牌竞争者指满足同一消费欲望的同种产品形式但不同品牌之间的竞争。

（六）公众

公众指对企业实现营销目标的能力有实际或潜在利害关系和影响力的团体或个人。企业所面临的公众主要有以下几种。

（1）融资公众。其是指影响企业融资能力的金融机构，如银行、投资公司、证券经纪公司、保险公司等。

（2）媒介公众。其是指报纸、杂志、广播电台、电视台等大众传播媒介，它们对企业的形象及声誉的建立具有举足轻重的作用。

（3）政府公众。其是指负责管理企业营销活动的有关政府机构。企业在制定营销计划时，应充分考虑政府的政策，研究政府颁布的有关法规和条例。

（4）社团公众。其是指保护消费者权益的组织、环保组织及其他群众团体等。企业营销活动关系到社会各方面的切身利益，必须密切注意并及时处理来自社团公众的批评和意见。

（5）社区公众。其是指企业所在地附近的居民和社区组织。

（6）一般公众。其是指上述各种公众之外的社会公众。一般公众虽然不会有组织地对企业采取行动，但企业形象会影响他们的惠顾。

（7）内部公众。其是指企业内部的公众，包括董事会、经理、企业职工。

第三节　营销战略

一、市场细分的分类与作用

（一）市场细分的分类

市场由不同类型的顾客、产品和需求构成。营销人员必须确定哪些细分市场可以提供最好的机会。消费者可以分组，企业根据地理、人口统计特征、消费心理和行为因素以多种方式为其提供服务。根据消费者的需求、特点、行为及对特殊产品和营销方案的要求，将一个市场分成不同顾客群的过程称为市场细分。每个市场都可以细分，但不是所有细分市场的方法同样有用。市场细分变量主要有地理、人口、心理和行为四类变量。

（1）地理细分。将市场分成不同的地理区域，比如国家、区域、州、县、市或社区。公司必须决定在一个或几个地理区域运营还是在所有区域运营，但要注意不同区域的需求。

（2）人口细分。人口细分指企业按照人口变量，例如性别、收入、年龄、职业、教育程度等来细分消费者市场。人口变量很久以来一直是细分消费者市场的重要变量，这是因为人口变量比其他变量更容易测量。

（3）心理细分。根据购买者的社会阶层、生活方式或性格特征将市场分成若干部分。在同一个人口统计群体里会有不同的心理特征。

（4）行为细分。行为细分是根据购买者对一件产品的了解程度、态度、使用情况或反应来划分消费群体。许多营销人员确信行为变量是市场细分最好的起点。

市场可以细分为非用户、前用户、潜在用户、第一次用户与老用户。营销人员要强调并留住老用户，吸引非用户，唤醒前用户。潜在用户群体包括面临生活变化的消费者，例如，刚刚有了孩子的父母、新婚夫妇，他们可能会成为活跃的用户。

（二）市场细分的作用

市场细分的主要作用有以下几点。

（1）通过市场细分可以确定产品的使用率。市场可以细分为轻度、中度与重度用户。重度用户占整个市场的比例很小，但消费份额很高。

（2）通过市场细分可以确定顾客的忠诚度。市场可以依据用户的忠诚度进行细分。顾客可能会对品牌、商店、公司很忠诚。可以依据忠诚度将顾客细分成不同的群体。一些消费者非常忠诚，他们会一直购买一个品牌并且迫不及待地将它介绍给别人。

扩展阅读 2.2

案例分析

其他一些消费者有几分忠诚度——他们对一种产品的两三个品牌保持忠诚，或者只支持一个品牌，偶尔购买别的牌子。还有一些顾客对任何品牌都不忠诚，他们每一次购物都想有所改变，或者只买优惠促销的产品。

公司可以通过分析市场中的忠诚度模式获益。公司应该从研究自己的忠诚顾客开始，因为高度忠诚的顾客是一项资产。他们经常通过个人口碑与社交媒体来提升品牌。一些公司让具有高忠诚度的用户为其工作。

二、目标市场的选择

目标市场，就是企业拟投其所好，为之服务的那个顾客群。企业在决定为多少个子市场服务即确定其目标市场涵盖战略时，存在无差异营销（大众）、差异化营销（细分）、集中市场营销与微观营销四种选择。

1. 无差异营销

无差异营销指企业在市场细分之后，不考虑各子市场的特性，只注重子市场的共性，决定只推出单一产品，运用单一的市场营销组合，力求在一定程度上适合尽可能多的顾客需求。

2. 差异化营销

差异化营销指企业决定同时为几个子市场服务，设计不同的产品，并在渠道、促销和定价方面都加以相应改变，以适应各个子市场的需要。

3. 集中市场营销

集中市场营销指企业集中所有力量，以一个或少数几个性质相似的子市场作为目标市场，试图在较少的子市场上占领较大的市场份额。

第四节　定价策略

价格是营销组合中较为重要的控制因素，它对市场能否接受产品或接受产品的程度起到直接作用，从而对企业利润产生影响，涉及企业经营各个方面的利益。

一、什么是价格

从狭义上来讲，价格（price）就是购买一件产品或一项服务所收取的费用。而广义上的价格是消费者为了从消费一件产品或一项服务中获益而放弃的价值的总和。古往今来，价格一直是影响买家选择的主要因素。虽然近几十年来一些非价格因素变得越来越重要，但价格依旧是决定企业市场份额和收益的最重要因素之一。

价格是营销组合中唯一产生收益的因素；其他所有的因素只反映成本。同时，价格还是所有营销组合中最灵活多变的一个。不像产品特征和渠道保障，价格可以很快变化。同时，价格也是市场管理者面临的首要难题，很多公司不能妥善处理价格问题。一些市场管理者把价格看作极为头疼的难题，相比之下，他们更关注其他的营销组合要素。

然而，聪明的市场管理者会将价格视为创造和捕获顾客价值的关键战略工具。价格对一个公司的盈亏有直接的影响。价格策略上的一点点改动可能就会给公司带来很多利润收入。更重要的是，作为公司总体价值主张的一部分，价格在创造顾客利益及建立顾客关系上扮演着重要的角色。所以，聪明的市场管理者会把价格看作一个重要的竞争因素，而不是对价格问题避而远之。

最终，消费者会判定产品的价格是否合适。因此，在定价时，就像其他的营销组合决策一样，必须先从顾客价值入手。当消费者购买一件物品时，他们会用一些有价值的东西（价格）交换另一些有价值的东西（拥有或使用该产品的收益）。有效的顾客导向定价策略包括先了解消费者觉得购买该物品会获得多少价值，然后再设定一个正好契合那个价值的价格。

二、影响价格的因素

（一）影响定价的因素

（1）成本。产品研发、制造、存储、原材料、运输等成本，直接决定产品定价。

（2）预期利润。在确定成本后，企业也可能有一个固定的预期利润百分比，如10%、15%等。

（3）资金周转。想要企业资金周转快，就要把价格定在对用户最有吸引力的水平上。而最有吸引力的价格水平，利润却并不一定是最大的。

（4）供需情况。市场需求旺盛，产品价格就可以随之向上浮动。大量产品滞销，价格也不得不随之下降。

（5）竞争对手价格。随着信息流动越来越透明，尤其是在网上作价格比较是轻而易举的事情，竞争对手的价格也在很大程度上影响企业自身的定价。

（6）品牌形象。企业或品牌专注于高端市场，提供最高水平的产品或服务时，价格与成本可能基本无关。价格降低甚至可能降低品牌形象及销售情况。

（7）促销策略。各种形式的促销、打折、优惠组合运用都将影响产品最终定价。

（二）产品定价法

组合不同的定价因素可以产生不同的定价法。

（1）成本 + 预期利润。这是最常见最保险的定价方法。产品总成本加上企业觉得适合的利润，就是出货价格。

（2）竞争对手跟踪法。为保证产品的销售，有时价格必须与竞争对手相当。竞争对手调整价格，自己也必须跟着调整。

（3）低价抢占市场。为了尽快抢夺市场份额，或为生存，为加快资金周转，都可能要使用低价，甚至会以低于成本的价格来销售产品抢占市场。在有强大后续销售策略支撑时，低价抢占市场也是很好的定价方法。

（4）利润最大化。精确计算出价格、销量、收入，以及利润数字关系，把价格定在利润最大的水平上。

（5）价值定价。产品或服务的价格与成本无关，而是按照带给用户的利益和价值计算，这种价值往往是主观判断，如软件、顾问服务。在最好的情况下，甚至可以商定多少钱就是多少钱。

三、新产品定价策略

定价策略在产品的不同生命周期阶段会不断发生变化。在新产品导入阶段，定价更具挑战性，因为企业推出新产品面临着第一次定价的挑战，可以采用两个主要策略：市场撇脂定价和市场渗透定价。

1. 市场撇脂定价

很多企业为新研发的产品制定较高的价格，以便从市场中层层获利。苹果公司经常采用这种市场撇脂定价 (marketing-skimming pricing)(也称为撇脂定价 (skimming pricing) 策略)。市场撇脂仅在特定条件下才有意义。首先，产品质量和产品形象足以支撑高价格，众多消费者愿意以高价购买这一商品；其次，生产少量产品时成本不能太高，否则会失去收取高价的优势；最后，竞争者难以进入市场迫使价格下降。

┃拓展阅读┃

当苹果公司第一次推出 iPhone 手机时，它的初始价格高达 599 美元。6 个月后，为了吸引新顾客，苹果公司将 8GB 版本的价格降至 399 美元，16GB 版本的价格为 499 美元；一年后，这两个版本的手机价格分别降为 199 美元和 299 美元；而现在 8GB 版本的手机仅卖 49 美元。苹果公司从不同细分市场中攫取了最大利润。

2. 市场渗透定价

除了以上制定高价，在细分市场中层层攫取利润的定价方式，另一些企业采用的是市场渗透定价 (market-penetration pricing)。这些企业一开始就制定一个较低的价格，以便快速进入市场，吸引大量的消费者，从而占领较大的市场份额。销量大增可降低成本，进而可以让企业制定更低的价格。

四、价格调整策略

（一）价格调整的主要方法

1. 调高价格

1）调高价格的原因

调高价格的原因大概有以下几点。

（1）产品成本提高。

（2）产品供不应求。

（3）产品税率的变化。

2）调高价格的方法

调高价格的方法大概有以下几点。

（1）明调，即公开涨价。

（2）暗调，是通过取消折扣、在产品线中增加高价产品、实行服务收费、减少产品的不必要的功能等手段来实现，这种办法十分隐蔽，几乎不露痕迹。

2. 调低价格

调低价格的原因主要有以下几个方面。

（1）产品供过于求，生产能力过剩。

（2）市场竞争激烈，产品市场占有率下降。

（3）企业生产成本下降，希望扩大市场份额。

（4）企业转产，老产品清仓处理。一般企业在新产品上市之前，需要及时清理积压库存产品。

（二）相关者的反应与对策

1. 消费者

1）消费者对企业降价的反应

消费者对企业降价做出的反应是多种多样的，有利的反应是认为企业生产成本降低了，或企业让利于消费者。不利的反应有：这是过时的产品，很快会被新产品代替；这种产品存在某些缺陷；该产品出现了供过于求的情况；企业资金周转出现困难，可能难以经营下去；产品的价格还将继续下跌。

2）消费者对企业提价的反应

当企业提价时消费者也会做出各种反应，有利的反应是认为企业的产品质量提高，价格自然提高；或认为这种产品畅销，供不应求，因此提高了售价，而且价格可能继续上升，不及时购买就可能买不到；或认为该产品正在流行等。不利的反应是认为企业想通过产品提价获取更多的利润。消费者还可能做出对企业无害的反应，如认为提价是通货膨胀的自然结果。

2. 竞争者

在产品质量相同的市场上，竞争者对企业调价的反应是很重要的。

（1）当产品供不应求的时候，竞争者一般都会追随企业的产品提价而提价，因为这对大家都有好处，所有企业产品都能够在较高的价位上全部销售出去，即使有个别企业不提价也不会影响到本企业产品的销售。

（2）当企业由于通货膨胀导致成本上升提价时，只要有一个竞争者因为能在企业内部全部或部分地消化增加的成本，或认为提价不会使自己得到好处，因而不提价或提价幅度较小，那么企业和追随者提价的产品销售都将受影响，可能不得不降价。企业产品降价时，竞争者产品不降价，企业产品销量会上升，市场占有率也会提高。当然，竞争者也可能采取非价格的手段来应付企业产品降价。但更多的情况是，竞争者会追随企业进行产品降价，企业间进入新一轮产品价格竞争。

【思考题】

1. 什么是市场，它与行业有什么关系，市场形成（交换）的基本条件是什么？

2. 宏观营销环境和微观营销环境的含议、分析的主要内容是什么？

3. 市场细分的主要变量是什么？

参 考 文 献

[1]　习近平 . 正确认识和把握中长期经济社会发展重大问题 [J]. 求是，2021（2）.

[2]　Kotler P, Amstrong G. Principles of Marketing. 18nd ed. Harlow UK: Pearson Education Limited, 2021.

[3]　郑锐洪 . 中国营销理论与学派 [M]. 北京：首都经济贸易大学出版社，2010

[4]　郭国庆 . 市场营销学通论 [M]. 8 版 . 北京：中国人民大学出版社，2020.

案例分析

雨果助力
魅族促销

即测即评

第三章 基础会计

学习目标

1. 对会计要素与会计等式有全面、清晰的认知；
2. 了解企业的主要经济业务类型；
3. 熟悉和掌握企业各类经营业务的账务处理；
4. 理解和掌握报表的种类及报表编制的原则。

第一节 会计

会计的核心职能是什么呢？如果只是认知中从事记账工作的话，那究竟应该如何记账？以及提供怎样的会计信息呢？

一、会计的含义与职能

会计是以货币为主要计量单位，运用专门的手段，核算和监督一个企业经营活动的一种经济管理工作。具体可以理解为，会计是以凭证为主要的依据，采用特定的方法完成会计核算任务，对企业的资金活动实施完整、全面、系统、有效的会计核算和监控，向信息需求方也就是利益相关者提供信息，发挥自身的职能效用投入到企业运营活动中去，最终达成增加经营管理活动效益的目的。

会计的职能指会计在经济管理活动中所具有的功能。具体可以分为**基本职能**和**拓展职能**。

会计的基本职能具体包括对企业的经济活动进行核算与监督。

会计核算职能是会计工作的基础。具体是采用确认、计算、登记等报表的编制方法，来反映各个单位或部门所进行或实现的经营过程，为公司的经营管理工作提供有关的信息。

会计监督则是会计工作质量的保证。具体指按照相应的管理目的和分析条件，对信息加以整理，从而对各机构的经营行为加以管理，使其实现预定目标。

会计的拓展作用主要表现在如下方面。

（1）预测经济前景，指通过利用财务会计报告等所提供的信息，量化或定性地评估和测算经营活动的发展趋势变化，以引导和规范经营活动，从而增加效益。

（2）参与经济决策，指根据财务会计报告等所提供的信息，量化或定性地评估和测算经营活动的发展趋势变化，以引导和规范经营活动，从而增加效益。

（3）评价经营业绩，指企业通过会计报表等各种渠道搜集有关信息，并对照一定的综合评估指标，定量与定性地比较分析企业在特定营业期限内的资产经营、经济效益及其他业务结果，在切实反映企业的经营绩效的基础上，力求进行客观公允的综合评估。同时也是对企业管理层或经营者工作成果的重要参考。

二、会计要素与会计计量

（一）会计要素及其确认条件

扩展阅读 3.1

确认、计量、记录和报告

会计核算要素指按照交易或事件的经济性质对会计核算内容进行的初步划分，也是按照其经济特征对会计核算内容进行的初步划分。同时，它反映了监督的具体范围与内容，是构成后期审计对象内容的重要因子，是财务报表的基本要素。

企业会计项目根据企业特征包括资产、负债、所有者权益、收入、费用和利润 6 类。

1. 资产

1）资产的定义

资产，指企业过去的交易和事件产生的、由企业占有或管理的、预计会为企业产生经济收益的资源。资产是企业进行正常生产经营活动的重要物质基础，任何一家企业都需要具备相应数量和一定结构的资本，方可开展正常的生产经营活动。

根据资产的定义，资产具有以下 3 方面的特征。

（1）资产是由企业在**过去的交易或事件**中所产生的。过去的交易或事件，指企业内部曾经进行[1]的交易或事件，包括了采购、生产、施工等交易过程或事件。

（2）资产是企业**拥有或者控制**的资源。是由企业所占有或是控制，是指企业拥有对某一资源的所有权，或虽然不拥有某一资源的使用权，但在特定条件下，该资源能被该企业所管理与控制，其他企业、单位或个人未经同意，不能擅自使用该企业的该项资源。

因此，对于对企业租赁的资产（短期租赁和低价值资产租赁除外），尽管企业没有合法的所有权。但一旦租赁合同的租赁时间较长，且期限超过了企业固定资产的合理使用期限，则承租人就可以在租赁期限完结后先购入企业固定资产，承租人就可以在租赁期间处置该资产并由此获利。

（3）资产预计会给企业带来经济利益。即预期为公司创造的经济收益，指资本直接或间接地产生大量现金或现金等价物以注入公司的潜在能力，这也是资产最主要的特性。

2）资产的确认条件

如果企业想将一项资源确认为资产，除了必须符合上述资产的规定之外，这种资源还必须同时符合以下两个要求：

（1）与该资源有关的经济利益很可能[2]流入企业。资产的主要性质是期望向为持有人提供经济收益。但是，因为与资源有关的经济收益是否可以进入企业具有某些不确定性，

---

[1] 预期在未来发生的交易或事项不形成资产，即必须是现实的资产，而不能是预期的资产。例如，甲公司准备于下月购买一台设备，由于相关交易尚未发生，准备购买的设备就不能作为企业的资产，而应在实际购买的当月被确认为企业的资产。

[2] 会计可能性界定分为以下 4 种：极小可能 $(0 < X \leqslant 5\%)$；可能 $(5\% < X \leqslant 50\%)$；很可能 $(50\% < X \leqslant 95\%)$；基本确定 $(95\% < X < 100\%)$。

所以资产的确定还必须与进入企业的经济收益的风险水平的确定相结合。若在实际的企业经营活动中，其所有者认为与某种企业相关的经营利益有可能进入企业，那么可以将其视为资产进行确定；相反，则不会将其确定为资产。

（2）该资源的成本或者价值可以可靠地计量。会计核算既需要确认科目，又要确认金额，只有在相应资源的成本或价值得以准确的计算后，方可确定资产。但是，企业购买的许多资产的同时也必将发生成本费用。因此，企业购入的存货和设备，只有当实际产生的成本费用得以准确的计算后，方可被认为符合固定资产确认的可计算要求。

【例题 3-1】下列各项应确认为资产的有（　　）。

A. 已经过期、腐败变质的库存商品

B. 计划下一年度采购的生产流水线

C. 已经购入的、正在使用的技术服务

D. 企业已经购买的存货

3）资产的分类和内容

资产按照流动性的高低，即变现能力的强弱，可以进一步将其区分为流动资产和非流动资产。

（1）流动资产。流动资产指企业能够在一年期或多于一年的一个营业期限内[1]变现和使用的资产。企业流动资产一般包含：企业的货币资金；存货（重要原材料产品、半成品、库存商品等）；应收及预付款项（应收账款和预付账款[2]等）；交易性金融资产、衍生金融资产等。

（2）非流动资产。非流动资产指流动资产之外的资产，是无法在一年或多于一年的一个经营期间变现或耗用的资产。非流动资产通常包括：长期股权投资、企业债权投资、其他债权投资；长期应收款、固定资产；长期待摊费用、开发支出、商誉等；无形资产。

2. 负债

1）负债的定义

负债，指企业过去的交易或者事项形成的现时义务，预期会导致企业经济利益的流出。根据负债的定义，负债具有以下 3 方面的特征。

（1）主要是由企业过去的交易或者事件形成的。即只有过去的交易或事件才能构成资产。如果是企业对未来工作做出的承诺、计划未来履行的合约等交易或事件，就不符合负债确定的要求。

（2）负债是企业承担的现时义务。现时义务，指企业在现行条件下已承担的义务。比如，因企业采购产品时所用的原料而形成的账款、企业向银行所贷入的企业贷款等，都属于企业所承担的现时义务。但如果企业对于将在未来进行的交易活动或事项所产生的义务，其不构成现时义务，所以就不能确定为负债。

（3）负债预期会导致经济利益流出企业。公司承担偿还各种外债的现时义务的同

---

① 大型工程的营业周期往往超过1年，比如轮船厂建造大型邮轮，其营业周期往往超过1年，这些建造超过1年的轮船仍然是轮船厂的流动资产。

② 预付账款指将来能够如愿得某项产品或服务而提前支付给供应商的款项，若将来供应商不能提供商品和服务，此预付款项是要退还给企业的。因此，在供应商提供相应的商品和服务之前，预付款项属于企业资产并且是流动资产。

时，将会引起企业利润的流出。企业也会产生不同类型的利益流出。包括：以现金、实物资产或劳务的形式进行债务的偿还；以部分转让资产、部分提供服务等形式进行债务的偿还。

【例题 3-2】在下列的选项中，属于负债要素特征的有（　　）。

A. 负债是由现在的交易或事项所引起的偿债义务。

B. 负债是由过去的交易或事项所形成的现时义务。

C. 负债是由将来的交易或事项所引起的偿债义务。

D. 负债将会导致经济利益流出企业。

2）负债的确认条件

把一个现时义务确定为负债，不仅仅必须符合上述的相关规定，其现时义务还必须同时满足以下 2 种情况。

（1）与该义务有关的经济利益很可能流出企业。根据负债的概念我们可以发现，预期会造成经济利益向企业外部流出是负债这一要素的主要特点。所以，根据相关的确凿证据说明并做出判断：与实际义务相关的经济利益很可能流出企业的，可以确认为负债；相反则不能被确认为负债。

（2）未来流出的经济利益的数额能够可靠地计量。负债的确认在考虑经济利益流出企业的同时，未来流出的经济利益的金额应当可以可靠计量。

3）负债的分类和内容

根据负债偿还期限的时间长短不同，通常把负债进一步做出区分，分为流动负债和非流动负债。

（1）流动负债。流动负债指将在一年（含一年）或者超过一年的一个营业周期内偿还的债务。包括：短期借款、交易性金融负债、衍生金融负债；应付及预收款项（应付账款、其他应付款和预收账款等）；应付职工薪酬；应交税费；应付利息、应付股利等。

（2）非流动负债。非流动负债指偿还期为一年或者超过一年的一个营业周期以上的债务。非流动负债具体可以包括以下相关款项：长期借款；应付债券；长期应付款等。

3. 所有者权益

1）所有者权益的定义

所有者权益指企业所持有的资产在扣除负债以后，企业所有者所获得的剩余权益。它表明所有者权益既能体现所有者投入资本的财产增值状况，同时又反映出优先偿债的债权人权益保障的原则。

2）所有者权益的确认条件

通过对所有者权益的界定，我们应当能够了解到公司所有者权益与公司资产和负债状况有关。因此，所有者权益的确定和计算就主要依靠公司资产和负债状况的确定和计算。公司在接受股东投资的负债或承担债务之后，在资产或负债数量符合相应所有者权益数量的确定要求之后，适当地满足所有者权益的确定要求；在资产和负债的价格或数量得以准确计算后，就能够确认所有者权益的数量。

【例题 3-3】下列选项中，关于所有者权益说法恰当的有（　　）。

A. 所有者权益只需考虑企业的资产总额即可。

B. 所有者权益不需要考虑企业的负债情况。

C. 所有者权益指企业资产扣除负债后，由所有者享有的剩余权益。

D. 所有者权益可以反映所有者投入资本的保值增值情况。

4. 收入

1）收入的定义

收入指企业在日常活动中产生的、能够引起所有者权益增加的、与所有者投入资本无关的经济利益的总流入。

根据收入的定义，收入具有以下方面特征。

（1）收入是企业在日常活动中形成的。所谓的日常活动，指公司为实现其管理目标，而进行的经常性行为或与之有关的行为，属于持续性的、长期性的企业工作。这些活动产生的资源流入即为收入。

（2）收入会导致所有者权益的增加。比如，制造业公司通过生产系列产品而销售出去所带来的收入，这些业务既引起了公司经营利润的增长又引起了所有者权益的增加。所以，按照所有者权益的确定原则，可将其确定为收入；而如果公司采用举债的手段获得了现金，尽管经济资源确实流入了公司，但也不会引起所有者权益的增加，而是属于一项负债。

（3）收入是与股东投入成本无关的经营利润的总流入。所有者投入资本的增值不属于收入，而应该直接确认为所有者权益。

【例题 3-4】下列各项中，符合会计要素中收入定义的是（　　）。

A. 租赁厂房收益

B. 收到投资者的投资款

C. 预收销货款

D. 企业向购货方收回之前销货代垫的运费

2）收入确认的前提条件

按照《企业会计准则第 14 号——收入》，企业必须通过"五步法"对收入进行确认和计量。具体的内容如下所示：

第一步，识别与客户订立的合同；第二步，识别合同中的单项履约义务；第三步，确定交易价格；第四步，将交易价格分摊至各单项履约义务；第五步，履行各单项履约义务时确认收入。

当企业与客户之间的合同同时满足下列条件时，企业应当在客户取得相关商品控制权时确认收入：

（1）合同各方已同意批准该合同并承诺将履行各自的义务；

（2）该合同明确了合同各方与所转让商品或提供服务相关的权利和义务；

（3）该合同有明确的与所转让商品或提供服务相关的支付条款；

（4）该合同具有商业实质，即履行该合同将改变企业未来现金流量的风险、时间分布或金额；

（5）企业因向客户转让商品或提供服务而有权取得的对价很可能收回。

3）收入的分类

收入按企业经营业务的主次，可进一步划分为主营业务收入与其他业务收入。

主营业务收入指企业因开展主营业务带来的收入，如企业根据不同经营性质开展不同的主营业务如销售产品（商品、劳务、服务等）实现的收入。

其他营业收入指除主营业务活动外的其他经营活动取得的收入，如制造业企业没有通过生产产品即主营业务获得收入，而是通过租赁企业的固定资产、销售材料等经济活动取得的收入。

5. 费用

1）费用的定义

费用指企业在日常活动中发生的、会导致所有者权益减少的、与向所有者分配利润无关的经济利益的总流出。

根据费用定义，费用具有以下特征：费用是企业在日常活动中发生的；费用会导致所有者权益的减少；费用是与向所有者分配利润无关的经济利益的总流出。

2）费用的确认条件

费用的确认除了应当符合定义外，至少还应当符合以下条件：

（1）与费用相关的经济利益很可能流出企业；

（2）经济利益流出企业会导致资产的减少或负债的增加；

（3）经济利益的流出金额可以可靠计量。

3）费用的分类

费用通常可以根据与收入的比例关系的不同，将其进一步区分为生产费用与期间费用。

（1）生产费用指与企业日常生产经营活动有关的费用。按其经济用途可分为直接费用与间接费用。即表示直接参与产品生产制造过程的直接材料和直接人工，另外还有间接参与产品生产制造过程所产生的制造费用。

（2）期间费用指企业在本期发生的，虽没有直接或间接归入产品生产成本，但应直接计入当期损益的各项费用。期间费用具体包含了由于企业内部不同活动(企业内部管理工作、营销、财务)所形成的管理费用、销售费用和财务费用。

①管理费用指企业为管理与控制生产活动所发生的各项费用。

②财务费用指企业为筹措生产运营所需经费等所产生的筹资费用。

③销售费用指企业销售商品和材料、提供服务等过程中产生的费用。

【例题 3-5】 计入产品生产成本的费用包括（　　）。

A. 财务费用　　　　B. 制造费用　　　　C. 管理费用　　　　D. 直接人工费用

6. 利润

1）利润的定义

利润，指企业在一定会计期间的经营成果。是通过将企业的收入减去企业各项成本费用后的剩余总额。报表使用者可通过这一要素的数值来评估企业这段时期在日常业务经营活动的表现。除此以外，企业还会发生能够计入当期利润的利得或损失，这部分利得或损失通常与所有者资本投入和企业的利润分配无关，但其应当计入当前损益，且能够令企业的所有者权益上升或下降。

2）利润的确认条件

根据利润的定义我们可以得知，利润与之前学习所有者权益与资产、负债的关系一致。企业利润的确认条件，一般是根据其收入和费用及其利得和损失的确认，而具体金额的确定则一般依靠收入、费用、利得和损失具体金额的计量。

【例题 3-6】 在下列选项中，关于利润的解释说法表述正确的是（　　）。

A. 利润是企业在一定会计期间的经营成果。

B. 利润的确认只能依赖于收入和费用。

C. 利润的提高意味着企业收入的增加，负债的降低。

D. 利润等于收入减去费用后的净额。

（二）会计计量

会计的计量是会计发展的重要表现。因为财务会计信息通常意义上是作为一种定量化的信息。因此，对于构成后期报表部分的所有的会计要素（资产、负债、所有者权益、收入、费用和利润）都需要经过正确、恰当的计量方法，才能成为人们可用的、可比的、有价值的会计信息。

美国会计准则委员会（Financial Accounting Standards Board，FASB）在其颁布的第 5 号财务会计概念公告《企业财务报告的确定和计算》中，对相应的会计计量明确提出了一些主要的计量属性，具体可以包括历史成本、现有成本、可实现净值、未来现金流量现值 (后简称"现值"）及公允价值。

1. 历史成本

在资产方面，历史成本是在衡量企业购置这项资产时所支付的现金及现金等价物的金额，或者历史成本也可以根据企业在进行收购时所支付的对价的公允价值规模进行衡量。而负债方面，则是根据为履行交易义务而获得的货币或资产数额，或者是企业为了履行其交易义务而收到的合同金额，并且还要考虑到企业在日常的生产经营活动中预计需要支付或清偿的现金及现金等价物的金额进行衡量。

2. 重置成本

资产根据当前形势下购入同一或类似性质的资产，企业所必须付出的全部资金，或现金等价物的总数额计算。负债则是按照清偿此项负债所必须提供的现款或现金等价物的数额计算。

3. 可变现净值

针对资产而言，可变现净值根据企业若向外售卖这项资产所预计能够获得的现金及现金等价物的金额，在此基础上扣除掉这项资产到完工时预计会产生的相关成本、相关税费和销售费用等金额后的净额进行衡量。

4. 现值

在资产方面，现值根据这项资产从开始使用到最终处置的这段时间中所产生的所有未来可能发生的现金净流入量的折现金额总额进行衡量。在负债方面，现值根据这项负债在既定的期限内所需要偿还的所有现金净流出量的折现金额总额进行衡量。

5. 公允价值

通常情况下，资产和负债的公允价值根据在市场中交易双方自愿进行资产交易或债务清偿时所对应的金额进行衡量。

会计要素计量属性及其应用统计如表 3.1 所示。

表 3.1 会计计量属性运用规则

计 量 属 性	概 念	主 要 应 用
历史成本	又称实际成本，指取得或制造某项财产物资时所实际支付的现金或现金等价物	我国企业对会计要素的计量一般采用历史成本
重置成本	又称现行成本，指按照当前市场条件，重新取得同样一项资产所需支付的现金或现金等价物金额	盘盈固定资产的计量
可变现净值	指在生产经营过程中，以预计售价减去进一步加工成本和销售所必需的预计税金、费用后的净值	存货期末按成本与可变现净值孰低计量
现值	指对未来现金流量以恰当的折现率进行折现后的价值	资产可收回金额的计算口径之一
公允价值	指市场参与者在计量日发生的有序交易中，出售一项资产所能收到或转移一项负债所需支付的价格	交易性金融资产等

（三）会计等式

会计等式，又名会计恒等式、会计方程式或会计平衡公式。它是代表了各种会计因素相互之间的基本密切联系的方程式。

1. 会计等式的表现形式

1）财务状况等式

企业进行生产经营活动的前提，是需要具备相当数量和质量的经济资源，也就是所谓的资产，是企业通过利用资产进行运转而产生经济利益的流入。如果资产代表着企业的资金占用，那么负债和所有者权益这两种会计要素则代表着企业的资金来源。一个在正常持续经营情况下的企业，无论在哪一个时点上，有多少资金来源，必然形成多少资金占用。即

$$资产 = 权益 \tag{3-1}$$

其中，根据要求权不同，权益又可以进一步拆分为债权人权益和所有者权益，即

$$资产 = 债权人权益 + 所有者权益 \tag{3-2}$$

债权人的权益构成了负债要素，而投资者的权益则属于所有者权益要素。因此，资产负债表的这三个会计要素（资产、负债和所有者权益）之间的等量关系就表现为

$$资产 = 负债 + 所有者权益 \tag{3-3}$$

公式（3-3）也是我们以后学习资产负债表编制和运用财务报表分析方法的重要基础。表达了公司在截止到报告时间前(或某个时间节点)的资产、负债和所有者权益三者之间的静态平衡关系，即表示企业在特定时点的财务状况。我们可以注意到，虽然为二者相加的关系，但负债位于所有者权益之前。因此当企业发生重大经营危机而面临清算的情况时，必须优先偿还债权人的权益，即优先偿还负债。

2）经营成果等式

经营成果等式是反映企业在经营期间收入、费用和利润之间同一关系的会计方程。企业发展的目的是从经营活动中获得收入，实现利润。但是，企业在取得收入时，必然会发生相应的费用，企业在一定的经营期内取得的收入扣除所发生的各项费用后的金额，即为产生或取得的利润。公式如下

$$收入 - 费用 = 利润 \qquad\qquad (3\text{-}4)$$

公式（3-4）是对公式（3-3）的补充和发展，是在静态分析的基础上，动态的通过收入费用的核算反映了利润的实现过程，也是从业人员编制企业利润表或进行报表分析的基础公式。

在具体工作中，因为营业外收入并不属于狭义的收入范围，而营业外支出又不属于狭义的费用范围，所以，通常将经营业务所产生的收入减去相应的费用后，经过调整，加上营业外收支净额才等于利润。

2. 交易或事项对会计等式的影响

企业发生的交易或事项按其对财务状况等式的影响不同，可以分为以下 9 种基本类型：

① 一项资产增加、另一项资产等额减少的经济业务；

② 一项资产增加、一项负债等额增加的经济业务；

③ 一项资产增加、一项所有者权益等额增加的经济业务；

④ 一项资产减少、一项负债等额减少的经济业务；

⑤ 一项资产减少、一项所有者权益等额减少的经济业务；

⑥ 一项负债增加、另一项负债等额减少的经济业务；

⑦ 一项负债增加、一项所有者权益等额减少的经济业务；

⑧ 一项所有者权益增加、一项负债等额减少的经济业务；

⑨ 一项所有者权益增加、另一项所有者权益等额减少的经济业务。

企业管理者需要注意的是上述 9 种交易或事项，均不会改变基础会计等式的平衡关系，其对会计等式所有两端的影响按照变化的方向可被分为三种情况：不变（情况一），这一类型包含的经济业务为①⑥⑦⑧⑨；交易或事项发生后会计等式左右两端金额增多（情况二），这一类型包含的经济业务为②③；以及交易或事项发生后会计等式左右两端金额减少（情况三），这一类型包含的经济业务为④⑤。

【例题 3-7】以下各种经营活动的选项中，没有导致企业资产总量的增减变化的是（　　）。

A. 生产部门外购原材料，款项尚未支付。

B. 以现金偿还之前往来结算业务中所欠的账款。

C. 接受新股东追加投资。

D. 从企业的银行存款账户中提取备用金。

三、会计科目

（一）会计科目的含义

会计科目，我们一般也将其简称为科目。它是根据企业经济活动的具体内容，对会计要素进行的分类与记录登记的基础，同时也是后期企业进行会计核算及报表使用者使用有关财务数据的主要根据。

由于企业的经济业务多种多样，即使涉及同一项会计要素，也往往具有不同的性质和内容。例如，企业拥有的办公大楼、厂房和生产线等固定资产，已经入库的各种型号的产成品等库存商品，还有专利技术使用权等无形资产，虽然这三种都属于资产要素，但是它们在企业经济活动中所起的作用却不相同。

可以这么理解，将我们以往掌握的会计对象、会计要素联系到这里的会计科目，其实是一个越来越具体化的过程。会计要素不过只是对会计对象进行的基本分类。虽然如此，但是会计要素的分类仍然不满足生产经营过程的全面记录与分析。所以，随着会计的发展，我们对会计要素有了更加细致的要求，也就进行了更加明确的分类，将其与业务发生的实质内容相结合，更加具象化的赋予了会计更为细致且能概括或说明其业务发生的相关经济内容的名称，即会计科目。

（二）会计科目的分类

会计科目可按照反映的经济活动内容、所提供资讯的详细程度，以及内部统驭关系划分。

1. 按反映的经济内容分类

通常情况下，根据企业所发生的交易或事项所属的经济内容不同，可将会计科目细分为以下 6 类：资产类、负债类、所有者权益类、成本类、损益类和共同类。并且，这些会计科目类别可根据其标准及特性细分为各个具体科目。

1）资产类科目

在概念上，资产类的会计科目指对资产要素的内容实行分类核算的项目。企业资产类的科目按照其流动性的强弱，可划分为流动性强的流动资产类科目和流动性差的非流动资产类科目，流动资产主要探讨的就是货币资金、应收账款和存货等科目，非流动资产的科目通常包含固定资产、无形资产和长期股权投资等科目。

2）负债类科目

类似地，负债类科目也是用于对负债要素的内容实行分类核算的项目。按照企业负债的偿还期限可以将负债细分为一年内需要立即偿还的流动负债和偿还期限超过一年的非流动负债，其中企业在经营管理过程中的流动负债包含短期借款、应付账款和应付职工薪酬等，非流动负债通常包含长期借款、长期应付款等。

3）所有者权益类科目

类似地，所有者权益类科目也是用于对所有者权益要素的具体内容进行分类核算的项目。在企业中这类科目主要包含实收资本（股本）、资本公积、盈余公积和未分配利润等科目。

4）成本类科目

成本类科目指对可归属于产品的生产成本和劳务成本等具体内容实行分类核算的项目，通常在企业中被经常考虑到的有生产成本、劳务成本、制造费用等科目。

5）损益类科目

损益类科目是对收入和费用要素的具体内容实行分类核算的项目，其中：反映收入类的科目在企业中常常被考虑到的具体有主营业务收入、营业外收入等科目；反映费用类的科目需要区别于成本类科目，常常具体包括主营业务成本、研发费用和期间费用等科目。

6）共同类科目

共同类科目指具有资产和负债双属性的科目，如金融衍生工具、套期工具和清算资金往来等科目都属于共同类科目。

【例题 3-8】下列选项中，哪一项是会计科目进行分类核算的项目（　　）。

A. 会计主体　　　　　　　　　　B. 会计要素

C. 会计对象　　　　　　　　　　D. 经济业务

【例题 3-9】会计科目根据所归属的会计要素不同，可划分为以下哪种（　　）。

A. 所有者权益类　　　　　　　　B. 负债类

C. 损益类　　　　　　　　　　　D. 成本类

2. 按反应信息的详细程度进行分类

根据会计科目所提供的信息内容的详尽程度及上下控制关系，通常将其进一步划分为总账科目和明细分类科目。

（1）总账科目，也可以叫作总分类科目或一级科目，具备了管理和控制其下设的明细类别科目的功能。

（2）明细分类科目是对其所属的总账科目的补充和说明。由于总账账户下有许多详细的分类科目，因此不可能准确、详细地表达业务的具体内容。我们可以继续在总账科目下设置二级和三级明细科目，以进一步反映和记录企业的具体业务。另外，除会计准则有明确规定的明细分类账以外，根据有关规定和管理制度要求，所有单位（企业）可以按照企业的经营要求和经营活动的内容建立明细分类账。

【例题 3-10】下列科目中，不具有明细分类科目的是（　　）。

A. 固定资产　　　B. 应收账款　　　C. 原材料　　　　D. 本年利润

3. 会计科目的设置

设置会计科目，是会计的基本方法之一。但由于各个单位的业务不同，生产经营业务的范围不同，企业管理业务的内容、范围和性质也有所不同，所以会计核算单位在设置账户时要考虑企业性质的特点及实际情况，遵循以下原则。

1）合法性原则

合法性原则即企业所设置的会计科目必须符合国家统一会计制度及相关法规的规定。目前，我国现行统一的会计制度规定了企业设置的会计科目，以确保不同企业提供的会计信息具有可比性。公司可以按照实际状况，按照会计制度统一规定进行会计科目的设置，不得违反现行会计制度的规定。

2）相关性原则

它指企业设置的会计主体应为报告使用者或利益相关者提供相关的会计信息服务，以满足外部会计报告和内部管理的要求。

3）实用性原则

企业经济活动的账务设置与处理要符合企业的特点，同时也应当满足企业的实际要求。企业拥有相当的自主权可以根据自身的经营性质与特点，在不改变会计信息标准的情况下，且在可以提供全面的、统一的财务会计报表的情况下，增设、缩减或合并某些会计科目。此外，会计科目应简明适用，分类合理，编号科学。

【例题 3-11】在下面的所有选项中，属于基本会计科目设置原则的是（　　）。

A. 合法性　　　　B. 实用性　　　　C. 权责发生制　　　　D. 谨慎性

四、会计账户

（一）账户的概念及设置原则

1. 账户的概念

账户是根据会计科目设置的，具有一定的结构。它是系统地、连续性地记录各种经营交易情况的一个重要手段，可以反映会计核算基本要素及成果的增减状况。

2. 设置账户的原则

各会计主体在设置账户时应当遵循的原则如下：①根据自身业务所需会计科目的特点，开设相应的账户；②从客观实际出发，符合企业现有的业务特点；③与经济管理的要求相适应；④要保持相对的稳定性，同时需要具有一定的灵活性，能与企业的发展同步。

3. 账户的基本结构

由于企业经营活动中经济业务的持续发生，会计要素的具体内容就会因此出现或增或减的两种状态，所以作为记载了相应会计期间的经营活动的数据，在账务构造中包括左方与右方。如果一方登记增加数，那么另一方就登记减少数。但具体哪方记增加或减少需根据科目的记录要求进行登记。

会计实际账务处理中的账户一般由以下内容构成。

（1）账户名称，即会计科目。

（2）日期，即所依据记账凭证中标明的时间。

（3）凭证字号，指所依据记账凭证上著名的凭证编号。

（4）摘要，即经济业务的简要说明。

（5）金额，即增加额、减少额和余额。

4 个金额要素的关系如下

期末余额 = 期初余额 + 本期增加发生额 − 本期减少发生额。

（二）复式记账法与借贷记账法

复式记账法主要包括借贷记账法、收付记账法和增减记账法等。借贷记账法是目前在国际上通用的记账方法。按照中国《企业会计准则——基本准则》的明确规定，所有中国公司都必须通过借贷记账法记账。

1. 借贷记账法下账户的基本构成

在借贷记账法下，账户的左方称为借方，右方称为贷方。

每个账户的借方和贷方都需要根据一定的规则来记录企业经纪业务发生的内容。但可以确定的是，这两个方向一定是按相反方向登记增加数和减少数，例如，如果一方登记增加额，则另一方就登记减少额。但是因为每个会计要素的借贷方向不是完全一致的，这也意味着"借""贷"双方实际上都具有增多和减少的双重含义。不过，关于"借"表示增加，还是"贷"表示增加这一问题，则需要结合不同账户的属性与所记载经济信息的特征来决定。

2. 资产类和成本类账户的结构

在借贷记账法下，资产类账户与成本类账户在账户结构方面的登记规则是相同的，即借方记录增加额，贷方记录减少额。其余额的方向与记录增加的方向一致。

3. 负债类和所有者权益类账户的结构

在会计恒等式"资产＝负债＋所有者权益"中，由于负债和所有者权益这两个要素都是位于等式的右方，且这两种要素的账户结构是一致的。因此，负债和所有者权益这两个账户的记账方向与等号左侧的资产账户的记账方向将完全相反。负债和所有者权益账户的借方表示减少，贷方表示增加。

根据负债类和所有者权益类的账户余额计算：

期末贷方余额＝期初贷方余额＋本期贷方发生额－本期借方发生额

（三）损益类账户的结构

如同前文所述，由于损益类账户既反映了企业在相应的会计期间内所取得的收入，以及发生的费用。因此，为了可以更好地反应企业利润的实现情况，该账户又可以被进一步划分为收入类账户和费用类账户。

1. 收入类账户的结构

企业产生的收入在通常情况下会导致企业所有者权益的增加。企业收入类账户的增减记录方向与所有者权益类账户的增减记录方向相保持一致，即借方表示减少，贷方表示增加。此外，当期收入的净额，会在本期的期末转入到企业的"本年利润"账户上，用于对本期损益展开计算，但需要注意的是，因相应的数值以被转入其他账户，所以，本账户结转后将不存在余额。

2. 费用类账户的结构

费用的产生通常会使所有者权益减少。该账户的增减记录方式，与所有者权益类账户的增减记录方向相反，借方表示增加，贷方表示减少。本期费用净额会在本期的期末转入到企业的"本年利润"账户上，用于对本期损益展开计算，本账户结转后也不存在余额。

（四）借贷记账法的记账规则

当采用借贷记账法来记录每一次经济业务活动发生时，所要记录的账户既可以是同一类型的账户，也可以是不同种类的账户，但必须是两个记账方向，即借方和贷方各有相应的科目。如果需登记一个（或几个）账户的借方，则：账户的贷方必然要记录另一个（或几个），即"有借必有贷"；且账户借方与贷方登记的金额都必须相等，即"借贷必相等"。

例如，东安公司从某商业银行借入六个月的短期借款 73 500 元，经公司的银行对公账户确认，公司已收到该借款。根据会计分录的编制方法对此经济活动进行账务处理，编制会计分录的具体思路如下。

（1）此项经济业务属于资产和负债同时增加的情况。

（2）此项经济业务涉及"银行存款"和"短期借款"共两个具体科目。根据相应的要素归属分类，该业务中引起的资产变化须将其计入"银行存款"账户，而负债的变化应当记入"短期借款"账户。

（3）根据资产和负债账户的结构，将资产增加记入账户借方，而负债增加记入账户贷方，根据会计分录格式要求制定的会计分录如下。

借：银行存款　　　　　73 500

　　贷：短期借款　　　　　73 500

（4）完成分录的编制后，应当核对其是否遵循了"有借必有贷，借贷必相等"的原则，若与之前分析的账户名称、方向、金额一致，则表明分录编写已完成。

第二节　企业主要经济业务概述

本节学习导语：小王同学在刚入学时与同专业的好友小李畅谈辩论，对于会计工作中的业务范围有了不同的看法。正所谓"理不辩不明"，经过二人的交流及主动探索相关资料后，二人意识到，虽然在实际工作中，会计或财务工作都是作为一个独立的部门而存在，但其工作所接触到的经济业务包含了企业的方方面面，任何的业务都会涉及财务流程的核算与审批。而会计工作，则是通过之前所学到的账户及记账方法对企业的经济交易进行记录。小王和小李不约而同地对于"会计，就是记录经济交易的一门语言"这句话有了更深刻的理解。

企业是从事生产、服务等活动的经济组织，是社会经济的基础单位。企业的划分形式有许多标准。例如，从企业的主营内容出发，一般可把企业分成制造业企业、商贸企业和金融服务型企业三种。相比于商业和服务型企业而言，制造业企业有生产制造的业务，从业务流程角度来讲要更为全面，所以，本书将以制造业企业为例进行相关知识点的讲解。

各个企业的经营活动性质及特点有所不同，但是制造业企业经营活动的流程却是相同的，都会经过筹集资金、供应、生产、销售、利润形成与分配，共计五个阶段。

1. 筹资过程

企业要进行正常的运营管理，就必须有资金作为支撑。资金的筹集一般指企业所有者的投入资金和从债权人处获得的借款。在成功筹集资金后，资金首先进入企业供应环节。例如，运用资本进行建设或购买工厂、机械设备等，目的是为后期生产环节中的产品生产做必要的基础准备。

2. 供应过程

供应环节是为公司后期的产品生产加工所服务的。企业供应产品的日常内容具体可分为供应产品所必须的原材料、机械设备等。

因此企业与材料供应单位也就产生了业务关系，因采购往来业务而需完成的资金结算业务则为供应过程核算的重点业务。

3. 生产过程

生产过程，是制造企业的核心过程。生产工人可以利用各种物料，并启用机械设备，在生产线中将物料的生产成本、机械设备磨损的价格、人工成本、水电照明等间接的成本费用组合形成产成品。其中对物化劳动与活劳动之间的耗费与转换的会计核算，是产品过程业务成本的关键点。在此阶段，资金形态从储备资金转为生产资金和产品资金。

4. 销售过程

销售过程就是企业产品价值转化或实现利润的过程。企业通过出售商品获得收入，并随之结算产生资金回笼，但同时也会发生销售费用，以及产品销售活动中发生的应纳税额的核算，这些项目即产品销售活动中须进行会计核算的重点经济业务。

5. 利润形成与分配过程

企业经过一定会计期间的经营，通过会计核算计算企业所实现的利润或发生的亏损。如果赢利计算缴纳所得税后还应当按照规定的程序进行合理的分配。

第三节　资金筹集业务的核算

本节学习导语：小李在入学后，为了更好地夯实专业基础，也对一些财经杂志关注起来。这天，他看到这样一篇文章。其中一段是这样讲的：正所谓"九层之台，起于垒土"。一个企业在经营过程中，面临的最原始的问题就是资金的筹集，只有拥有了初始资金，企业才可以通过一次又一次的运营取得利润，不断扩大企业的规模。世界上任何一个上市公司或是中小企业，都是在最开始时取得了基本的资金，而后经历了一步一步的发展，才有了如今的模样。小李不禁感悟到："与企业的发展一样，人的发展起步与基础同样重要，我一定要好好学习相关专业知识，努力让专业技能这笔'资金'在大学积攒起来。"

一、所有者权益资金筹集业务的核算

（一）所有者权益概述

1. 所有者权益的概念

所有者权益指企业资产在扣除掉负债之后所有者所享有的剩余权益。企业的所有者权益也可以被称之为股东权益。

2. 所有者权益的来源

所有者权益的来源，基本上可分为所有者投入的资金、其他综合利益、留存利润等。

（二）所有者投入资本的构成

1. 所有者投入资本的分类形式

（1）所有者投入按照投资者的不同，基本上可分为国家资本金、法人资本金、个人资本金和外商资本金（外资）。

（2）根据投入方式的不同，投资者所投入的资本一般包括货币、现金、知识产权、场地使用权等。在实行会计计量后，为了确认不同的融资方式的实际融资数额，相应的办法也有所不同。

①货币资金投资：直接以实际收到的价款作为入账金额。

②实物、无形资产等其他投资：企业可开展公允价值评估，并以双方所能确认与接受的评估价格作为实物、无形资产的入账金额。进入公司后所缴存的全部资金和股份，除在公司清算之前已依法转让外，均不能再以其他形式撤出。

2. 所有者投入的资本

所有者投入的资本指所有者对公司注入的资金总额，不但包含了公司的全部登记注册资本或股本，还包含了企业投入资金中超出登记注册资本或股本的部分，即资本溢价或股份溢价。

（三）账户设置

企业通常使用"银行存款""实收资本""资本公积"等账户对股东权益投资项目进行会计核算。

1. "实收资本"（或股本）账户

1）账户性质

"实收资本"账户属于所有者权益类型下的账户。

2）账户用途

企业通过设置该账户对实际收到投资者投入的资本情况进行充分的反映和监督。

3）账户结构

该账户额贷方用来登记企业收到投资者符合注册资本的出资额，借方用来登记企业根据法定程序，报经批准的注册资本额的减少金额。期末余额在贷方，反映企业实有的资本。

4）明细账的设置

本账户的明细账户可按照股东身份进行建立和后期核算。

2. "资本公积"账户

"资本公积"账户，是属于所有者权益类型下的账户。通过设置该会计账户反映和监测企业资本公积的变化状况。该账户贷方记录了资本公积的增加额，借方则记录了资本公积的减少额。因此期末余额将在贷方，代表着期末资本公积的总结余额。企业可按照其资本公积的种类，实施具体的明细核算。

3. "银行存款"账户

"银行存款"账户属于资产类账户。企业建立该账户来核算企业存入银行或其他金融机构的所有款项，不过如果有银行汇票存款、外埠存款等项目，有关经营活动必须使用"其他货币资金"账户来进行处理。该账户的借方用来表示企业银行存款余额的增加，而贷方用来表示企业银行存款余额的减少，期末余额在借方，反映企业实际持有的银行存款的数额。该账户可按照开户银行、存款类别等设置明细账，并在后期的账务处理中分别进行会计核算。

【例题 3-12】 若东安公司的"实收资本"账户的期初余额为 50 000 元，本期贷方发生额为 30 000 元，期末余额为 60 000 元，则该账户本期借方发生额为（　）元。

A. 30 000　　　　B. 20 000　　　　C. 40 000　　　　D. 8 0000

（四）账务处理

企业接受投资者投入的资金，借记"银行存款""固定资产""无形资产"等科目，按其在注册资本或股本中的占比计入，按其与"实收资本"（或股本）的差额计入"资本公积 - 资本溢价（或股本溢价）"。

【例题 3-13】 东安公司由于业务发展迅速，需要进一步增加生产设备，扩大经营规模，经审核后,将企业注册资本追加 1 000 000 元。按照协议,新晋股东刘云需缴入货币资金 1 000 000 元,同时享有该企业 20% 的股份。现阶段款项已收。

要求:编制东安公司与上述业务有关的会计分录。

企业接受投资者投资于非货币资产的账务处理,应当根据投资合同或协议约定的价值确定入账价值。之后借记"原材料""固定资产""无形资产"等科目,贷记"实收资本"(或股本)科目,将其在注册资本或者股本中的份额,按其与"实收资本"(或股本)的差额计入"资本公积 - 资本溢价(或股本溢价)"。

二、负债资金筹集业务的核算

(一)负债筹资的构成

负债融资,简称"债务融资",主要包括向商业银行、其他机构所借入的短期或长期借款,和由于往来业务及结算工作所产生的负债(如应付账款、应付职工薪酬)等。

扩展阅读 3.2

投资合同或协议约定的价值不公允

1. 短期借款

短期借款指企业向银行或其他金融机构等处借入的,其还款期限在 1 年以下(含 1 年)的各种款项。目的是为获得融资以保障正常生产运营的顺利进行或用来清偿公司的某项欠款。

2. 长期借款

长期借款指企业向银行或其他金融机构等处借入的,其还款期限在 1 年以上(不含 1 年)的借款。

3. 往来业务结算形成的负债

企业因往来业务结算形成的负债,一般包括企业因购买机器或生产材料未付款的"应付账款"、企业雇佣生产工人应当发放的"应付职工薪酬"及其他负债类账户。

(二)账户设置

企业可以通过设立以下账户对筹资引起的负债实施账务处理。

1. "短期借款"账户

"短期借款"账户属于负债类账户。该账户用以核算企业借入的短期借款。该账户贷方登记短期借款本金的增加额,借方登记短期借款本金的减少额。期末余额为贷方,反映企业期末还没有偿还的短期借款。本账户具体可按照资金类别、贷款人和币种等进行明细处理。

2. "长期借款"账户

"长期借款"账户属于负债类账户。企业可以通过该账户的设置,对企业借入的长期借款进行会计核算。该账户贷方登记企业借入的长期借款本金等,借方登记归还的本金等。期末余额在贷方,将反映企业期末尚未偿还的长期借款。该账户可按贷款单位和贷款类别等进行明细核算。

3. "应付利息"账户

"应付利息"账户属于负债类账户。企业可以通过建立此账户来核算公司根据协议规定需要交纳的利息，具体可分为按年计提的企业贷款利息、按时付息到期还本的长期贷款利息等。该账户贷方记录着企业按约定利率计算确定的应付未付利息，借方用来记录已经收回的利息。期末余额在贷方，反映企业应付未付的利息。该账户还可以通过存款人或债权人来实现明细核算。

4."财务费用"账户

"财务费用"账户具体归属于损益类账户之下。企业可以通过建立该账户，来核算企业因融资类业务而发生的有关费用，具体内容很可能包含利息支出（减利息收入）、企业所产生或接受的产品折扣等。该账户的借方记录了利息费用等账户的增加额，贷方记录着应冲减财务费用的利息收入等账户的具体金额，期末转入"本年利润"账户。该账户在期末无剩余。

第四节 供应过程业务的核算

本节学习导读：小李在学校如饥似渴地学习着自己热爱的专业，大学的教育不仅扩展了他的专业技能，更激发了他触类旁通、举一反三的思维能力。马上就要进入到企业供应过程业务核算的部分了。小李为此做了很多功课。他了解到，供应流程是为商品制造过程做好必要准备的阶段，如购买材料、支付材料款和缴纳税费等。在供应过程中一些固定资产的建造等活动，也是必备的过程，这属于企业的对内投资活动。之后，小李不禁想到，学校的图书馆、实训中心等教育资源及社团活动也是大学期间塑造自己最主要也是最好的原材料，一定要在学生期间，充分利用好这些资源，努力成长。想到这里，小李不禁想象着自己毕业时的样子……

一、固定资产购置业务的核算

（一）固定资产的概念与特征

1.概念

固定资产，指企业因制造商品、提供服务、租赁和从事生产经营活动而拥有的，且该项非货币性资产的使用期限需要在十二个月以上，同时，该项资产的单位价格需要超过一定的标准。例如，包括住房、建筑材料、机器设备，以及其他与公司生产经营活动密切相关的非货币性资产。

2.特征

从定义可以看出，企业的固定资产应具备以下特征。

1）企业持有固定资产的目的

公司拥有固定资产的目的一定不是以将其对外销售作为持有的出发点，而必须是用来解决企业制造货物、供应服务、租赁和运营服务的需求。

2）企业使用固定资产的期限

结合相关的概念及定义，我们可以发现，因为固定资产的使用年限通常来说较长，因此，其被企业所拥有或使用的固定资产的时间通常来说会超过一个会计年度。这表明固定资产能在被持有的这段时间里，给企业带来经济利益。

（二）固定资产的成本

1. 概念

固定资产成本，指企业在对固定资产的购买或建造到达预期可使用状态以前，产生的所有合理的、必需的成本费用。

如何确定能否获得预期可使用状态。如果购入了不需配置的企业，则在获得固定资产时可立即确认；而一旦购入了需要经过配置调试的固定资产时，则企业必须在固定资产通过交付使用的测试之后，证明该固定资产已满足了有关使用要求后方能达到预期的使用状况。

2. 成本的确定

1）固定资产成本

企业可以采用外购、自建、投资者投入和租赁等渠道获得固定资产。

使该项固定资产达到预定可使用状态产生的相关费用应计入固定资产成本。若该固定资产是通过外购的方式取得的，那么该固定资产的成本不仅包括该资产的购买价款及相关税费，而且还包括运输费、装卸费、服务费等费用。

2）在购买活动中使用同一笔资金，同时购入多项没有单独标价的固定资产

企业应当按照同批购买的资产中，将各项资产对应的公允价值比例对总成本进行分摊，通过这种方式对各类资产的价值进行分别确认。

3）购买的固定资产具有融资性质

如果企业在购买固定资产这项经济业务的实质内容上具有融资的色彩，同时该项资产的价款已经超过了正常信用条件，导致其延期支付的，则应当以购买价款的现值为基础确定固定资产成本。

4）增值税进项税额是否计入成本

假如为增值税一般纳税人的企业，那么购入固定资产就不需要计入成本。但如果属于增值税小规模纳税人时，就应该把进项税额列入。

【例题 3-14】 东安公司为增值税一般纳税人，2022 年 4 月 1 日采购了一条行业内最为先进的生产线，价款为 200 000 元，产生的增值税专用发票注明的税款为 26 000 元；发生设备运费取得运输企业开具的增值税专用发票注明的金额为 5 000 元，增值税税额为 450 元；发生的相关专业人员服务费 6 000 元，不考虑其他费用。

要求：计算该项设备的入账价值。

（三）账户设置

为了处理取得固定资产的有关项目，公司通常会建立下列账户。

1. "在建工程"账户

"在建工程"账户属于资产类账户。

企业可以通过设置该账户，对其进行基本建造、更新改造等工程项目产生的费用进行会计核算。该账户借方用来表示企业在建工程的实际支出，贷方用来登记工程达到预

定可使用状态时转出的成本等。期末余额在借方，反映企业期末还没有达到预期可使用状态的在建工程项目的成本。

2."工程物资"账户

"工程物资"账户，属于资产类账户。

企业可通过建立该账户，对在建项目准备的各种材料物资的成本费用进行会计核算。如某项工程所用的材料、尚未安装调试的设备等。

本账户以借方发生额记录单位采购工程项目物资的成本费用，贷方登记领用工程物资的成本。

3."固定资产"账户

"固定资产"账户属于资产类账户。本账户主要用于核算公司所拥有的固定资产原值。本账户的借方发生额记载为固定资产原值的增加，而贷方记载为固定资产原值的减去。期末金额为借方。

（四）账务处理

（1）如果发生业务的企业是增值税一般纳税人，那么在固定资产购置业务发生的时候，企业必须按照确定的金额，根据固定资产的安装情况或使用状态，借记"在建工程"或"固定资产""应交税费 - 应交增值税（进项税额）"科目，按照最后的实际付款方式贷记"银行存款"等科目。

（2）如企业为增值税小规模纳税人，则无须因购入固定资产设"应交税费"科目。

【例题 3-15】已知东安公司为增值税一般纳税人。2022 年 3 月 1 日，该企业为更好地开展生产运营活动，经企业内部申报审批的流程处理后，最终采购了一套价格为180 000 元且不需要安装的机械设备，并且该设备的增值税专用发票所注明的税款金额为 14 000 元；发生的其他费用包括设备运费（发票注明的金额为 3 000 元、增值税税额为 250 元）。另外，还涉及由专业技术人员服务产生的费用 4 000 元，除此之外，未涉及其他费用。所有的交易款项均通过银行存款转账的方式支付。

要求：对以上企业购进固定资产的业务进行账务处理。

二、材料采购业务的核算

（一）原材料概述

1. 概念

原材料指企业在生产过程中为制造某种商品而必须使用的基本原材料。它包括在制造生产环节中通过制造改善其外观或性能，而构成成品主体的所有原材料、主要物料和外购半成品，以及不组成产品主体但有助于产品形成的辅助材料。

2. 原材料的内容

原材料的日常收入、交付和结存，均可以按实际成本法或计划成本法核算。

本部分重点阐述以实际成本法为核算方法，对企业的材料采购业务进行的会计处理。这里所讲的实际成本法，具体指在企业的材料收发及结存等业务的核算阶段，采用以材料物资的实际成本计价的方式。

（二）材料的采购成本

材料的采购成本指企业向外界购买原材料时所实际产生的所有费用，包括购买物资支出的买价及采购过程发生的其他费用，具体包括买价（即供货单位开具的收据或发票所填制的价款）、运杂费（包含运费、保险费、打包费、储存费等）、运输途中的合理损耗；入库中的筛选与整合费用（包含筛选整合中产生的工资费用和一定的损失，并扣减回收的废料价值）、购入材料承担的税款等费用。

（三）账户设置

企业通常建立以下账户，来对材料采购进行相应的会计核算。

1. "原材料"账户

"原材料"账户，属于资产类账户。

企业可以通过设置该账户，对企业储存的各种物资及材料进行会计核算。如原物料及关键材料、附属物料、包装材料等。本账户借方发生额记录了已验收入库的物资材料成本，贷方记录发出的物资材料成本。期末金额在借方。

2. "在途物资"账户

"在途物资"账户，属于资产类账户。

该账户用以核算企业采用实际成本（或进价）进行物资、产品和物资的日常成本核算、货款已支付而没有进行入库的在途物料的购进成本核算。本账户借方按发生额记录购入材料、产品等货物的买价和购进费用（采购的实际成本），贷方登记已验收入库材料、产品等物资应结转的实际采购成本。

3. "应付账款"账户

"应付账款"账户，属于负债类账户。

企业通过该账户的设置，对企业因购买材料、商品和服务等活动而需要进行支付的款项进行核算。本账户的贷方用来记录企业为采购物料、产品及接受服务等业务未支出的货款，借方则用来记录偿还的应付账款。通常来说，如果本账户的期末余额位于贷方，则反映企业期末尚未支付的应付账款余额；如果在借方，则反映企业期末预付账款余额。

扩展阅读 3.3

在途物资

4. "应付票据"账户

"应付票据"账户，属于负债类账户。

企业通过该账户的设置，对企业因购买材料、商品和接受服务等而开出、承兑的商业汇票进行相应的会计核算，具体主要包括银行承兑汇票和商业承兑汇票。本账户的贷方记录了企业开出、承兑商业汇票的票面价格，借方记录了企业已经支付或到期无力支付的商业汇票。通常来说，本账户的期末余额应该在贷方，反映了还没有到期的商业汇票的票面金额。

5. "预付账款"账户

"预付账款"账户属于资产类账户。

该账户用于核算公司根据合同预交的货款。预付账款实际状况不多的时候，也可不设定该账户，把已应付的账款直接作为"应付账款"账户的借方。本账户的借方用来记录企业因采购等业务而支付的预付款和补充款项，贷方则用来记录企业收到货物后应缴纳的金额和收回的多付金额。

本账户的期末余额如果记入借方，则代表着企业实际预付款情况；如果该账户的期末余额记入贷方，则代表着企业应付或补充支付的金额。

6."应交税费"账户

"应交税费"账户，属于负债类账户。

企业通过建立该账户，对根据税收法律制度和规则计算需要交纳的各项税费实行会计核算。具体可以细分为增值税、企业所得税、城市维护建设税、教育费附加等。本账户贷方用来记录各种应交未交税费的增加额，借方用来记录实际交纳的各种税费。期末余额在贷方，则代表着企业尚未交纳的税费；期末余额在借方，则代表着企业多交或尚未抵扣的税费。

（四）账务处理

在实际成本法的相关核算要求下，企业一般来说会使用"原材料"和"在途物资"及"应交税费"等科目对发生的具体经济业务进行相关的会计核算。当企业发生外购材料业务的时候，需要根据材料是否验收入库对其进行账务处理。

第五节 生产过程业务的核算

本节学习导读：小李在学习完供应过程之后，不禁想到，学校是培养人才的地方，而人才的塑造过程就如同企业生产自己引以为傲的明星产品。一般来说，在企业的生产过程中，在同等资源的配给下，企业生产的产品是一样的。但为了让自己明天"出厂"的时候可以变得更加华丽，他必须将自己的某些"配比"改善一下。于是他给自己制定了一些属于自己的计划，如努力学习专业课，争取专业成绩达到年级前 10%……

一、生产过程业务概述

（一）概述

企业产品在生产的过程中必定会消耗一定的生产资料。而相应产品的成本核算就是把一定时期内企业生产过程中所发生的费用归集、分配给特定的产品，形成产品的成本。

（二）生产费用的构成

生产费用一般指与公司日常生产或制造加工业务相关的费用，按其经济用途又可具体包括产品成本和期间费用。

1.直接材料

直接材料指企业在制造过程中生成产品时直接消耗的、形成产品实体的原料，此外还包含其他促进商品生成的主要物质和辅助材料。

2. 直接人工

直接人工指在产品设计制造流程中，工人直接参与产品设计或制造而需要对其支付的薪酬。

3. 制造费用

制造费用指企业在生产制造的活动中，制造部门或单位为生产制造所进行的各种间接支出。如车间或生产部门管理人员的工资、折旧费、水费、电费等。

二、生产费用的归集和分配

企业一般会设置以下账户，以期更好地对生产费用进行核算。

1. "生产成本"账户

"生产成本"账户属于成本类账户。

本账户主要用于核算公司因制造各类商品（产成品、自制半成品等）、自制设备等所产生的各种成本。账户的借方登记应计入产品生产成本的各项费用，例如，直接材料成本、直接人工成本，以及分摊到产品生产成本的制造费用；账户的贷方登记应结转的产成品的生产成本。如果期末余额为借方，则反映期末未完工产品的成本。

2. "制造费用"账户

"制造费用"账户属于成本类账户。

该账户主要用于核算企业的生产车间（部门）内因制造商品和供应服务时所产生的各种直接、间接、制造费用。该账户借方登记实际发生的各项制造费用，贷方登记期末按照一定标准分配转入"生产成本"账户借方的应计入产品成本的制造费用。期末结转后，该账户一般无余额。

3. "库存商品"账户

"库存商品"账户属于资产类账户。

该账户用以核算企业的库存产成品、外购商品、存放在门市部准备出售的商品等实际成本。该账户借方用于记录验收入库的库存商品成本，贷方用于记录发出的库存商品成本。期末余额在借方，反映企业期末各种库存商品的实际成本。

4. "应付职工薪酬"账户

"应付职工薪酬"账户属于负债类账户。

该账户用以核算企业根据有关规定应付给职工的各种薪酬。该账户借方登记实际支付的职工薪酬，贷方登记计提的应付职工薪酬。期末余额在贷方，反映企业应付未付的职工薪酬。

5. "累计折旧"账户

"累计折旧"账户属于资产类科目。

该账户核算公司固定资产的累积折旧。该账户按借方发生额记录注销已提取的折旧额；贷方发生额记录计提的固定资产折旧，表示固定资产因耗损而减少的价值；期末贷方有余额，反映企业现有固定资产已提取的累计折旧额。

（二）账务处理

1. 材料费用的归集与分配

在确定原料价格时，对于发出材料的成本应借记"生产成本""制造费用""管理费用"等科目，并根据领料凭证区分车间、部门和不同用途后，根据确定结果贷记"原材料"等科目。

直接用于产品生产的材料成本应直接计入产品生产成本明细账中的直接材料费用项；对于为提供生产条件而间接消耗的各种材料费用（如水电费等），应先通过"制造成本"科目归集，然后在期末按一定标准分摊计入相关产品成本；行政部门收到的材料费用应记入"行政费用"账户。

【例题 3-16】 2021 年 4 月，东安公司为了总结生产经验，统计了过往几个月耗用材料情况。现将本月情况公示如下。

企业生产 A 产品共耗用材料价值 66 000 元，生产 B 产品耗用材料价值 34 000 元，车间一般耗用材料价值 4 000 元，行政管理部门耗用材料价值 6 000 元，共计 110 000 元。

要求：使用实际成本法对上述原材料发出业务进行账务处理。

2. 职工薪酬的归集与分配

1）职工薪酬概述

职工薪酬指公司为了得到员工提供的服务或解除劳务关系而给与不同类型的奖励或补贴，不仅包括员工工资等显性薪酬，也包括退休、社保、公职、补贴、教育、补助、年金等项目。

2）职工薪酬的分配依据

员工的薪酬分配应当以相应原始记录为依据。例如：计时工资基于员工的上班时间；计件工资基于员工所完成产品的数量与品质。

3）职工薪酬的账务处理

（1）因生产产品和提供服务而应承担的短期职工薪酬，计入产品成本或劳务成本。其中，生产工人的短期职工薪酬应借记"生产成本"科目，生产车间管理人员的职工薪酬属于间接费用，应借记"制造费用"科目，这两个借方科目在上述经济业务中都应贷记"应付职工薪酬"科目。

（2）在建工程和无形资产应当承担的职工薪酬，归集资产本身的建造成本。

（3）除上述两种情况外，其他短期职工薪酬计入当期损益。企业行政管理部门人员和特约销售机构销售人员的工资属于期间费用的，分别借记"管理费用"和"销售费用"科目，贷记"应付职工薪酬"科目。

【例题 3-17】 接**【例题 3-16】**，2021 年 4 月，因生产部门提前完成订单所需的数量，加之适逢法定假日的到来，东安公司决定提前发放工资，本月工资具体分配情况如下：生产 A 产品的工人工资为 15 000 元，生产 B 产品的工人工资为 12 000 元，车间管理人员工资为 2 000 元，共计 29 000 元。

要求：编制相关会计分录。

3. 制造费用的归集与分配

制造费用包括车间管理人员的薪酬、车间管理用房屋和设备的折旧费及水电费等。

企业发生制造费用时，借记"制造费用"科目，贷记"累计折旧""银行存款""应付职工薪酬"等科目；结转或分摊时，借记"生产成本"等科目，贷记"制造费用"科目。

4. 固定资产折旧

1）固定资产折旧概述

企业应当在固定资产的使用寿命内，系统地分摊折旧额。其中，应计折旧金额指将固定资产原值扣减其估计净残值后所需进行折旧的金额。对于已经计提了减值准备的固定资产，则需要扣缴其减值准备的累计金额。

2）固定资产折旧范围

除已提足折旧仍在使用的固定资产和单独计价入账的土地外，其他固定资产按月计提折旧。当企业实际计提当月新增固定资产时，从下月起开始计提折旧；本月减少的固定资产，本月仍计提折旧，下月不再计提折旧。提前报废及提足折旧的固定资产，不进行额外折旧。

3）固定资产的折旧方法

企业的固定资产采用的折旧方法不可任意选择，需依据不同固定资产的特性、生产计划的安排及管理制度的规定选择恰当的折旧方式，能够可靠地反映固定资产的实际价值。具体常用的折旧方法包括直线法、工作量法、双倍余额递减法和年限总和法。其中，双倍余额递减法和年限总和法属于加速折旧法。

（1）年限平均法。指把固定资产的应计折旧额均衡地分摊到固定资产实际使用期限内的一种方式，各月应计提折旧额的计算公式如下：

年固定资产折旧率 =（1- 预计净残值率）÷预计使用年限（年）；

月固定资产折旧率 = 年折旧率÷12；

月固定资产折旧额 = 固定资产原价 × 月折旧率。

【例题 3-18】 东安公司 2021 年 12 月 31 日购进了一台预计使用年限为 5 年的大型货车用于运输，价值 200 000 元，预计行驶里程 4 000 千米，使用第三年行驶里程 800 千米。预计净残值率为 10%。

要求：如果企业按照直线法对大型货车计提折旧，那么第三年企业应计提的折旧额为多少？

（2）工作量法。指企业按照实际工作量核算固定资产每期应计提折旧金额的一项办法。基本的计算公式如下：

单位工作量折旧额 =〔固定资产原值 ×（1- 预计净残值率）〕÷预计总工作量。

【例题 3-19】 接 **【例题 3-18】** 在其他条件不变的情况下，如果该企业使用工作量法对大型货车进行计提折旧。那么第三年应计提的折旧额应为多少？

（3）双倍余额递减法。指在不考虑固定资产估计净残值的情况下，按固定资产每期初原价减去累计折旧后的余额，乘以直线法的折旧率计算固定资产折旧的方法。折旧采用双倍余额递减法计提。固定资产账面净值扣减预计净残值后的差额，通常在企业使用期限届满前二年内平均分摊。基本计算公式如下：

年折旧率 =2×100%

年折旧额 = 每个折旧年度年初固定资产账面净值 × 年折旧率

月折旧额 = 年折旧额 ÷12

5. 完工产品生产成本的计算与结转

产品生产成本计算指根据成本计算对象，对企业生产过程中制造产品所发生的各种费用进行归集和分摊，从而计算出各种产品的总成本和单位成本。这些信息也是商品定价和确定销售成本的基础。

第六节 销售过程中业务的核算

扩展阅读 3.4

小知识

一、主营业务收支的核算

（一）收入的定义及其分类

收入指企业在日常活动中形成的，会导致股东权益增加的但又与股东投入资本无关的经济利益的流入。

（二）收入的确认与计量

1. 识别合同

1）收入确认的原则

当企业在履行合同中的履约义务时，即客户取得对相关商品的控制权时，确认收入。

2）收入确认的前提条件

当公司和顾客签订的协议同时具备以下条件的，公司在顾客实现对公司产品的所有权后确定收入，如图 3-1 所示。

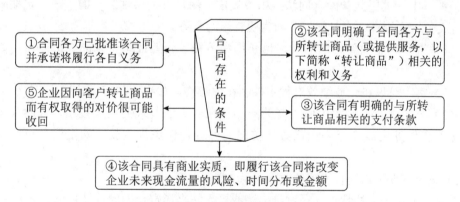

①合同各方已批准该合同并承诺将履行各自义务

②该合同明确了合同各方与所转让商品（或提供服务，以下简称"转让商品"）相关的权利和义务

⑤企业因向客户转让商品而有权取得的对价很可能收回

合同存在的条件

③该合同有明确的与所转让商品相关的支付条款

④该合同具有商业实质，即履行该合同将改变企业未来现金流量的风险、时间分布或金额

图 3-1 合同存在的条件

一旦条款约定的时间（一般为合同生效日期）符合图中的要求，则公司无须在其他时间对其再次判断，除非有信息说明有关事实和状态出现了重要改变。

合同内容在合同开始时不符合规定的，公司将需要对其进行持续的审计评估，并按规定要求做出会计处理。对不符合规定的合约，公司只能在不再负有向顾客转移货物的其他义务，以及从顾客那里获得的对价不要求退还时，方可把获得的对价确定为收入。除此以外，收取的对价可以只作为一种负债。

2. 识别单项履约义务

在合同生效日，公司对合同做出判断，确认合同所涉及的各项个人承担义务，并确认各项个人承担义务必须在某一时间段内或在某时间段点实现。最后，当完成了各个单独的履约义务后，可以单独确定收入。

履行合同的义务指公司向能清楚辨别的顾客转让商品的义务。履约义务不但包含在协议中所确定的约定，还包含了客户因企业所公开声明的政策、具体声明及过去的商业行为，而合理期望公司在协议签署时遵守的约定。

3. 确定交易价格

公司应当按分摊给各单项履行义务的交易价格计算所得税。

交易价格指公司为向市场转让产品所预计可以得到的对价总额。

公司代表第三方缴纳的数额和公司预期回报给客户的数额，应该作为资产入账，不能作为交易价格。

4. 分配交易价格

1）基本原则

若合约涉及二项或二项以上的履行义务，双方将于合约生效日，根据各单项履行义务约定的商品单独销量的相应份额分担交易费用。

2）单独售价

公司应当全面考量自身可以充分获取的各种关键数据，通过市场调整法、成本加成法、残值法等手段正确预测个别售价。

5. 履约义务的收入确认

企业应当根据实际情况判断履行义务是在一定期限内，还是在一定时间点内。

1）某一时段内履行的履约义务

根据《中华人民共和国合同法》相关规定，满足下列条件之一的，在一定期限内属于履行义务，否则在一定时间点判断为履行履约义务。

（1）客户在企业履约的同时，也获得和消费了企业业绩带来的经济效益，如日常服务。

（2）客户可以在企业绩效过程中控制在建货物，如在客户现场建造资产。

（3）公司在合作过程中所生产的商品存在着无法替代的巨大效用，因此公司有权对在全部合作期内或迄今为止已累计实现的部分合作进行收款，如根据客户要求建造资产。

2）在一定期限内履行义务的收入确认方法

企业要根据产品的特点，通过产出法或投入法来指定合理的业绩目标。

（1）产出法指公司按照转移给顾客的产品价值确定绩效时间的一种方式，包含了实际测量的完成时间、已达到的产品里程碑、时间进度等。

（2）投入法则是按照公司对完成履约义务的投资程度决定履约进度，主要包括输入材料的数量、人工时数、机器时数等。

3）某一时点履行的履约义务

对于在某一时点履行的履约义务，企业应当在客户取得相关商品控制权时确认收入。在判断客户是否获得商品控制权时，企业应当考虑以下情况。

（1）企业拥有收到商品付款的现时权利，即客户对商品负有现时付款义务。

（2）企业已将商品的合法所有权转移给客户，即客户已拥有商品的合法所有权。

（3）企业已将实物转让给客户，即客户已拥有实物。

（4）已把产品所有者的主要风险和报酬全部转让给客户，则客户就已取得了产品所有者的大部分风险和报酬。

（5）客户已接受产品。

（6）表明客户已获得货物控制权的其他标志。

6. 合同成本

1）合同履约成本

它指企业因合同所产生的不属于其他企业会计准则规定的成本费用，同时符合以下要求的，企业应当将其作为资产确认为合同履行成本：

（1）成本与当前的预期合同内容直接有关，如人工费用、直接材料费用、制造费用（或类似费用）、由客户明确支付的成本费用，和仅因合约内容而发生的其他成本费用；

（2）这一成本增加了企业未来履行其履约义务所需的资源；

（3）该成本预期可以收回。

2）合同取得成本

企业因获取合同所产生的增加投入预计可以回收的，可作为其拥有的资产确认为合同的取得成本。但除预计可收回的增量支出以外，公司因取得合同内容所产生的其他费用(差旅费等)在发生后列入了当期损益，但已明确由公司个人负担的除外。

3）摊销和减值

已确认资产的合同履行成本和合同取得成本，在与该资产相关的商品收入确认的基础上摊销，并列入当期损益。假设下列二项之中的差额小于合同履行成本，或者合同取得成本的账面价值超过了。那么超过其差额的部分企业应当对其进行计提减值准备，并同时确定为资产减值损失：① 企业预期从与资产相关的商品转让中获得的剩余对价；② 转让相关货物的估计成本。

扩展阅读 3.5

市场调整法

（三）账户设置

公司内部通常设有以下账户，对销售业务进行核算。

1. "主营业务收入" 账户

"主营业务收入"账户属于损益类账户。

通过设定该账户，对企业所确定的主要经营业务取得的收入进行核算，比如，通过出售商品或服务获得的总收入等。本账户的贷方记录了企业实际实现的主要经营业务产生的收入，即主营业务收入的增加；借款人的主要经营业务收入在注册期末转到"本年利润"账户中（以净额结转），并在进行产品销售退货或商品销售优惠后冲减当期取得的收入。本账户期末没有余额。

2. "应收账款" 账户

"应收账款"账户属于资产类的账户。

企业通过建立本账户，当企业发生出售商品、提供劳务等营业行为产生应收取的款项时，通过该账户进行核算。账户借方记录因企业出售商品或提供劳务形成的应收账款，其中具体包含：应收的商品或劳务的价格、因出售行为产生的相关税费及客户提前支付的预付款；贷方记录了已经收回的账款。期末余额一般在借方，反映企业还没有收回的账款；如果期末余额记入贷方，则体现企业已预收的账款。

3. "应收票据"账户

"应收票据"账户属于资产类账户。

企业将通过设置该账户，对企业因开展业务活动销售产品、服务等一系列涉及收取商业汇票的业务进行具体的会计核算。该账户借方发生额记录了企业收到的应收票据，而贷方则记录了到期应当收回的应收票据；期末余额则在借方，以表示该企业持有的商业汇票的票面金额。

4. "预收账款"账户

"预收账款"账户属于负债类账户。

该账户用于核算企业根据合同条款预收的款项。如在企业实际的业务往来中预收账款情况不多的，或者企业规定不存在预收行为的，也可以不设立本账户，而是可以把全部预收的款项金额全部记入"应收账款"账户的贷方。该账户贷方记录了企业向购货单位预收的款项等，借方记录商品销售后实现后企业按取得的收入及转销的预收款项等。本科目的期末余额如果是在贷方，则代表了企业实际预收的款项；期末余额如果是在借方，那么就代表着企业已转销但尚未收取的款项。

5. "主营业务成本"账户

"主营业务成本"账户属于损益类账户。

本账户用于核算公司获得出售货物、提供服务等主营业务收入后应结转的相关成本。该账户的借方登记主营业务的实际成本，贷方登记期末转入"本年利润"账户的主营业务成本，以及发生销售退回抵扣的当前主营业务成本。期末结转后，该账户无余额。

6. "税金及附加"账户

"税金及附加"账户属于损益类账户。

企业通过建立该账户对企业经营中产生的所有税金进行会计核算。比如，城市维护建设税、教育费附加税等。本账户借方发生额记录企业依法核算确认的与营业活动相关的税金，贷方记录期末转入到"本年利润"账户的与营业活动相关的税金。期末结转后，该账户没有余额。

7. "合同取得成本"账户

"合同取得成本"属于资产类账户。

公司通过设置该账户对公司获取合约产生的、预计可以回收的增量成本费用进行会计核算。本账户中的借方记录了发生的合同取得成本，贷方记录了摊销的合同取得成本。期末余额在借方，如有余额则代表着企业未结转的合同取得成本。

8. "合同履约成本"账户

"合同履约成本"属于资产类账户。

本账户用以核算企业因履行当前或预期合同而发生的成本，如这些成本不属于其他企业会计准则的范畴内，可以根据收入准则的要求将它们确认为资产。该账户由借方记录产生的合同履约成本，由贷方记录因摊销产生的合同取得成本。期末余额如果在借方，则代表着企业尚未结转的合同履约成本。

（四）账务处理

1. 一般销售收入的会计处理

销售产品或提供服务获得的收入，按实际收到、应收或预收的金额借记"银行存款""应收账款""应收票据""预付账款"等科目，按确定的营业收入在贷方登记"主营业务收入"科目。

对于企业收入业务产生的相关增值税，一般纳税人应贷记"应交税费–应交增值税（销项税）"科目；小规模纳税人则无须标明销项税，只需照常登记即可。

期末（月），企业根据当期（月）销售各类产品和提供各类劳务的实际情况，计算应结转的主营业务成本，借记"主营业务成本"，贷记"库存商品"。

【例题 3-20】东安公司为增值税一般纳税人，于 2022 年 5 月 20 日向北旺公司销售了一批新型产品，该批产品所提供的增值税专用发票上标明的售价为 500 000 元，增值税为 53 000 元，虽然货款还没有收回，但是因为已经达到了收入的确定要求，所以已经被确定为收入。该批产品的成本为 370 000 元，不考虑其他因素。

要求：对东安公司与以上业务相关的业务进行账务处理。

2. 已交货但无法确认收入的会计处理

企业根据合同发货。如果合同规定客户只有在货物售出并获得价格后才能付款，则企业在进行产品销售时不应确认收入，但应按照销售发出商品的成本借记"发出商品"，贷记"库存商品"。如已发出的商品被客户退回，应编制相反的会计分录。

当企业收到货款或取得收款权利时，应当根据收入的具体确认金额，借记"银行存款""应收账款"等，贷记"主营业务收入"及"应交税费–应交增值税（销项税额）"。如果企业想要对已完成商品核销的业务进行成本结转，需要借记"主营业务成本"，贷记"发出商品"。

3. 税金及附加的账务处理

期（月）末，对企业内依法核算并确认与营业活动有关的税金，应当借记"税金及附加"，贷记"应交税费"。

【例题 3-21】下列选项中，不属于"税金及附加"项目反映的是（　　）。

A. 城市维护建设税　　　　　　　　B. 消费税

C. 资源税　　　　　　　　　　　　D. 增值税

二、其他业务收支的核算

（一）其他业务收支概述

1. 其他业务收入

在日常活动中，除了销售主要产品外，企业还可能销售不必要的原材料、与商品分开定价的包装等。收入的确认和计量原则与一般商品销售的原则进行了比较。

2. 其他业务支出

其他业务支出指企业承担的除主营业务之外的其他日常经营活动产生的费用。

（二）收入确认和计量原则

企业的销售原料、包装物及其他存货也被当作销售产品，收入的确认和计量原则与一般商品的销售进行比较。

（三）账户设置

1. "其他业务收入"账户

"其他业务收入"账户属于损益类账户。

通过设立该账户，对企业在除主营业务活动以外的其余营业活动中取得的收入予以会计核算。如企业固定资产租赁所产生的收入、仓储和服务产品租赁取得的收入等。本账户的贷方记录着企业取得的其他业务收入；借方登记其他业务的销售退换，用以抵扣借方实际取得的收入。期末借方余额转入"当年利润"科目。在期末结转时，本账户内将不存在余额。

2. "其他业务成本"账户

"其他业务成本"账户属于损益类账户。

企业通过建立本账户对企业除主要营业活动以外确认的其他营业活动的成本费用进行核算。如出售材料的成本、租赁包装的成本等。该账户借方记录了其他业务产生的成本，贷方登记账户的其他业务成本，以及销售退回而冲减的其他业务成本，期末结转将本账户贷方余额转入"本年利润"。之后，该账户无余额。

（四）账务处理

1. 其他业务收入的账务处理

当企业发生其他业务收入时，已收到或应收款项的具体金额根据不同的结算方式分别借记"银行存款""应收账款"等科目，按确定的收入金额，贷记"其他业务收入"科目，并同时确认相关税费。

在确认销售商品收入的金额时，应注意下列因素。

（1）现金折扣，是公司为了及时收回流动资金，对顾客提前支付行为给予的一项优惠政策。在确认已售出产品收入时不考虑预期中可能产生的现金折扣，因为现金折扣在实际产生时会将其作为财务费用。

【例题3-22】东安公司对外销售了100万元的产品，在签订合同时与对方约定30天内完成收款，为了更早的回笼资金，公司决定为鼓励客户提前付款，同时设置了相应的现金折扣规则（2/10，1/20，n/30），即：客户如果在10天内还款，可以享受2%折扣，只需付款98万元，折扣的2万元就是财务费用；客户如果在20天内付款只需付款99万元，折扣的1万元是财务费用；如超过20天付款没有折扣，要付全款。

（2）销售折让，是企业由于质量的问题，而给顾客在售价方面让利。对于已经确定产品收入的，但不构成资产负债表日后项目的产品销售折让，应于实际产生时冲减本期所得收入。

【例题3-23】东安公司销售商品100万元给客户，因客户发现商品有瑕疵，于是同意给予价格折让5万元，企业按照实际收客户的95万元确认收入。

（3）商业折扣，指公司针对市场供求状况，或面向不同的消费者，在价格上予以的扣除。所以，在商品打折的情形下企业售出产品获得的收入的数额当为扣除商品打折后的数额。

【例题3-24】东安公司为了促销而打折。平时卖10元/件的商品促销只卖8元/件，此时按照8元/件确认收入。

2.其他业务成本的账务处理

在结转其他业务收入的同时，企业应根据当期应当结转的其他业务成本金额，借记"其他业务成本"科目，贷记"原材料"和"应付职工薪酬"科目。

【例题3-25】东安公司为增值税一般纳税人，于2021年4月30日进行仓库盘点时发现一批闲置材料，同日将这批材料作价50 000元完成对外销售。本次交易所适用的增值税税率为13%，交易活动取得的相关收入均通过银行存款的方式进行结算。此外，该批闲置材料的成本为30 000元。不考虑其他因素。

要求：对以上业务进行相关的账务处理。

【答案及解析】

借：银行存款 56 500元
  贷：其他业务收入 50 000元
    应交税费——应交增值税（销项税额） 6 500（50 000×13%）元
借：其他业务成本 30 000元
  贷：原材料 30 000元

三、期间费用的核算

（一）期间费用概述

期间费用指企业为组织和管理企业生产运营所产生的各种费用。具体分为以下几种。

1.管理费用

管理费用指企业为进行管理和调节生产活动而支付的各项成本费用，主要包括企业行政管理部门在企业的经营管理中发生的各项费用。例如，行政管理部门的职工薪酬、差旅费、企业的法律咨询服务费、行政诉讼费等。

2.销售费用

销售费用指企业出售商品、材料，以及提供服务的过程中所发生的各种费用。具体分为应由企业承担的保险费、包装物成本、广告支出、运输成本等。若存在出售本企业商品所专设的营销场所(含营销站点、售后服务站点等)，则该营销场所的人员工资、固定资产折旧和服务场所相应的固定资产维护费用等均构成销售费用。

3.财务费用

财务费用指企业为筹措产品运营所需经费等所产生的筹资费用，一般包括利息支出（减利息收入）、汇兑损益及其相关的手续费等。

（二）账户设置

企业通常会设有以下账户，对期间费用业务进行会计核算。

1. "管理费用"账户

"管理费用"账户属于损益类账户。

该账户用于核算公司为管理和控制公司的运作而支出的管理费用。该账户借方记录各项经营管理产生的费用，贷方登记期末转入"本年利润"账户的管理费用。期末结转时，该账户没有余额。

2. "销售费用"账户

"销售费用"账户属于损益类账户。

该账户核算企业产生的各种销售费用。该账户借方记录所有产品的销售费用，贷方登记期末转入"本年利润"账户下的销售费用。期末结转后，该账户无余额。

3. 财务费用

本部分已经在"债务融资业务"中进行过讲解，此处不赘述。

（三）账务处理

1. 管理费用的账务处理

企业在筹建时期内产生的开办费，其中行政管理的工资、办公费、差旅费等在实际产生时，都需要借记"管理费用"科目，根据具体的业务贷记"应付职工薪酬""银行存款"等科目。

【例题3-26】2022年4月，东安公司对本月发生的业务招待费进行结算。全部金额通过银行存款转账的方式支付给对方4 000元。

要求：编制相关会计分录。

2. 销售费用的账务处理

企业在出售货物活动中产生的包装物成本、保险费、广告支出、运输成本、包装成本费用等。借记"销售费用"科目，贷方则根据具体结算时选择的付款方式，贷记"银行存款"等科目。

企业经营产生的，为推销本公司产品而专设的营销机构的员工工资、相关业务产生的费用、相应设备的折旧费等。借记"销售费用"科目，贷方需要结合具体发生的经济业务，贷记"应付职工薪酬""银行存款""累计折旧"等科目。

【例题3-27】2022年4月，东安公司开出转账支票支付当月广告费8 000元。

要求：编制相关会计分录。

3. 财务费用的账务处理

企业发生的财务费用，借记"财务费用"科目，贷记"银行存款""应付利息"等科目。如果应冲减财务费用的利息收入、汇兑损益、现金折扣等情况，需做相关的账务处理。

【例题3-28】2022年4月，东安公司对当月应负担的短期借款利息进行计提，本次利息计提共400元。要求：编制相关会计分录。

第七节　利润的形成与分配业务的核算

本节学习导语：正所谓"宝剑锋从磨砺出，梅花香自苦寒来"，在经历了前期流程的准备与努力后，企业终于完成了现金转换周期的最后一个流程，即利润形成与分配。这意味着企业可以完成一个生产周期，并可带着所获得的收益不断壮大自己的实力。

一、利润形成业务的核算

（一）利润的构成

利润指经营个体在特定会计时期的经营结果，包含收入减去费用后的净额，以及能够直接计入当期盈亏的利得或经济损失等。按照利润所处的不同层次，可划分为营业利润、利润总额和净利润。

1. 营业利润

营业利润的计算公式：营业利润＝营业收入－营业成本－税金及附加－销售费用－管理费用－财务费用－研发费用－资产减值损失－信用减值损失＋公允价值变动收益（－公允价值变动损失）＋投资收益（－投资损失）＋资产处置收益（－资产处置损失）。

其中：营业收入＝主营业务收入＋其他业务收入

营业成本＝主营业务成本＋其他业务成本

2. 利润总额

利润总额，又称税前利润，是营业利润加上营业外收入减去营业外支出后的金额，其计算公式如下

利润总额＝营业利润＋营业外收入－营业外支出

其中：

营业外收入，指经公司所确认的与其日常活动无直接关联的各种利得。

营业外支出，指公司所出现的与其日常经营并无直接关联的各种费用。

3. 净利润

净利润，又称税后利润。顾名思义，就是将企业的利润总额扣除掉所得税费用之后的金额，因此，净利润的计算公式如下

净利润＝利润总额－所得税费用

【例题 3-29】东安公司的近期财务资料如表 3.2 所示，且公司所适用所得税税率为 25%（不考虑纳税调整）。

表 3.2　东安公司 2022 年 4 月份有关损益类项目资料　　　　单位：元

项目	金额	项目	金额
主营业务收入	1 630 000	管理费用	70 000
其他业务收入	70 000	财务费用	34 000
主营业务成本	970 000	销售费用	40 000
其他业务成本	30 000	资产减值损失	5 000
税金及附加	20 000	公允价值变动收益	40 000
营业外收入	50 000	投资收益	15 000
营业外支出	20 000		

要求：根据以上资料，回答第（1）～（5）题。

（1）4 月份的营业收入为（　　）元。

A. 1 700 000　　　　B. 540 000　　　　C. 580 000　　　　D. 1 490 000

（2）4月份的期间费用总额为（　　）元。

A. 160 000　　　　B. 144 000　　　　C. 122 000　　　　D. 180 000

（3）4月份的营业利润为（　　）元。

A. 493 000　　　　B. 586 000　　　　C. 356 750　　　　D. 571 000

（4）4月份的利润总额为（　　）元。

A. 616 000　　　　B. 586 000　　　　C. 356 750　　　　D. 601 000

（5）4月份的净利润为（　　）元。

A. 493 000　　　　B. 400 000　　　　C. 462 000　　　　D. 450 750

（二）账户设置

公司在进行收益形成后的会计核算时，除通过"主营业务收入""其他业务收入""税金及附加"等账户及期间费用类账户外，企业通常还可能要用到以下账户。

1. "投资收益"账户

"投资收益"账户属于损益类账户。该账户主要用于核算从企业获得的投资收益及损失。本账户通过贷方记录了取得的投资收益，以及期末转入"本年利润"账户的投资净损失；借方记录了产生的投资损失和期末转入"本年利润"账户的投资净收益，该账户期末结转后没有余额。

2. "资产减值损失"账户

"资产减值损失"账户属于损益类账户。本账户主要用于处理企业在计提各类资产减值准备后所产生的损失。企业计提各种减值准备时，应借记"资产减值损失"，贷记"存货跌价准备""固定资产减值准备"等；企业在进行计提存货跌价准备之后，其价值又有所回升的，则应在原已进行计提的减值准备金额内，按恢复增加的金额，借记"存货跌价准备"，贷记"资产减值损失"。

对于相应减值预提项目已进行过实际减值后，而且相应的价格又有所恢复的，则不得结转为已计提的减值预备。期末应将"资产减值损失"账户余额转入"本年利润"账户，结转后本账户应无余额。

3. "营业外收入"账户

"营业外收入"账户属于损益类账户。该账户主要用于会计核算公司营业业务外收入的获得和结转等情形。本账户的贷方用来记录企业确认的营业外收入；借方则记录了期末将"营业外收入"科目余额转入"本年利润"科目的营业外收入。期末结转后，该账户无余额。

4. "营业外支出"账户

"营业外支出"账户，属于损益类账户。该账户主要用于核算企业营业外的相关费用支出的产生和结转等情况。本账户根据借方发生额记录确认的营业外支出；贷方则记录期末将"营业外支出"科目余额转入"本年利润"科目的营业外支出。期末结转后，该账户无余额。

5. "本年利润"账户

"本年利润"账户，属于所有者权益类账户。该账户用以核算企业当期实现的净利润（或发生的净亏损）。企业期（月）末结转利润时，应将各损益类账户的金额转入该账户，结平各损益类账户。

该账户的贷方登记企业期末(月)转移的主营业务收入、其他业务收入、营业外收入和投资收入；借方登记企业期末(月)转入的主要经营成本、其他经营成本、管理费用、财务费用、销售费用、营业外支出、投资损失和所得税费用。

上述结转完成后：如果账户余额在贷方，则为当期实现的净利润；如果账户余额在借方，则为当期发生的净损失。年末将本年度实现的净利润(或净亏损)转入"利润分配-未分配利润"科目的贷记(或借记)，结转后该科目应无余额。

6."所得税费用"账户

"所得税费用"账户属于损益类账户。该账户用以核算企业确认的应从当期利润总额中扣除的所得税费用。该账户借方登记企业应计入当期损益的所得税税额；贷方登记企业期末转入"本年利润"账户的所得税税额。期末结转后，该账户应无余额。

二、利润分配业务的核算

利润分配指企业根据有关法规和企业规章制度、投资者协议等，对企业当年可供分配的利润进行的分配。

扩展阅读 3.6

应交所得税

（一）利润分配的顺序

按照《中华人民共和国企业法》的有关规定，利润分配应按如下顺序进行。

1. 计算可供分配的利润

企业在利润分配前，应根据本年净利润（或净亏损）与年初未分配利润（或未弥补亏损）、其他转入的金额（如盈余公积弥补亏损）等项目，计算可供分配的利润，即可供分配的利润 = 当年实现的净利润（或净亏损）+ 年初未分配利润（或年初未弥补亏损）+ 其他转入。

2. 提取法定盈余公积

按照《中华人民共和国企业法》的有关规定，企业应按照当年净利润（抵减年初累计亏损后）的 10% 提取，提取的法定盈余公积累计额达到注册资本的 50% 时，可不再提取。

3. 提取任意盈余公积

企业提取法定盈余公积后，经股东大会决议，还可以从净利润中提取任意盈余公积。

4. 向投资者分配利润（或股利）

企业将可供分配的利润扣除提取的盈余公积后，形成可供投资者分配的利润，即可供投资者分配的利润 = 可供分配的利润 - 提取的盈余公积。

（二）账户设置

公司通常设置下列账户，对利润分配业务实施会计核算。

1."利润分配"账户

"利润分配"账户属于所有者权益类账户。本账户主要用于核算企业利润的分配（或亏损的弥补）和历年分配（或弥补）后的金额。

该科目的借方记录实际分配的利润，包括提取的盈余公积和分配给投资者的利润，以及年末从"当年利润"科目转出的全年净亏损；年末从"当年利润"账户转入贷方登记的盈余准备弥补亏损的金额和全年实现的净利润等其他转移事项。

年末,"利润分配"科目下的其他明细科目余额划入"未分配利润"明细科目。结转后,除"未分配利润"明细科目可能有余额外,其他所有明细科目都没有余额。"未分配利润"子账户的贷方余额为历年累积的未分配利润(即以后各年度分配的利润),借方余额为历年累积的未收回亏损(即以后各年度待弥补的亏损)。

2. "盈余公积"账户

"盈余公积"账户属于所有者权益类账户。本账户用于反映和监督盈余公积的产生和运用状况。该账户贷方登记按规定提取的盈余公积数额,借方登记用盈余公积弥补亏损和转增资本的实际数额。期末余额在贷方,反映企业结余的盈余公积。

3. "应付股利"账户

"应付股利"账户属于负债类账户。该账户用于核算公司分派的现金股利及利润。该账户贷方登记应付给投资者的股利或利润,即应付股利的增加额;借方登记实际支付给投资者的股利或利润,即应付股利的减少额。期末余额在贷方,反映企业应付未付的现金股利或利润。

(三)账务处理

企业未分配利润的计算,应按一定的顺序进行。按照《中华人民共和国企业法》的有关规定,未分配利润的计算步骤及相关账务处理,应按如下顺序进行。

1. 净利润转入利润分配

期末,企业应将当年实现的净利润转入"利润分配——未分配利润"科目,即借记"本年利润"科目,贷记"利润分配——未分配利润"科目,如为净亏损,则做相反会计分录。结转前,如果"利润分配——未分配利润"明细科目的余额在借方,上述结转当年所实现净利润的分录同时反映了当年实现的净利润自动弥补以前年度亏损的情况。因此,在用当年实现的净利润弥补以前年度亏损时,不需另行编制会计分录。

2. 提取盈余公积

企业提取的法定盈余公积,借记"利润分配——提取法定盈余公积"科目,贷记"盈余公积——法定盈余公积"科目;提取的任意盈余公积,借记"利润分配——提取任意盈余公积"科目,贷记"盈余公积——任意盈余公积"科目。

3. 向投资者分配利润或股利

企业根据股东大会或类似机构审议批准的利润分配方案,按应支付的现金股利或利润,借记"利润分配——应付现金股利或利润"科目,贷记"应付股利"等科目;对于股票股利,应在成功办理增资手续后,按转作股本的金额,借记"利润分配——转作股本的股利"科目,贷记"股本"等科目。董事会或类似机构通过利润分配方案中拟分配的现金股利或利润,不做账务处理,但应在附注中披露。

4. 盈余公积补亏

企业发生的亏损,除用当年实现的净利润弥补外,还可用累积的盈余公积弥补。借记"盈余公积"科目,贷记"利润分配——盈余公积补亏"科目。

5. 企业未分配利润的形成

年度终了,企业应将"利润分配"科目所属其他明细科目的余额转入该科目"未分配利润"明细科目,结转盈余公积补亏,借记"利润分配——盈余公积补亏"科目,贷记"利润分配——未分配利润"科目;结转已分配的利润,借记"利润分配——未分配利润"科目,贷记"利润分配——提取法定盈余公积""利润分配——提取任意盈余公积""利润分配——应付现金股利或利润"等科目。

结转后,"利润分配"科目中除"未分配利润"明细科目外,所属其他明细科目无余额。"未分配利润"明细科目的贷方余额表示累积未分配的利润,该科目如果出现借方余额,则表示累积未弥补的亏损。

扩展阅读 3.7

利润

【思考题】

1. 产品制造业企业生产经营过程的主要内容有哪些?

2. 什么是财务会计报告?它由哪些内容构成?

3. 如何可以在企业的经营报表的附注中快速获得想要拥有的财务信息?

参 考 文 献

[1] 中华人民共和国财政部 . 企业会计准则 [M]. 北京：经济科学出版社，2019.

[2] 侯克兴 . 基础会计 [M]. 北京：机械工业出版社，2021.

案例分析

康得新财务
造假事件

即测即评

习题答案

第四章　财务分析

学习目标

1. 了解沙盘竞赛中财务分析的意义、目的、内容和方法；
2. 了解沙盘竞赛中针对财务报告的关注重点和分析技巧；
3. 掌握比率分析法，能够对沙盘竞赛中企业的偿债能力、营运能力和赢利能力等进行分析和评价；
4. 掌握根据财务指标推进沙盘竞赛中财务决策和经营决策的能力。

有的企业在创立之初，就开始进行大量的贷款用于产能的扩张，并通过产品开发、争夺市场领先地位，获取大量的销售订单，从而迅速扩大所有者权益的规模；有的企业在第一年默默无闻，维持自己的权益规模，等中期其他企业出现融资困难，在激烈的市场竞争中两败俱伤时，这类企业通过获取融资、开发产品，从而杀出重围。在财务分析和财务决策中：管理者不可安于现状，应勇往直前勇攀高峰；更不可轻言放弃，应不懈努力不惧问题。没有最好的决策，只有合适的分析带来合适的决策。

在沙盘竞赛中，各个学生小组以企业为单元在商品同质且完全竞争的市场上进行生产经营。在这一生产经营过程中，恰当地进行财务报告解读是进行企业未来生产经营决策的关键，财务分析即扮演了这一角色。企业财务报告作为财务分析的主要对象，本质是通过相关会计科目和类别的分类方法，专业性、概括性地列示企业财务状况、经营成果和现金流量。财务报告一般以会计科目和数据的形式呈现，不具备充分的信息性和决策有用性，因此应用适当的财务分析方法对相关的会计数据进行处理和分析在沙盘竞赛中是必要的能力，是有效进行企业评价、风险评估、经营决策和战略实施的有力手段，是提高沙盘竞赛中各方面的决策质量及竞赛本身的竞技性的重要环节。

第一节　财务分析方法

古典管理理论的杰出代表亨利·法约尔（Henri Fayol）提到：能够经常注意企业财务情况是成功企业的基本条件之一。与此类似，实时掌握企业的财务状况是沙盘竞赛中经营好一家公司的重要前提，而熟练运用恰当的财务分析方法对了解企业财务状况会起到事半功倍的效果。

从概念上来看，**财务分析 (financial analysis)** 指以企业的财务报表数据为基础，通过对企业所提供的会计核算资料进行加工整理，得出一系列具有针对性的、系统的财务指标，针对这些财务指标进行比较、分析和评价从而帮助企业的管理层择优进行经营决策的一种手段。在现实生活中，企业的日常核算资料（如各类账簿）和财务报表（如季报、年报）是财务分析的主要分析对象。其中，企业的财务报表是企业向政府部门、投资者、债权人等利益相关者，即与经营企业有利害关系的组织或个人提供的一种书面文件，其能够全面地反映本企业在会计年度内的财务状况、经营成果、现金流量及可能会影响企业未来经营发展状况的重要经济事件。同样地，企业提供财务报表的目的也是为报告使用者提供会影响企业经营决策的相关财务信息，为管理层的财务分析、风险识别和经济决策提供充足的依据。在现实生活中，企业的财务报表信息主要包括资产负债表、利润表、所有者权益变动表、现金流量表和财务报表附注，这些财会信息系统概括并反映了企业的财务状况、经营成果和现金流量状况等企业信息。当对其进行财务分析后，可以更加集中地揭示企业的偿债能力、营运能力、盈利能力、发展能力等财务状况。

沙盘竞赛中的财务分析与现实生活中的财务分析没有本质上的差别，但仍存在不同。应用与现实生活中类似的原理和方法，在沙盘竞赛中，财务分析主要将经营企业的资产负债表、综合费用表、利润表和现金流量表作为基础资料，这些报表因为竞赛规则的简单化而在现实财务报表的基础上进行了相关内容的删减，针对这些报表通过使用适当的财务分析方法可以帮助企业管理者分析企业财务状况、统计企业经营成果并监控企业现金流量。比率分析法和比较分析法是在沙盘竞赛中主要使用的财务分析方法。

一、比率分析法

比率分析法是通过使用一系列既定的财务比率，将企业同一季度或同一年度等相同会计时期的财务报表中相关项目进行对比，由此来揭示企业财务状况、经营成果和现金流量并确定企业经营活动和经营风险的分析方法。比率分析法的优点是：①该方法能够将某些条件下不具备可比性的指标，通过比值的方式消除不同的企业规模或不同的资本结构等企业特性的影响，以相对数的形式将复杂的信息简单化、增加指标数据的可比性，从而利于信息使用者的分析和比较；②该方法利用了每个季度内企业财报上各有关项目间的相关性，在原有报表数据的基础上产生了更多对决策有用的新信息，令信息使用者的相关分析更加系统、多元和全面。比率分析法中采用的具体财务比率将在本章第五节至第八节详细介绍。依据财务比率衡量的内容和形式可以将比率划分为结构比率、效率比率和相关比率三类。

1. 结构比率

结构比率也称为构成比率，是通过计算财务报表中的各科目占其所属类别总体的比重或判定某一类别总体的结构，从而反映某项财务指标的各个组成部分与总体之间关系的一种财务比率，如流动资产对企业资产总额的占比、净利润对企业营业收入的占比等。结构比率的关键在于解释某一类别的财务科目的构成比重为何或其结构为何的问题，可用于衡量同一报表内各项目结构的合理性，揭示各项目的相对重要程度。

2. 效率比率

效率比率是揭示企业经营活动中投入与产出关系的财务比率，如销售净利率、资产周转率等。利用效率比率可以帮助企业管理者探究企业投资活动、筹资活动和经营活动带来经济效益的程度，在沙盘竞赛中，尤其是在赢利能力和营运能力这两种财务能力上会着重使用效率比率类的指标进行衡量和评价。

3. 相关比率

相关比率是通过计算企业经营活动中某两个相关科目比值而获得反映各项经营活动之间的相互关系的财务比率，譬如资产负债率、流动比率等。企业的管理者可以通过相关比率类指标的计算和考察，探究流动负债和负债总额的相对规模、分析评价模拟企业的财务状况和财务风险，通常会在衡量企业偿债能力时使用。

二、比较分析法

比较分析法是通过比较相同的会计科目在企业不同季度或不同会计年度下的数据，从而挖掘规律性的现象或发现企业可能存在财务数据极具差异性变动情形的一种分析法。用于比较的可以是绝对数，譬如企业管理者将模拟企业相邻连续几期财务报表的数据进行比较，通过挖掘财务报表中各个科目的增减变动额和增减变动率发掘企业财务数据的异常项或警示项，继而选定这些科目进行变化原因的分析，判断异常变动科目的合理性和对企业经营状况的影响，不仅能够辨别某一期间内企业财务数据的变动情况，同时还可以按照数据曲线的发展走势简单预计企业财务状况在未来几期的延展趋势；比较分析法比较的也可以是相对数，比如将企业财务比率和其他企业进行比较，分析差异或差距从而帮助企业进行决策。使用比较分析法时其主要作用在于揭示财务指标间存在的客观差距，以此为企业管理者的进一步分析和决策指明方向。在比较时，一般情况下，选择去比较的财务报表期数越多或比较的对象数量越多，比较分析的结果可靠性越强。其中比较的标准既可以是企业过去季度或过去年度的历史数据，也可以是企业提前制定的目标数据或行业平均水平。相似地，在沙盘竞赛中，常用的比较标准也可以分为历史标准、预期标准和行业标准。

1. 历史标准

历史标准通常指在过去的时期已经发生的而成为历史数据的一种比较标准。它反映模拟企业在过去期间其财务分析指标的实际水平，其中过去期间的财务分析指标可以是上期指标、过往季度同期指标或历史上任意时期的指标。将企业财务分析指标与历史标准进行比较，可以对分析指标的变动情况、发展方向和未来延展趋势进行比较和评价。

2. 预期标准

预期标准指模拟企业预先确定好的一个目标标准，通常情况下可以根据模拟企业各相关部门所对应的职责、企业整体制定的经营计划，以及企业整体制作的经营预算加以确定，它反映了企业财务分析指标的预计水平和目标水平。通过企业财务分析指标和预期标准之间的比较，企业管理者可以对模拟企业的计划完成情况和预算完成情况进行评价，其评价结果可以作为衡量模拟企业在当期是否达成既定目标的重要依据。

3. 行业标准

行业标准指将模拟企业所在行业的各类财务指标的平均值或行业中龙头企业的财务指标数值作为比较标准，反映财务分析指标对于模拟企业所在行业的行业水平。由于企业的财务指标大多受到行业特征的影响，不同行业下的企业很难将其财务数据进行直接的比较而不获得错误的结论，行业标准在比较分析法中已经被广泛应用。具体而言，行业标准既可以是该行业平均水平，也可以是该行业龙头企业所代表的先进水平，还可以是模拟企业所对标的主要竞争对手的标杆水平。通过企业财务分析指标与行业标准的比较，企业管理者可以对模拟企业在行业中的地位和相对竞争优势或劣势进行识别，找出模拟企业与行业龙头企业或主要竞争对手之间的差距，为企业后续的决策指明方向。

第二节　资产负债表分析

资产负债表是对模拟企业进行财务分析的一张重要财务报表。由于模拟企业经营内容和经营环境的简单性，在沙盘竞赛中，传统的资产负债表被进行了简化，但对其进行恰当的分析后仍然能够清晰地获得模拟企业财务状况方面的信息，譬如企业获取资金的方式、企业投资的资产结构、企业的负债水平和财务风险等，这些信息能够帮助企业的利益相关者进行更优的决策。

一、资产负债表分析的作用

1. 有助于分析和评价模拟企业的偿债能力

模拟企业的短期偿债能力和长期偿债能力均可以通过资产负债表进行判断。譬如在流动资产规模与流动负债规模之间进行比较分析是在进行短期偿债能力的衡量，在企业总资产规模和总负债规模之间进行比较或关注企业的资本结构是在进行企业长期偿债能力的分析。另外，从资产负债表的结构来看，表中所列示的资产和负债都是按照流动性从高到低、由上至下排列的，其关键作用就是可以令企业的偿债能力和财务风险一目了然，便于企业管理者进行分析和决策。

2. 有助于分析和评价模拟企业的营运能力和赢利能力

通过对模拟企业的资产负债表和利润表进行比较，可以帮助企业管理者评价该企业的营运能力和盈利能力。一方面，资产负债表中的所有者权益是企业开展经营活动的"本钱"的来源，而资产是企业开展经营活动时必要的长短期投资，代表钱的去向；另一方面，在利润表中，营业收入体现企业开展经营活动所实现的交易收入规模，各类利润则体现企业开展经营活动所取得的经营成果。企业管理者通过对资产负债表与利润表中相关项目的比较，能够帮助企业管理者对模拟企业各种资产的利用效率和企业的资产赢利能力及资本盈利能力做出分析和评价。

3. 有助于分析和评价模拟企业的财务状况质量和未来发展趋势

上述资产负债表揭示的信息是使用了传统的财务分析框架并利用常规的财务指标分析而来（见本章第五至第八节），而本书在此基础上借鉴张新民教授关于资产质量、资本质量、利润质量及现金流量质量这一系列关于企业财报质量的衡量方法，能够从整体的角度对企业的财务状况质量进行分析评价。其中财务状况指模拟企业从事筹资、投资和经营等各种经济活动所产生的财务结果，譬如资产负债表中的资产就是在揭示企业投资活动和经营活动结果的总体规模及具体分布，体现为企业能拥有或控制的能为企业带来经济利益流入的经济资源。而资产是为企业带来利润的基础，利润的增加又能为企业带来现金流量，因此利用资产负债表与利润表、利润表与现金流量表之间的勾稽关系，能够对企业的总体财务状况质量进行评价，同时企业财务状况的未来发展形势也可以被这些信息表达和预测。以下内容主要从相关项目的质量分析角度进行阐述。

二、资产项目质量的分析评价

（一）资产项目的质量特征

在沙盘竞赛中，了解企业管理者所投资并持有的资产项目质量的优劣，直接关系到了企业获取收入、赚取利润的规模和速度。资产项目的质量特征指对于不同类型的资产，依据该项资产的特性和功用所设定的预期效率和预期效益水平。其中，由于流动资产和非流动资产在模拟企业经营中所对应的特性和功用不同，企业对这两类资产预期效率和预期效益的设定也就不同，因此不同类型的资产在分析时也就应该匹配其各自的质量特征。在沙盘竞赛中，总体而言各类资产项目的质量特征可以着重从资产的盈利性和周转性两个方面进行分析。

1. 资产的盈利性

是否能够为企业带来经济利益的流入是能否把某一项目定义为资产的决定因素之一，因此资产的盈利性是资产的必要属性，其强调了资产需要为企业带来经济效益、创造经济价值这一效用。在沙盘竞赛中，盈利性仍旧是模拟企业持有资产的一个重要内在属性，是模拟企业愿意投资资产并持有资产的基础设定。在评价上，企业的盈利性越强则资产质量越高，继而资产价值也随之提升，换角度而言，资产质量越高的企业也会带来更佳的企业盈利性，这是资产运作结果的最综合表现。

2. 资产的周转性

在模拟企业生产经营的过程中，资产周转的效率决定了企业获取收入的速度，资产周转效率的高低一般用资产的周转性来衡量，其强调的是资产作为模拟企业生产经营过程中的基础投资而被持有并使用的效用。在沙盘竞赛中，资产同样被认为只有在企业的生产和经营中得到充分的利用和周转，资产才能实现为企业创造价值、带来收益这一效用。评价时，资产的利用速度越快，利用程度越高，资产的周转就越有效，代表资产的质量就越高；反之也成立。值得注意的是，资产周转的分析中除了会将当期数据和历史数据进行比较外，模拟企业数据还可以和竞争对手企业或行业均值进行比较，在相似的资产规模和资产类型的条件下，周转速度越快，代表资产的使用效率和使用效益就越高，说明资产越符合企业生产经营战略的基本原则。

（二）流动资产的质量分析

流动资产在概念上一般指企业能够或准备在一年内或超过一年的一个营业周期内转化为货币、被处置或被耗用的资产。在沙盘竞赛中会被主要关注到的流动资产按照流动性从强至弱依次为货币资金、应收账款和存货，由于不同类型的流动资产具有不同的资产特性，评价的方法和评价的角度也各不相同，下面将分别针对这三种流动资产分别进行阐述。

1. 货币资金

货币资金指以货币形态存在于企业生产经营中的那部分资金，货币资金具有支付功能并能被企业多方利益相关者普遍地接受，常被人们视为企业的"血液"。货币资金的质量分析可以从货币资金规模的恰当性和货币资金规模的持续性两个方面进行。

1）货币资金规模的恰当性

在沙盘竞赛中，模拟企业必须保有一定规模的货币资金余额，才能保证企业生产经营活动的正常运转。从财务管理的角度看，过低的货币资金持有量将会严重干扰沙盘模拟企业正常的生产、制造和营销等行为，进而影响公司经营并制约企业发展，降低企业的偿债能力和企业声誉。特别是在沙盘经营后期，当模拟企业不能及时扩大产能、没有能力再去抢占市场份额，或者市场竞争过于激烈、环境并不友好时，必须要留有充足的货币资金才能确保企业安然渡过萧条期，幸运地生存下去。但是，这并非建议企业的管理者其公司流动性资产的存量就越多越好，因为过多的企业货币资金存量不仅会导致企业错失投资机会发生机会成本，而且还会令企业的融资成本无端的增加。基于此，确定企业日常货币资金的持有量是否恰当，是评价货币资金质量的一个重要标准。在沙盘竞赛中，企业货币资金的合理规模主要根据以下 3 方面因素确定。

（1）企业管理者对货币资金有效运用的能力。对企业而言，货币资金若仅以货币形式留存于账面上，则只能用于日常的支付，其对企业价值的提升或企业所有者权益规模的增加几乎无益。然而，如果企业管理者善于运用货币资金这类极具流动性但缺乏收益性的资产进行适当的投资活动，如购买短期金融资产获取收益、投资生产线扩大生产，企业的利润水平也会随之提升，对应货币资金规模也就会随之减少。因此，在沙盘竞赛这样比较简单的经营环境中，过大的货币资金存量可能表明企业管理者不善于利用潜在的投资机会，造成货币资金的大量闲置。

（2）企业的交易收支规模与资产规模。一般而言，企业在经营过程中交易频繁且单项交易的绝对金额较大的企业，属于货币形态的资产也就会越多；另外企业资产规模越大，对应的货币资金形态的资产规模也会相应地增加。上述情形一般会出现在沙盘竞赛的中后期，在企业持有较大的产能和订单量时，而模拟企业在前期的货币资金存量一般较少。

（3）企业的筹资能力。在沙盘竞赛中，只要企业保持扩大所有者权益规模的趋势，就能够持续地进行借款，从而确保企业的融资渠道通畅性。基于此，在模拟企业不存在融资约束时，一般情况下就没有必要持有大量的货币资金，因为当企业需要动用货币资金时，可以适时从外部筹集所需要数量的资金，这样可以减少货币资金闲置，从而节约筹资成本。

此外，需要考虑的因素还有：企业近期偿债的资金需求；企业的盈利状况和自身创造现金的能力；宏观经济环境变化对企业市场订单的影响等。

值得注意的是，模拟企业在沙盘竞赛中的实际运作状况和资金规模都随着管理者的经营偏好而极具差别。所以企业货币资金的最佳规模没有一个恒定水平，仅有一个基本的管理原则，那就是货币资金的存量即需要满足企业日常的生产经营和偿债需求，同时不应产生过多的货币资金闲置，在此基础上，模拟企业可以根据自身情况进行调整。

2）货币资金规模的持续性

货币资金通常被视为企业的"血液"，货币资金规模的持续性也意味着企业的"血液"是否通畅，因其对企业的持续经营有决定性的影响，所以企业管理者也应进行适当的关注。企业货币资金规模的变化通常可以从以下 3 个角度进行分析。

（1）企业经营活动引起货币资金规模变化。企业在经营活动中产生货币资金的能力通常被视为企业自身的造血能力。在企业经营方式和企业规模没有明显变化的情况下，一个自身造血能力较强的企业，其货币资金规模通常会呈现持续增加的趋势。一般情况下，如果一个企业自身的造血功能较强，表示其货币资金持量的增加主要来自经营活动而非筹资活动，那么可以认为企业货币资金的规模具有持续性，其生成质量也就比较高。

那么，企业造血功能的强弱由什么来决定呢？总体而言，一方面，企业销售规模及信用政策的选择会影响企业经营活动产生的货币资金。在沙盘竞赛中，销售账款回款是模拟企业主要的由企业自身创造货币资金的方式，企业的销售规模越大，则企业的销售回款越多，企业能够通过自主经营产生的货币资金也就越多。然而销售规模会随着模拟企业间的竞争状态、模拟企业在行业中的商誉和地位而发生变化，当企业在行业中排名落后时，企业的销售量和销售单价都会受到制约，进而降低企业生成货币资金的能力。另外，企业可以选择回款期更短的订单，这类紧缩的信用政策能够令企业的应收账款更快地回款，增强企业货币资金的生成质量。另一方面，企业采购规模的变化也会影响企业货币资金规模的持续性。在沙盘竞赛中，企业购买原材料的行为往往需要企业使用自己的货币资金进行支付，而随着企业规模的扩大和采购规模的增加，尤其在沙盘竞赛后期，企业多数都需要支付原材料供应商更多的货币资金以满足采购的需求，此时采购行为会明显限制企业的造血能力，需要受到企业管理者的格外注意。

（2）企业投资活动引起货币资金规模变化。一般情况下，沙盘竞赛中不会出现出于对外扩张的战略需要而大举对外投资的情形，这些模拟经营的企业多数是出于扩大再生产的战略需要而大量购入固定资产等长期资产作为主要的投资活动，这类投资活动往往需要动用大量的货币资金，从而引起企业货币资金持量不同程度的下降。相反，如果企业处置固定资产等长期资产，往往会引起货币资金规模上升。值得注意的是，无论是投入资金还是收回投资，所引起的货币资金规模的变化通常是"一次性"的。换言之，企业构建好生产线并计划好生产规模后，短期内不会再轻易变动，这类支出主要受模拟企业的管理者对企业的战略规划与执行情况的影响，不具备持续性，因此往往以波动性的形态呈现在企业的财报中，会引起货币资金存量的突然下降。

（3）企业筹资活动引起货币资金规模变化。企业往往会由于经营活动的资金不能满足投资活动的资金需求或需要偿还即将到期的银行贷款，需要采用举债方式进行融资。这些筹集到的资金在使用前会引起企业货币资金存量上升，但其规模随后会由于资金的使用而有所下降，因此，这种货币资金规模的变化通常也不具备持续性。

在沙盘竞赛中，企业管理者可以依据系统中生成的或管理者自行编制的现金流量表展开相应的货币资金质量分析，考察企业货币资金规模的合理性及持续性，分析企业货币资金的生成质量，帮助企业管理者预测企业未来的货币资金规模走势并为企业决策提供依据。

2. 应收账款

应收账款指企业因采用赊销的销售政策而产生的，应向购货单位收取的一种商业债权。在沙盘竞赛中，这类债权的规模和企业经营方式与经营状况有直接关系，多数的市场订单均采用赊销方式进行结算，这种形势下模拟企业往往会形成大量的商业债权；而市场订单中还有部分零售订单，是现金销售业务，这类销售方式的商业债权较少但毛利较低。

大多数应收账款都会以货币资金的形式收回，在沙盘竞赛中不会产生无法收回应收账款的情况，因此无须考虑坏账风险。企业在急需资金时还可以采用应收账款套现方式进行融资，其实质是将未来现金流量的收益权和这个应收账款的所有权折价转让给投资方，也是一种支付成本来获取大额现金的短期筹资渠道。一般情况下，应收账款套现的利率会随着应收款回款期的增加而增加，相对于短期借款而言，这或许是一种成本更低的融资方式和应收账款管理办法。

对于应收账款项目来说，分析合理性和周转性是对其质量进行分析的关键，具体可以从以下几个方面进行。

（1）应收账款规模的合理性分析。在现实生活中，应收账款规模在一般情况下与企业经营方式、所处行业特点和采用的销售信用政策有直接的联系。但是沙盘竞赛中考虑到的均是同行业企业且是同质商品下的完全竞争市场，同时应收款的规模与数量不会受到企业信用政策的影响，或者说企业的信用政策不是由模拟企业所决定的，因此，行业的差异和信用政策的改变不是影响模拟企业应收账款规模的主要因素。然而，模拟企业应收账款规模与企业资产规模和营业收入规模的匹配性仍然需要关注，通过计算相关的比值比率并与自身前期水平进行比较，便可大致判断该模拟企业应收账款规模的合理性。一般认为，企业应收账款规模与企业总资产规模和营业收入规模的比值，应当保持平稳水平。当应收账款的相对规模水平出现急剧下降或急剧上升的情况时，需要模拟企业的经营者格外关注。在沙盘竞赛中，导致这种情况发生的原因一般是该企业在行业中的竞争地位明显下降或接受了超出产能的订单量，这类情况会为企业带来严峻的经营风险和财务风险。

（2）应收账款的周转情况分析。应收账款的周转情况可以借助相应的财务比率，譬如应收账款周转率、应收账款平均周转期等指标进行分析（具体指标的计算可参见本章第五节至第八节）。一般而言，在一定的赊销政策条件下，企业应收账款周转率越高，代表企业应收账款的平均回款期越短，应收账款的周转速度越快，应收账款的周转性越强、周转情况越好，应收账款的质量越高。

3. 存货

存货指模拟企业在正常生产经营过程中耗用的原材料、为了出售仍处在生产中的在产品，以及持有以备出售的产成品或库存商品等。前已述及，企业的资产是否作为存货来进行计量和处理，是由这项资产的持有目的来决定的。一般情况下，如果这项资产的持有目的是短期周转、消耗或出售，那么需要对这项资产按照存货的方式进行对待。需要注意的是，资产的物理特性不会使企业管理者对存货的定义产生影响，譬如一家房地产企业其持有的商品房，应该算作存货来处理而不是固定资产。通过对持有资产目的的判断，可以帮助企业管理者将存货和固定资产进行区分。

企业通过持有和消耗存货，可以达到保障正常的生产经营需求、实现销售商品获取赢利的预期效用。存货作为一项重要的流动资产，虽然是沙盘模拟企业赢利的主要物质媒介，但在售出前其通常要占用企业大量的货币资金以防止短缺成本，同时会给企业带来持有成本即仓储成本。因此，如何提升企业存货的质量，加快存货的周转情况，尽可能降低存货持有量的同时保持企业有充足的存货满足销售订单的需要，是企业管理者进行存货管理时需要主要考虑的问题。

因此，结合存货本身的持有目的和预期效用，应该从盈利和周转两个维度入手对存货项目的质量进行判断。

（1）存货的盈利情况分析。对于沙盘竞赛中普遍考虑的制造业企业而言，存货的盈利情况可以通过毛利率进行衡量，在很大程度上毛利率可以反映模拟企业在日常生产经营活动中的初始获利空间。在充分竞争和商品同质的环境下，行业中各个企业的毛利率往往会趋于平均化。如果模拟企业的毛利率高于或低于行业毛利率均值，则表明该企业在行业中竞争地位的强或弱。在特殊情况下，如果模拟企业的毛利率远远高于平均水平，这通常是模拟企业在市场中具有绝对市场地位和商誉水平的体现。另外，在同行业中，如果企业的相对毛利率不断下降，一方面可能意味着企业的产品在市场上的竞争力下降，另一方面可能意味着企业生产的产品面临激烈的竞争。

（2）存货的周转情况分析。存货周转率是一种动态的企业内部管理指标，反映一定时期内存货周转速度的快慢程度。从公式来看，存货周转率是营业成本和平均存货水平的比值，通常数值越大越好，代表企业存货的周转速度越快。从另一个角度而言，存货周转率同样是企业经营状况的动态表现，因为企业营业成本涵盖了公司的采购成本、人工成本和成本计量方法等问题，而平均存货水平则代表了企业持续生产经营的综合结果。模拟企业关注的焦点应该在于减少存货持有量加速存货的周转：一方面减少存货持有量可以有效减少企业货币资金的占用、降低企业的经营风险及财务风险，并能够有效提高企业抵御风险的能力；另一方面加速存货的周转代表可以有效地提高存货转换成收入的速度，从而提升企业的赢利能力，进而为企业创造更多的价值。换言之，在企业毛利水平相对平均化的情况下，企业存货周转速度越快，其盈利水平也就越高。

分析中需要注意的是，在考察存货的项目质量时，其盈利情况和周转情况往往存在此消彼长的关系。譬如：有的模拟企业可以借助自身在市场中的优势地位取选择销售价格较高的产品进行售卖，从而通过较高的毛利率来保证企业的盈利性；然而有的模拟企业则可以通过薄利多销的方法用较高的周转率来弥补企业的盈利性。具体模拟企业会使用哪一种方法是由企业的经营战略和企业所面临的竞争情况来决定的：在模拟企业的行业地位较高时，企业可以采用差异化的战略，通过自身生产的产品的领先性和优质性来占领商品价格较高的高端市场，从而获得盈利；在模拟企业的行业地位较低时，可以考虑采用成本领先的战略，适当利用企业的管理手段控制成本、降低售价，采用薄利多销的方法立足于市场。在上述的两种情况中，后者会面临更大的经营压力和财务风险，但不论企业面临着何种情景、愿意采用何种经营战略，保持企业存货的盈利性和周转性是企业存续和扩大的关键。因此判断存货的盈利情况和周转情况是衡量企业存货质量的关键因素。

扩展阅读 4.1

新城控股存货构成

（三）非流动资产的质量分析

非流动资产指企业资产中变现时间超过一年的这部分资产，满足企业正常的生产经营需要是这类非流动资产的主要预期效用，非流动资产的规模即代表着企业的规模，非流动资产的规模越大代表着企业生产经营的竞争力越强，代表企业越具有盈利性。在沙盘竞赛中，模拟企业经营过程中主要涉及的是厂房和生产线这类固定资产，那么这一部分关于非流动资产质量分析的阐述主要以固定资产的角度来进行。

固定资产指为生产产品、提供劳务或经营管理而持有的、使用寿命超过一个会计年度的有形资产。其中，使用寿命指企业使用这项固定资产的预计使用时间，或者该固定资产所能制造产品或提供劳务的实际数量。固定资产是企业获取盈利的主要物质基础，在企业的生产经营过程中只有通过经营固定资产生产出商品，再将商品进行售卖才能为企业带来盈利，因此固定资产在企业的盈利中发挥着重要的作用，对于沙盘竞赛中模拟经营的制造业企业来说尤其如此。

一般来说，企业为了持有固定资产而产生的财务效应呈现出诸多特征。譬如：在投资初期这类资产通常投资数额巨大，会为企业带来明显的经营风险和财务风险；在使用过程中，这类固定资产的规模和结构充分反映了企业生产工艺的特点和生产装备的水平，对于其日常的维护费用及折旧计提等处理通常会为企业的赢利水平带来比较明显的影响；另外，在沙盘竞赛中，这类资产通常不会被频繁的处置掉，而会在模拟企业的经营期间持续发挥作用。

因此，判断固定资产的质量不能一概而论。现实生活中，固定资产在总资产中所占比重往往带有较浓厚的行业色彩，通常可以据此将行业分为重资产行业和轻资产行业。就沙盘竞赛而言，纵使模拟企业通常都是生产制造业下的企业，即为重资产行业。但是由于模拟企业生产能力和生产工艺的不同、行业中相对的竞争实力和竞争地位差别巨大，其所拥有的固定资产的规模和先进程度也各不相同。就某个具体的固定资产项目来说，其利用效率和利用效果的情况，与企业所处的不同时期、不同发展阶段及不同的市场环境有着直接的联系。因此，从财务结果的角度来说，固定资产质量具有极大的相对性，没有一个绝对的标准水平。

总体而言，在对固定资产的质量进行分析时，可以从恰当性、合理性和赢利性三个维度着手，但同时还要关注有可能对固定资产质量产生影响的其他方面，如固定资产的取得方式、分布与配置、规模与变化等。对这些方面的分析有助于模拟企业的管理者了解企业的经营模式，判断企业在固定资产投资方面的战略实施等情况。

1. 固定资产的取得方式与企业财务状况的外在表征

在沙盘竞赛中，固定资产的取得，既可采用外购方式，又可采用自建方式，还可采用融资租赁等方式，不同取得方式所对应的财务状况的外在表征也各有不同。

1）用流动资产和负债购建

用流动资产和流动负债购置、建造固定资产，就是耗用企业的货币资金去购买、建造固定资产。显然，在沙盘竞赛中，这是一种最直接的取得固定资产的方式，这种取得方式的最大特点是购置固定资产的购置成本往往已经被沙盘规则确定，购置成本的金额是具体且不变的，方便企业进行准确的投资决策。

但是，由于这种取得固定资产的方式需要在前期消耗企业大量的流动资产，而这一行为往往会增加企业流动负债和非流动负债规模，增加企业的财务风险，大幅降低企业的营运资本。

2）用租赁方式取得

按照实质重于形式的原则，租赁方式可以划分为融资租赁和经营租赁。融资租赁也可以视为是企业取得固定资产的一种方式，可以认为企业分期付款将固定资产进行购入。在融资租赁期间，承租方的流动资产即货币资金会减少，而流动负债和长期负债会增多，企业负债与所有者权益的比率会增加，企业的偿债能力被降低。同时，租入的固定资产被视为企业的自有资产计提折旧，按要求抵减所得税。

经营租赁为企业带来的财务效应与融资租赁不同。经营租赁下，承租方需要定期支付租金，但并不拥有这项固定资产的所有权。这意味着，资产租金可以按照要求递减所得税，但是企业将无须计提折旧等这类资产损耗带来的成本。值得注意的是，通常情况下，同一时期内的资产租金要高于同类资产的折旧金额，这代表经营租赁具有更好的抵税作用，这一方式能够优化企业的收益率指标。另外，承租方也无须一次性进行大额的借款用于固定资产的初始投资，可以降低企业的资产负债率，提升企业的偿债能力。通常情况下，经营租赁是企业财务压力较大且融资受到约束时进行表外融资的一种有效方式。

2. 固定资产规模的恰当性分析

在沙盘竞赛中，企业的实际投资规模必须与模拟企业总体的生产运营水平、发展策略及其所处产业特征相适应，并且还应当与公司的实际流动资产规模维持一定的配比关系。而假如公司盲目购买或新增机器设备，从而盲目扩张生产规模，将有可能导致资源的无效使用或浪费；但过小的固定资产规模，或过于缺乏现代化的生产设施而又无法保障企业所制造的商品符合市场需求，就会影响公司总体的赢利水平。所以，公司应当按照其战略发展的要求，恰当地制订生产运营规划，正确地掌握自身对固定资产规模的需求，并科学合理地做好对固定资产的购置和处理决策，将企业规模限制在最合理的水平。

3. 固定资产配置的合理性分析

在制造业企业的各类固定资产中，譬如厂房和生产设备这一类生产用固定资产和企业的运营有直接关系，在所有固定资产中占有很大的份额。在沙盘竞赛中，模拟公司要把生产用固定资产全部投入使用，以保证其固定资产能够满负荷运行，并能充分适应公司生产运营的要求，其生产能力必须与企业最大市场份额所要求的生产能力相符，并且其产品技术水平和生产资质也必须达到能够满足市场需求的相应程度。而固定资产配置是否合理，将在较大程度上决定资产运行效率与价值，即资产质量的好坏。

4. 固定资产的盈利性分析

前面已经述及，由于固定资产是企业赖以生存发展的重要物质基础，体现了公司的技术装备水平与企业规模及实力，所以，固定资产的赢利性也会在较大程度上决定了公司总体的赢利能力。对沙盘竞赛中的模拟企业而言，因为固定资产是企业进行制造、加工存货的重要工具，而卖出存货则是固定资产为企业提供价值、获得收益的关键媒介，所以，固定资产的获利能力、商品的赢利性及公司总体的赢利能力，通常是不可分割的。具体而言：营业收入是商品价值的主要外部体现，能够在相当程度上体现固定资产的质量和市场需求的契合程度；营业成本是企业生产制造产品的内部费用，可以体现公司的生产情况而决定公司的制造成本和费用开支水平；二者之差为公司所取得的毛利，可以体现了模拟企业在市场中的地位和实力，这也决定了企业总体的利润水平。

在分析企业的固定资产质量对企业整体赢利能力的影响时，企业管理者应该首先考虑到的一个逻辑链条是企业需要通过固定资产生产出存货，接下来销售存货能够获取营业收入，只有营业收入才能为企业创造核心利润，而核心利润才能带来企业经营活动产生的现金净流量。在这个链条的基础上，固定资产的生产能力可以通过企业存货的仓储规模和销售规模进行考察。固定资产所产生的市场效益可以通过计算存货的周转情况、判断产品的毛利率等方式进行考察，譬如计算并比较存货周转率，探究固定资产产生的产值效应，计算并比较产品的毛利率，探究企业的初始获利水平等。

除上述企业资产质量的几个特性之外，在现实生活中企业的固定资产还需要考虑折旧政策、减值政策和借款费用资本化处理等可能会影响固定资产价值和质量的因素，但因目前沙盘竞赛中相关规则较为单一，对模拟企业固定资产质量影响较小，因此不做介绍。

案例资料

新洋丰肥业的固定资产管理

企业管理者在进行企业经营的过程中不应忽视一些经常性发生的费用影响，譬如固定资产的折旧就有可能对企业的利润呈现出明显的调整。2018年湖北新洋丰肥业股份有限公司根据企业固定资产的实际使用情况，为了令企业财报能够更加客观公允地反映企业的财务状况和经营成果，企业第七届董事会第二次会议审议通过了《关于调整部分固定资产折旧年限的议案》，该议案根据《企业会计准则第4号——固定资产》的相关规定并在遵循会计核算谨慎性原则的基础上，拟调整企业及合并报表范围内的全部子公司的房屋及建筑物、机器设备和运输设备的折旧年限。新洋丰肥业具体的固定资产折旧年限变更情况如表4-1所示，其中执行折旧所使用的年限平均法和资产的残值率沿用不变。

表4-1　固定资产折旧年限变更情况

内容	变更前			变更后		
	折旧年限/年	预计残值率/%	年折旧率/%	折旧年限/年	预计残值率/%	年折旧率/%
房屋及建筑物	10~35	5	9.5~2.714	12~35	5	7.917~2.714
机器设备	7~10	5	13.5~9.5	7~20	5	13.5~4.75
运输设备	5	5	19	5~10	5	19~9.5

数据来源：表中数据通过该上市公司的年报获取。

新洋丰肥业的一些利益相关者对于这次资产折旧年限变更的看法基本一致。在董事会方面，其认为企业调整了部分固定资产的折旧年限，符合该企业的实际情况和有关规定，能够更真实、完整地反映该企业的财务状况和经营成果，使财务会计信息更加客观、真实、公允，部分固定资产折旧期的调整符合企业会计准则及其他有关规定。在独立董事方面，其认为该公司调整了部分固定资产的折旧年限，符合企业会计准则的相关规定和本公司的实际情况。变更实施后，更有利于客观、公允地反映公司的财务状况和经营成果，并且会计估计变更的相关决策程序符合相关法律法规和公司章程的规定，不存在损害公司和股东利益的情况，故而同意本次调整部分固定资产折旧年限。在监事会方面，其认为这次部分固定资产折旧期的调整符合企业会计准则的相关规定和公司的实际情况。变更实施后，更有利于客观、公正地反映公司财务状况和经营成果，不存在损害公司和股东利益的情况，并且会计估计变更的相关决策程序符合相关法律法规和公司章程的规定，故而同意这次会计估计变更。

然而值得注意的是，此时变更虽不会追溯调整过去的财务数据，但实则对企业未来会产生利好经营结果的影响。根据《企业会计准则第28号——会计政策、会计估计变更及差错更正》，上述会计估计变更采用未来适用法，不需要对已经披露出来的财务报表进行追溯调整，因此不会对企业以前年度的财务状况和经营成果产生影响。但是，根据变更后的折旧年限计算这次变更对企业利润的影响程度，该企业财务部门计算统计，这次会计估计变更将导致2018年归属于该上市公司股东的净利润增加约4 000万元，这将对2018年归属于该上市公司股东的净利润产生积极影响。

这一案例主要是在揭示企业在分析固定资产质量时，企业管理者应注意固定资产折旧政策、折旧期限及其变化的适当性对企业财务状况和经营成果的影响。其中企业的利益相关者特别需要关注的是，企业应用的会计政策变更或会计估计变更总是会采用看起来十分合理的理由，但往往其真正的动机是希望优化企业的财务数据和利润结果，从而帮助自己达到摘帽、IPO上市等目的。譬如新洋丰肥业就在董事会、独立董事和监事会都阐述此次会计估计变更符合相关决策程序和法律规定，并不存在损害公司和股东利益的行为，但其对固定资产折旧年限的调整切实帮助企业的净利润增长了4 000余万元，纵使这4 000万元相对于新洋丰肥业2018年的8.19亿元的净利润规模的影响不算重大，可归类为正常的会计估计变更范畴，其绝对金额依然庞大不容小觑。

通过会计估计的调整变化企业利润规模的方法在企业中时有发生，再如武钢股份亦曾由于行业经营困难和公司业绩压力，被迫延长固定资产折旧期轰动一时，为企业当期增加净利润4.45亿元，净利润由变更前的−4.04亿元变更为4 100万元，从而扭亏为盈。但企业管理者需要区分清楚，对企业而言何为可持续的、健康的利润，何为暂时的、虚假的利润，企业的真实赢利能力到底为何，企业究竟是亏是盈仍需追究本质方能合理决策。

（四）企业资产结构分析与企业资源配置战略

企业资产结构，简单地说就是公司各类资产之间的比例关系，它既可以是按照流动性确定的流动资产与非流动资产之间的比例关系，也可以是按照利润贡献方式确定的经营性资产和投资性资产之间的比例关系，还可以是根据公司经营板块方法确定的公司各种资产之间的比例关系，等等。在沙盘竞赛中对模拟公司资产构成做出合理的评估也有着重要意义，不同的资产构成所体现出的经营内涵、管理手段存在重要差异，开展资本构成分析时会从各个视角反映出公司资源配置策略的选择和执行情况，所以公司资产构成分析具有重要性。

概言之，资产结构的质量应该具有以下几个特征。

（1）资产结构的协同效应。资产结构的协同效应指企业资本的各个部分经过有机融合后在总体上充分发挥效益的情况，并强调了各项资产与其他类型的资产结合的增值性。企业管理的最高境界，应当表现为最大限度地减少不良资产的浪费、加速资产周转速度和获得更多的收益。一个资产类科目，不管其自身的物理质量有多好，如果没有对和其他资产项目实现有机融合产生协同作用，该项资产也仍然属于不良资产的范畴，需要考虑将其进行处置。

资产构成的协同效应要求公司持续地对资产构成因素进行优化，譬如尽可能减少应收账款坏账、过多的库存存货积压、公司固定资产闲置等状况。

（2）资产结构的流动性与收益性。资产流动性高低和其对应风险与收益的多少是有关系的。一般情形下：流动性越强的资产，其风险相对较小，其收益就相应较小；相反，对于流动性较差的资产，其风险相对较大，但收益也较高。

资产结构总体的流动性，可以采用流动性较强的资产在资产总额中所占比重大小来反映。通常地，当公司总资产中流动性较强的资产所占比重越大，则公司资产结构总体的流动性也越高，公司的偿债能力也就越强，财务风险也就越小。但是，这并非表示公司流动性较高的资产所占总额的比重越高就好，因为归根结底，公司资产的流动性是为公司总体的发展目标而服务的，因此公司管理者所寻求的必须是对资产结构的总体流动性和收益性间的动态平衡。

（3）资产结构与资本结构的对应程度。在分析企业资产结构质量的同时，还应当兼顾企业资产构成与资本结构之间的互相对应关系。在沙盘竞赛中，一些比较浅显的对应关系：譬如企业资产带来的收益应当能覆盖企业融资成本；再如资产结构中具有流动性的资产所占比重需与资金来源是短期的资金构成比例相互匹配。更具体地说：流动资产作为企业最有流动性的资产，应为企业偿还短期债务提供可靠保障；反过来看，流动资产的收益性也更低，所以也应该由资本成本较低的短期资金作为主要资金来源提供支持；另外企业的长期资产由于占用资金的时间较长，不宜使用短期资金来支持，而应该使用长期资金，才能确保企业在经营发展的同时将财务风险降至合理水平，从而达到理想的经营状态。

资产结构与资本结构的相互对应通常要求模拟企业在所能承受的财务风险范围内进行，然而在现实生活中，企业也会出现不能彼此对应的资产结构与资本结构。譬如，企业在供应链中的竞争优势极其明显的情况下，企业通过大量采用预收方式销售和赊购方式采购，大规模使用商业信用资本，呈现出流动资产规模并不显著大于流动负债总体数量的形势，这被普遍称为 OPM（other people's money）模式。在这种情况下，流动资产的规模并不明显地超过流动负债总体规模，但并不表明公司的短期还款能力出现问题，而正是公司在同行业中具备极强的竞争力和良好声誉的体现，说明在供应链中保有较高的话语权。不过这种方法的经营与管理也潜藏一定的风险性，如果公司的资金链发生了问题，将有可能出现连锁反应从而使公司陷入无法按时偿付的风险。然而在目前的沙盘竞赛的规则下尚未有这类预收方式销售和赊购方式采购的经营模式，因此对于上述资产结构与资本结构的对应关系几乎不会被认为是一种合理关系。

三、资本项目的质量分析

如果资产构成及资产项目的质量反映了公司资源配置策略的实施及其产生的经济后果影响，那么，资本结构及资本项目的质量就反映了公司资本引入策略的选择与实施及其对经营和管理产生的影响。资金是企业形成、存在和发展的原动力，企业的资本管理是通过资本筹措、资金使用和资金收益分配等各种活动来完成的，其中筹资活动是企业根据生产经营过程中对资金的需求，利用各类筹资途径，通过合法筹资手段获得运营所需要资金的一种财务管理活动。

筹资活动是公司存在与发展的基础条件，是一个企业诞生的起点。按照公司的资金来源，可以将企业的资本分为永久性的企业所有者提供的资本投入与非永久的由债权人提供的信贷资金。公司在获得资金后，应当按照既有的目的进行投资活动，从而将资本转换为适当的资产形式，以谋求企业利润最大化。在这一过程中，有多少资本可用及如何运用企业的资本是公司资本管理的核心环节。

公司的全部资本活动和成果，都必然会直接通过资产负债表全面地、系统地、综合地表现出来，但是，仅通过查阅资产负债表，只能掌握公司在某一时间点下所持有的资产规模、负债及所有者权益规模。虽然上述信息都是必要的，但是却无法确保财务报表的使用者在进行决策时获取到了充分的信息；唯有通过对资产负债表的深入分析，全面发现其蕴藏的信息，才有机会最大限度地满足财务报表使用者对财报信息的需求。在此基础上，企业管理者需要注意的是，在沙盘竞赛中，公司之间的竞争从根本上讲并非企业产品的竞争、技术水平的竞争，也并非经营业务的竞争，而是由资本结构和资本项目的质量所决定的公司战略布局与资源整合能力的竞争。良好资本结构确定了公司的发展方向与前景，而优良的债务构成则成为了公司长远可持续发展的强劲动力与基础保证。在沙盘竞赛中，债务性的融资方式是模拟企业的主要筹资渠道，因此下文将探讨公司资本构成中负债的质量及其分析。

（一）流动负债质量分析

简单地说，流动资产往往为公司一年内就可以变现的资产项目，而流动负债则往往是公司一年内还清的欠款。因此，在模拟企业经营过程中的任一时点上，两者的数量对比关系对企业的短期运营活动均产生了非常关键的影响。另外，公司流动负债中各组成部分的流动性、可控程度等，对公司短期运营也有重要的影响。因此对公司流动负债的质量分析应当着重注意流动负债的强制性问题。

流动负债的强制性可以简单理解为流动负债的流动性，即企业被要求偿付的财务压力和时间长度。由于流动负债中各个不同的构成项目，其偿还期限并不相同：有的项目在短期内极具强制性，要求在一年以内或更短的时间内就必须偿还，比如应付账款或短期贷款通常都必须在一年之内偿还；有的项目强制性较弱，能够在很长的时间内比如达到一年的一个经营周期以上的时期内偿还即可。例如，一些企业由于与关联公司往来结算时所产生的其他应收账款等。在评估一家公司负债的流动性风险问题时，就必须将上述原因都考虑进来。因此强制性较小的流动负债通常会在无形中减少公司的负债流动性风险问题。若不对流动负债的内部成分依照强制性条件加以区别和剖析，则通常会高估了公司的负债流动性风险。

一般来说，实际上给公司造成还款压力的是一些强制性的应付债款，如公司当期需要承担的应付账款和短期借款等。另外，譬如一些应付员工薪酬和应交税金等这一类流动负债项目的期末余额，在公司经营规模和运营绩效不发生过大波动的状况下会保持得较为平稳，从而形成了一定的在日常经营活动中沉淀下来的债务，就如同这笔债务不需要立即清偿一般，所以并不会对公司产生实质性的还款压力，因此企业管理者也可将之看作是一种非强制性流动负债，但是仍然需要考虑进经营决策中。

在现有的沙盘竞赛规则中，模拟企业的经营环境和融资环境尚不如现实实践中的复杂。因此除上述内容需纳入考量外，模拟企业中对于短期负债至少还必须遵循的一条最基本的观点就是：在融资环境不佳等融资约束及各方面原因导致企业融入过多短期借款的情况下，因为相比于其他企业资金来源来说短期借款的资本成本更高，还款负担也更大，从而会导致企业产生过多的财务支出，加大公司盈利的负担。而"短贷长投"更是企业应尽量避免的，因为稍有不慎企业就有可能因资金链断裂而破产。

（二）非流动负债质量分析

按照财务理论，企业的非流动负债应该是形成企业的非流动资产和短期资产的中长期稳定部分的资金来源。但在沙盘竞赛中，由于利率恒定和借款方式单一，模拟经营的企业一般不涉及利率变动、贷款担保和信用等级等会影响非流动负债质量的因素，故对于非流动负债的质量暂不做讨论。

扩展阅读 4.3

比亚迪的短期
借款和"增收
不增利"

第三节　利润表分析

利润，一般指企业在某个会计阶段内总收入减去成本费用后的总额加上直接计算当期损益的利得和损失等，或称为企业在某个时间内的主要财务结果或经营成果，具体分为营业利润、利润总额和净利润等。在沙盘竞赛中，模拟企业追求的根本目标同样是企业价值最大化或股东权益最大化。而无论是企业价值最大化，还是股东权益最大化，其基础都是企业利润。赢利能力已经变成了现代企业经营和发展的直接目标。将整个企业在生产经营过程中的所有工作，最后都集中到所创利润是多少这一结果上来。而通过使用财务报表就能够考察整个企业赢利计划的实现状况，通过分析影响企业的获利能力及其利润率增减变动的主要因素，预计整个企业赢利的变化趋势，为投资者及企业管理者等提供对决策有用的财务信息。

一、利润表分析的作用

1. 有助于理解、判断和预测企业的经营成果和获利情况

经营成果指特定时间内公司的经营行为所带来的有效劳动成果的总和，一般在财务报表中用净利润或综合收益的方式来表示。这类指标都是绝对数指标，能够反映公司创造财富的绝对水平，它往往能导致企业资产和所有者权益的增加及负债规模的减少。获利情况主要指公司在特定时间内利用必要的资本获得了盈利收益的水平，也成为企业的盈利能力，其通常使用指标进行计算和衡量，相关指标如资产报酬率、净资产收益率和成本费用利润率等。但是，这种数据其实只反映了公司创造财富的相对规模。本部分借鉴张新民教授关于公司整体利润水平的阐述，除从量化的角度强调公司利润的绝对规模与相对规模以外，还特别注重企业生成利润的质量问题，在研究形成利润的各个相关项目质量的基础上，从企业营业收入的增长幅度和毛利率的走势等两个方面考察企业总体

的盈利水平和利润质量。

分析和对比利润表的有关信息，能够帮助公司的股东、债权人和管理层解释、评估和预计公司的经营成果和获利情况，据以针对是否投入或追加投入资本、投入哪里、投入多少等做出决定。

2. 有助于理解、判断和评估企业的偿债能力

偿债能力通常指企业以资产清偿债务的能力。虽然利润表这张报表自身并没有直观给出关于企业偿债情况的具体信息，但是企业的偿债不但取决于流动资产的规模和资本结构，也同时决定于企业的赢利水平。譬如在沙盘竞赛中，一个模拟企业在创立初期的赢利能力不足，并不太会严重影响企业的偿债压力，但如果这个企业持续缺乏竞争力，企业的短期流动性就必将逐渐地由好转坏，企业为了维持经营，资产结构也将逐渐由优变劣，企业最终就有可能面临资不抵债的困境。所以对连年或多期亏损的企业而言，其偿债往往会受到很大的负面影响。

分析与对比财务报表的有关信息，帮助公司的债权人和企业管理者间接地理解、评估与预计公司的偿债能力，特别是中长期的偿债能力，从而客观地进行各项筹资决策，如保持、增加或减少当前负债规模，找到增强偿债能力的有效途径，进而提升公司的财务形象。

3. 有助于评估企业经营战略实施的有效性

公司运营首先面对的是一系列战略的抉择，不同的策略抉择和盈利模式选择会产生不同的盈利结构，所以公司的盈利结构反映着企业的战略执行结果和经济效益。利润的各个构成要素间的配比关系，以及在利润总额中所占有的比例，构成了利润分配的基本结构特征。

不同的利润目标对企业的盈利水平具有非常不一样的含义。高质量的利润结构，表明企业所依赖的主营业务和企业战略对应的经营目标高度一致，企业处于相对稳固的行业地位并具备相当的竞争实力，同时拥有较坚实的资本保障、较强的资金获取能力和较广阔的业务前景，这也将为企业未来的发展打下坚实的基础。

分析和对比利润表的有关信息：帮助公司的股东和债权人认识并评估公司经营策略的执行成效，据以预见公司未来的发展走向和趋势；企业管理者能够看到公司经营策略在制定过程中出现的问题，能够更加有效地采取措施，以确保营运目标的顺利完成。

4. 有助于评价和考核经营者的经营业绩

财务报表中的各个项目，反映着公司在生产、经营和理财等各方面的管理效率和绩效，是对公司经营绩效的直观展现，是经营者受托负责完成任务情况的实际体现。而通过比较前后期盈余表上各种营业收入、费用、成本和利润的增减变化状况，剖析其增减变动的成因，并将相应的资产项目和其所产生的收益规模加以比较，才能更加客观地评估企业资产的利用效率和各职能部门的运作绩效，并适时进行相关活动的调节，使公司各项经营活动更加科学合理。所以，通过分析与比较公司利润表中的有关信息，可以帮助企业管理者考察相关经营者的业务绩效，并评估经营者受托责任的承担情况。

5. 有助于企业做出更科学的经营决策

通过对比和分析企业财务报表中的各种组成要素，可以了解企业各种总收入、费用和利润相互之间的上升态势，并发现企业各方面经营管理工作中存在的主要问题，从而找出原因，改进公司经营管理工作，并努力组织总收入、管理与费用支出，以提升企业资本的运用效率与效益。另外：还可利用企业支出构成与部门业务构成的分析，评估企业各分部门业务成长及对企业总经济效益的贡献程度；通过对赢利的产生过程进行分析，找到产生赢利的主要源泉。上述信息都能够为企业的运营决策提出十分重要的依据。

二、利润的质量分析

利润的成长性是发展的灵魂，是判断公司财务状况和预测公司发展方向的关键方面，因为在公司利润的构成中，核心利润的规模最能体现公司在产业中的竞争地位和核心实力。所以，可采用核心利润率和核心利润率的增减变动幅度，来观察公司在核心业绩上的获利能力变化。而企业核心利润的多少关键依赖销售等服务所产生的营业收入的增长幅度，因此，通常情况下，公司营业收入的增减变动能够从一定程度上体现公司的成长性及未来的发展。另外，公司毛利和毛利率的变化趋势，也是考虑企业核心竞争力变化趋势的一个十分关键的方面。

1. 营业收入的增长情况

营业收入增长情况往往作为一个关键因素被用来衡量企业的经营状况和市场份额情况并预测这个企业经营业务在接下来的季度的拓展趋势。在沙盘竞赛中，一个企业从创建之初，只有通过不断地增加营业收入才能实现企业的存续和扩张。通常情况下，经营产品或策略比较单一、主营业务较为突出的企业会被视为具有高成长性的企业，所对应的，其营业收入增长率则越大，就代表企业商品的供应量越大，经营扩张能力也越强，其中营业收入增长率的计算公式为

营业收入增长率 ＝（本期营业收入－上期营业收入）/ 上期营业收入 ×100%

营业收入增长率也可以成为衡量公司产品生命周期中的一项关键参考数据，能够用来确定企业所处的发展阶段。经验数据表示，在不考虑行业差异的情况下：产品处于成长期的企业，营业收入增长率一般会超过10%，表明企业产品及其产品特性的市场接受度较高，特别是有的企业具备高成长性，其营业收入增长率将呈现连续多期保持在30%以上的特点，这类企业在资本市场中也会受到潜在投资人的追捧；随着时间的推移，产品进入成熟期或稳定期的企业，其营业收入增长率会普遍在5% ～ 10% 之间，此时的产品需求量在市场中已经趋于饱和，如果企业不进行新产品的研发，那么企业将会进入衰退期；进入了衰退期的企业，其营业收入增长率则呈现出较低较少的特点，通常在5%以下，在这种情形下，企业的利润开始滑坡，在没有新产品研发问世的情况下，其原有产品，甚至企业本身将逐渐被市场淘汰。

特别地，在沙盘竞赛中，随着企业的不断扩张、所有者权益规模的不断扩大，企业的营业收入增长率则应该呈现持续的、大幅攀升的趋势。而如果模拟企业的营业收入增长率过低，将很有可能会导致入不敷出的结果，以致最终破产。

2. 毛利与毛利率的变动走势

在现实生活中：行业毛利率的平均值，会在一定程度上反映该企业所处行业的特征，如行业的竞争情况、行业的成熟程度等；将同行业企业毛利率的水平进行对比，会在一定程度上反映公司及其产品在市场上的竞争地位和产品竞争力，而产品竞争力又是企业

核心竞争力的体现。所以，分析企业毛利率的相对水平及趋势十分必要。

一般而言，企业管理者如若发现企业具有较高的毛利率，那么大概是基于以下几种情况：第一，企业所进行的生产活动拥有绝对的竞争地位，体现在沙盘竞赛中就是有优先的地位进行订单的选择，在这个情况下，企业管理者应当关心公司所具有的较为靠前的竞争地位还能够维持多长时间及如何去维持；第二，公司所决策而进行的生产经营的产品及其产品特性，具有较高的商品竞争力，同时会带来较高的毛利率，那么这是企业管理者应该着重考虑到企业能否长期保持自身商品核心竞争力的能力，同时需要注意的是这类具有高毛利率的商品普遍在市场中的需要量较小，模拟企业应警惕市场份额不足即市场饱和的情况；第三，当公司所进行生产的具有某一产品特性的产品价格因为行业周期性变化而暂时走高时，企业管理者应当提前注意行业这类周期性变化规律。

但若公司和行业平均水平一样具有较小的毛利率，那么可能是基于这样一些因素：首先，当公司产业的生命周期开始步入萎缩阶段时，往往会伴随着整个行业毛利率的普遍下降，企业管理者需要重视公司在生产转型、技术开发等方面的策略，进行赢利模式转型；第二，当公司产品在品牌、质量、成本和定价等方面都缺乏竞争力时，企业管理者就需要关心公司的核心竞争力究竟表现在哪些方面，以及未来发展趋势怎样。而不管哪种情形所造成的毛利率下降，均表明了当期公司某类或某些产品的赢利能力正在减弱。

扩展阅读 4.4

金龙汽车的利润结构和毛利水平

第四节　现金流量表分析

现金流量表反映了企业在特定时间内提供的资金规模，展示了在特定时间内资金流转的情况。通过现金流量表可以归纳出企业的经营活动、投资活动及筹资活动对模拟企业资金流转情况，并且对用来评价模拟企业的财务状况、经营成果和管理水平起到补充性的关键作用。例如，采用权责发生制计量的企业利润能够反映当期的经营成果，但并不足以体现公司真正获得的利益，因为账面上的利润不代表企业真实收到的资金规模，很有可能赢利企业仍然发生财务危机。因此，高质量赢利必须有相应的资金流动作为保障，这也正是现金流量方面更加需要引起企业管理者注意的问题。

一、现金流量表分析的作用

从编制的基本原理出发，企业现金流量表实质上是根据收付实现制原则编写的，它通过把权责发生制下的公司盈利信息等内容，调节为收付实现制下的公司流动资金信息内容，有利于信息使用者进一步认识公司盈利的含金量，也为及时评估公司的付款能力与还款能力、预见公司未来现金流量提供了非常关键的依据。

1.有助于理解、评价和预测企业的现金流量和现金获取能力

现金流量表把企业现金流量按照经营活动、投资活动和筹资活动将企业财务活动所产生的现金流量进行分类，并根据现金流入和现金流出项目分别反映。就这样，企业现

金流量表可以清晰地表达公司资金进入与流出的具体原因，即公司资金从何处来、又用到了何处去，并说明影响企业在特定时期内资金总量波动的具体因素，而这种信息又是公司资产负债表和赢利表中无法提取的。同时，由于现金流量表中的"经营活动产生的现金流量"代表企业在经营活动中运用其经济资源创造现金流量的能力，"投资活动产生的现金流量"代表企业通过内外部投资导致现金流量变化的能力，"筹资活动产生的现金流量"代表企业从外部筹资获得现金流量的能力。因此通过现金流量表及其补充资料的信息，可以分析企业获取现金的能力，为预测企业未来现金流量提供有价值的信息。

2. 有助于分析企业利润的质量，评价企业的支付能力和还款能力

在现实生活中，企业的投资人和债权人都非常关心企业的赢利能力，多数情况下，信息使用者会将企业获取利润的多少作为评价标准以判断企业的优劣。不过需要注意的是，公司特定时期内取得的收益并不意味着公司实际获取现金的能力或偿债能力。在有些情形下，虽然财务报表上反映的经营业绩显著，但公司很可能正陷入财政困难，不能清偿到期欠款；也有些公司尽管财务报表上反映的营业利润并不明显，却具有相应的偿还能力，造成这些现象的原因几乎都是会计使用了权责发生制的计量方法所造成的。而现金流量表完全以现金的真实收付作为基础，消除了会计核算中会计估计等因素对赢利能力、偿债能力和支付能力所造成的影响。通过研究现金流量表，可以具体掌握企业资产进入、流出的结构，比较完整地从质量层面研究企业收益的含金量，比较真实地评估企业的付款水平和还款能力，帮助股东和债务人比较合理地进行投资和筹资的判断，提升企业资产的使用效率和运行效益。

3. 有助于了解和判断企业的现金流量质量及战略支撑能力

实施公司的战略通常都会带来不同幅度的资金流动，这就需要为公司的经营活动和融资活动源源不断地提供资金净流入量。一般来说，企业管理者可以从公司经营活动资金流入量的充裕度、公司经营活动资金流出量的正确性，以及公司经营活动资金净流量的可靠性和对公司战略的支撑能力，来考察公司经营活动现金流量的质量。从资金流出量与公司战略的一致性及其对资金流入量的赢利性来考察公司投资活动现金流量的质量；从融资活动现金流量的管理能力，以及公司融资活动现金流量的合理性、公司融资方式的正确性和对公司战略的支撑能力来观察公司筹资活动现金流量的质量。通过对公司现金流量水平的考核，能够从一定意义上透视公司战略执行的现金保障水平，帮助信息使用者预测公司未来战略成功执行的概率，从而更加合理地预见公司未来的发展。

4. 有助于管理者做出更为科学的经营决策

资产负债表虽然能够提供企业在一定时期的财务数据，但其所提供的只是静态的、某一时间点上的财务数据，它并不反映企业财务数据的变化情况，也无法说明这部分资产、负债将向企业贡献多少现金，或用去多少现金。而利润表虽然反映了企业在一定时期内的经营结果，能够提供动态的财务数据，但仅仅反映了利润的形成情况，并没有反映公司投资与筹资等活动的所有事项。现金流量表却能够给出企业一定时期内现金流入与流出情况的动态信息，能够说明企业在报告期内主要通过经营活动、投资活动和筹资活动取得了哪些现金，而企业所取得的这部分现金又是怎样使用的，能够帮助企业管理者较为全面地认识和分析企业的各种投入与筹资活动对公司运营结果和整体财务所产生的影响，从而做出比较科学合理的投融资决定。

二、现金流量的质量分析

在对企业的现金流量质量情况展开研究时，不要单纯地着眼于现金流量的变动结果，也不要仅仅针对企业各种行为产生流动资金总额的正负数值进行研究结论，而是必须针对中小企业各种行为的资金流量变动情况分别进行研究。因为质量管理活动、融资活动和筹资活动，在公司的资金周转流程中起到了不同的作用，并反映不同的质量特点，所以，在每个阶段现金流量质量管理的侧重点也相应不同。

（一）经营活动现金流量的质量分析

经营活动产生的现金流量，指在某一会计阶段内由公司本身的生产经营活动而产生的现金流入量和现金流出量，其通常受宏观环境、产业特点及公司的会计核算方法等多种因素的共同影响。企业利用经营活动形成现金净流量的能力常被看作企业本身的造血功能，因此通常情形下企业都会积极获取尽可能多的经营活动现金净流量流入企业。一般情况下，在其他各种因素都较为稳定，且购销业绩也较少发生巨幅波动的情形下，企业利用经营活动现金流量在各个年份之间都应该维持相当的稳定性。

1. 充裕性分析

经营活动现金流量的充裕性，指公司能否拥有充裕的经营活动现金流量，来应付公司正常的生产运作，以及市场规模进一步扩大的资金需求。流动资金状态是直接影响公司长期健康生存的关键，而经营活动资金是企业经营活动的主要主体，也是公司获得持续资金来源的基本渠道。在沙盘竞赛中，通常只有在企业的初创期或转型期，才允许企业产生负的经营活动现金净流量。在其他时期，如果企业的经营活动现金流量仍十分有限，那么一般会认为企业自身的造血功能不强，经营活动现金流量的质量自然也就不会太高。由此可见，资金充裕性也是公司经营活动现金流量的重要质量特性。

从绝对量方面来看，公司运营活动现金流量的相对充裕性，主要体现为公司现金流量可以保障公司的正常经营。很显然，公司若想仅靠内部积累保持目前的生产运营实力，其现金流入量就应当能够覆盖公司本期的下列开支和费用：①本期运营活动的现金流出量，包括采购原料支出的现款，为员工支出的现款，缴纳的各种费用或支出的一些活动现金如财务管理费等；②一般以长期资产的折旧额为呈现形式的，前期支出的需于公司当期或今后各时期归还的长期性固定资产折旧支出。这就是说，公司活动现金流量总额不仅要远远超过零，而且还要超过经营过程中所产生的支出。唯有如此，经营活动的现金流量才属合理并具备充裕性，而在现有规模下的生产经营才能够存续下去。

2. 匹配性分析

为了尽量避免资金短缺及资金紧缺情况出现，采取相应手段保障资金进入和流出的同步配合也是非常重要的。实现资金进入和流出的同步配合，需要公司制定并实行合理的信用政策，恰当地确定货物付款支出和其他资金支出，合理地安排商品销售回款和其他资金流向。例如，在模拟公司的生产过程中，企业生产资金投入增加，从而导致原材料购买资金的增加，对应的必须使商品销售的资金不断增加，使企业的资金流入与流出在数量与时机上尽可能彼此配合、同步协调，如此可以最大程度地增加资金的有效性，同时缓解公司在资金上的负担。

（二）投资活动现金流量的质量分析

由于企业经营活动中现金流量的特征不同，企业大部分投资活动所带来的利润或对于现有资产的处置带来的收入，通常存在着相应的滞后性，即企业本期投资活动导致的现金流出，也许在本期并不会带来相应的现金收入。因此在模拟公司的投资活动中，考虑到生产线的投资和建设期限一般较长，公司应在企业初创期广泛地投资置换生产线，然而此时并不能立刻收回投资活动带来的现金流入。所以，由于各时期的投资活动带来的现金流入量与实际投资活动现金流出量之间并不具有直接的对应关系，因此考虑二者的战略符合性与协调性一般是缺乏意义的。因此对投资活动现金流量进行质量分析，应当重点注意与投资活动现金流量的战略符合性。

对于在沙盘竞赛中实施模拟运营的公司，普遍存在并采取的是内部扩张或调整战略的策略，而关于其实际筹资活动及现金流量，也从对这一策略的吻合性分析开始。正如，公司对经营型企业的结构配置反映了公司经营活动发展的战略需要，而通过在投资活动的现金流出量中购置企业固定资产所支出的现金，和投资活动的现金流入量中边处置固定资产而收回的现金之间进行规模的比较，也同样能够反映公司经营活动发展的战略需要。

如果二者都存在较大的变动规模，或"大进大出"，则往往意味着公司正处于对长期经营性资产的重大置换和优化阶段，这或许是由于公司发展策略转变的需要，又或者是公司资产结构更新换代的需要。但通常意味着公司整体技术装备水平的提升，以及产品在市场中的竞争实力的增强，而企业核心竞争力也有可能会因此有所提升。当然这些变革或调整的实际成效究竟怎么样，需要通过以后在核心盈利能力和经营活动中现金流量的实际表现来检测。

如果前者规模远大于后者，通常意味着公司将在自身生产经营规模的基础上，试图采取对内扩大策略来提高市场占有率和巩固主营业务的实力。在企业资本构成中经营性资本占有地位的情形下，这种对内增长趋势在一定程度上表现了公司坚持经营主导型策略的勇气与决心。如果前者远远低于后者，往往意味着公司正在削减自己主营业务的规模，当然也有可能是公司在资本压力和市场前景不佳状态下的一个消极决策。这些收缩行为的宏观经济影响必须根据市场经济条件中的竞争对手状况、宏观经济条件及模拟公司对外融资的策略选择等各种因素进行具体分析。一般情况下，在沙盘竞赛中，模拟企业会呈现出投资活动现金流出量远远高于投资活动现金流入量的特点，这也就说明企业通常不会随意地做出处置固定资产的决策。

（三）筹资活动现金流量的质量分析

企业通过筹资活动带来的现金流量可以用于维持企业经营活动、投资活动的正常运转。一般情况下，筹资活动现金流量的规模应该与企业经营活动现金流量和投资活动现金流量规模相适应，即在满足企业经营活动和投资活动现金需求的同时，企业应该尽量降低融资成本，避免过度融资行为。

1. 筹资时机的适应性分析

筹资活动的现金流量，与企业内部经营活动和投资活动现金流量之间的适应性关系，指当企业内部经营活动和投资活动带来的现金流量总额之和过小甚至小于零，而公司内部又缺乏充裕的现金能够动用时，筹资活动就必须按时、足额地筹措到一定总量的现款，以应付上述两种企业经营活动的资本需求。但当企业内部经营活动和投资活动产生的现金流量之和较为充裕，甚至企业产生了闲置的资金时，筹资活动就应当适当减少企业的融资规模和筹资速度，并可以积极清偿贷款本金，这样的做法能够在消耗以上两种社会活动所积累的现款的同时，也可以减少公司融资成本费用，从而增加了公司的经营效益。此外，当债务融资活动期满时，在公司缺乏充分的自有资金积累的情形下，公司将有能力及时地举借新的债务或利用其他途径募集到资本，以确保到期债务的及时偿付。所以，适应性也将成为筹资活动中现金流量的主要质量特性之一。

2. 融资渠道的多样性分析

在企业的筹资活动中需要考虑的另外一个问题就是融资成本的问题。目前沙盘竞赛中模拟企业主要的融资途径和方法分为：吸收直接投资（即初始资金）、直接融资、短期借款、长期借款和融资租赁等。不同的投资途径和方法的成本和风险差别较大，为了将融资成本降至较低水平，并且使财务风险保持在合理的范围内，公司需要针对自己的实际状况，选取有利于公司发展的融资途径和方法，制定合理的融资规模、时限和还款方法，做到融资途径和方法的多样性。所以，多元化是筹资活动现金流量的另一个质量特点。这里必须说明的是，从公司在某一时期的现金流量报表的结果出发，筹资活动中现金流量的多样性并不能够被明显的反映出来。所以，如有需要，可考虑把公司连续在多个年度或会计年度内的现金流量报表联系在一起综合分析。

3. 融资行为的恰当性分析

融资行为的恰当性指企业可能会出现过度融资或被资产无效占用资金的情况。比如企业借出了超过其实际现金需求量的借款，在这种情形下，企业筹资的动机和有效性是值得探究的问题。在企业筹资活动现金流显著为正的情形下，企业管理者要着重判断其筹资活动所对应的筹资金额是否在企业的发展规划之中，是否和企业未来的经营发展战略保持一致。有时企业筹资活动现金流量的增加是由企业为了扩大投资和扩张生产规模而进行的主动筹资行为，但有时这类现金流的增加也可能是因为企业错误的投资和经营决策而被迫做出的筹资行为。因此，在沙盘竞赛中，企业管理者要格外关注企业筹资活动现金流量的规模，以防止企业的经营出现失控的局面。

扩展阅读 4.5

新三板的现金
流量之惑

此外，在对筹资活动现金流量的质量分析中，对筹资成本如借款利息的现金支付状况、到期债务的偿还状况等方面也应该引起企业管理者的关注。

第五节　赢利能力分析

管理者所经营的模拟企业能否赢利是沙盘竞赛中的核心话题，企业获得收益、赚取利润的能力就被称为赢利能力。利润是企业的主要营业目标，是企业存在与发展的重要物质基础，它不仅关系企业股东的资本回报，而且是企业偿还债务的一项主要保证，所以，企业的债务人、股东及管理人员们都十分关心企业的赢利能力。赢利能力分析是整个企业财务管理分析方法的主要组成部分，因为企业的经营活动、投资活动和筹资活动等所有财务管理活动都会直接影响利润水平，所以它更是评判企业运营管理水平的重要基础。

在沙盘竞赛中，企业管理者应该使用适当的财务指标对企业的赢利能力来进行计算和衡量，这些财务指标大致可以分类为企业的资产赢利能力分析、资本赢利能力分析和企业商品的赢利能力分析。具体而言，与财务指标对应的核心指标一般包括资产报酬率、净资产收益率、收入利润率、成本利润率等，接下来将针对这些指标进行介绍。

一、资产赢利能力分析

资产报酬率（return on assets，ROA）亦称为资产收益率，指公司在特定时间内的利润和总资产平均余额之间的比值，资本报酬率主要用于衡量企业投资获得的资产赚取利润的能力。在实践中，总资产的平均余额按照总资产的期初值和期末值的平均值计量，企业获取的利润根据财务分析目的的不同，也可以使用不同的指标进行衡量，常见的衡量方法有息税前利润、利润总额和净利润，针对不同类别的利润额，企业所计算出来的资产报酬率可以分为资产息税前利润率、资产利润率和资产净利率。在沙盘竞赛中，资产报酬率是衡量企业现有资产产生利润能力的核心指标。

①资产息税前利润率，指企业在一定的时期内息税前利润和总资产平均余额的比值。在多种资产报酬率的衡量方法中，资产息税前利润率是衡量资产报酬率最为恰当的一种方法，其计算公式是

$$资产息税前利润率 = 息税前利润 / 总资产平均余额 \times 100\%$$

其中息税前利润指企业尚未扣除利息和企业所得税的利润规模。资产息税前利润率的恰当之处在于息税前利润是对企业总资产产生的赢利情况的准确描述。因为企业所产生的息税前利润中包含了债务利息、企业所得税和净利润，而债务利息是归属于债权人的收益、企业所得税是归属于政府部门的收益、净利润是归属于企业所有者的收益，也即息税前利润包含了所有利益相关者收益的总和，也就是企业所持有总资产产生出的收益的总和，资产息税前利润率实现了分子和分母的衡量口径一致的效果，因此常被视为是衡量资产报酬率最恰当的一种衡量方法。值得注意的是，资产息税前利润率直观地衡量了企业全部经济资源获取收益的能力，其数值并不会受到企业资本结构变化的影响。在衡量方面，一般认为企业的资产息税前利润率越高越好，其数值越高就代表企业每一单位的总资产能为企业带来的息税前利润的规模越大，代表企业的赢利能力越强。另外，企业管理者需要额外关注企业的资产息税前利润率是否高于企业的负债利息率，这代表企业所产生的收益是否能够足额覆盖企业使用资本所产生的利息支出，同时能够通过资产息税前利润率这一赢利指标来衡量企业的偿债能力。

②资产利润率，指企业在一定的时期内利润总额和总资产平均余额的比值，衡量的是企业的总资产赚取利润总额的能力。其计算公式是

$$资产利润率 = 利润总额 / 总资产平均余额 \times 100\%$$

上式中的利润总额是扣除掉了企业利息后的利润余额。影响企业利润总额的因素主要有营业利润、投资收益或损失、营业外收支等，需要注意的是所得税金额的变化不会

对利润总额产生影响。因此，资产利润率在评价企业资产赢利能力的同时，还可以体现企业管理者的资产配置实力。

③资产净利率，指企业在一定的时期内净利润和总资产平均余额的比值，这一指标用于衡量企业总资产赚取净利润的能力。其计算公式是

$$资产净利率 = 净利润 / 总资产平均余额 \times 100\%$$

在上面的表达式中，净利润代表的是企业扣除掉了利息和所得税后的剩余收益。在沙盘竞赛中，企业的各类财务管理活动譬如经营活动、投资活动和筹资活动都会影响企业净利润的结果。因此，相对于其他资产报酬率的衡量方式而言，资产净利率着重关注了企业的所有者资本投入及其回报的情况。在评价时，资产净利率的数值越高，代表企业的赢利能力越强，代表单位规模的总资产能为企业带来的净利润的规模越大，代表企业的经营成果越好。

企业管理者需要注意的是，在评价企业资产报酬率的数值时，没有一个绝对数值的评价标准。企业管理者通常可以应用比较分析的方法，将企业当前的资产报酬率数值和过去季度或年度的资产报酬率数值进行比较，也可以将企业的资产报酬率和同行业中的其他竞争对手的资产报酬率进行对比，以此来判断企业当前的资产赢利水平及企业在行业中的相对地位。另外，通过这种比较分析的方法，还可以帮助企业管理者探究企业资产赢利水平的方面是否存在不足，进而挖掘企业经营管理过程中存在的问题，确保企业资产的周转效益和企业经营的生产效率，为企业管理者的经营决策提供信息和方向。

二、资本赢利能力分析

净资产收益率（return on equity，ROE）也称股东权益报酬率或所有者权益报酬率，指企业一定时期内的净利润与净资产平均余额的比值。其计算公式为

$$净资产收益率 = 净利润 / 净资产平均余额 \times 100\%$$

其中，

$$净资产平均余额 = （期初净资产余额 + 期末净资产余额）/2$$

净资产收益率是评估企业获利能力的一项关键财务比率，它体现了公司股东获得资本回报的程度。该比例越高，表示企业的获利能力越强。

另外，在沙盘竞赛中，企业管理者还可以通过因素分解的方式判别企业赢利能力的影响因素有哪些及其影响程度，譬如净资产收益率可以进行如下分解：

$$净资产收益率 = （净利润 \times 总资产平均余额）/ （总资产平均余额 \times 净资产平均余额）$$
$$= 资产净利率 \times 平均权益乘数$$

从上式可以得知，净资产收益率主要受到公司的资产净利率和平均权益乘数两个因素的影响。所以，模拟企业若想提升净资产收益率有两个可能的方法：一是在财务杠杆比例不变的情形下，利用增收节支，通过提高企业资产的运行效率来提高企业的资产净利率，从而提升企业的净资产收益率；二是在确保企业的财务风险在可接受的范围内，企业可以提升财务杠杆从而提高企业的权益乘数，进而提升净资产收益率。企业管理者需要格外注意的是，在上述两种路径中，后者比前者的财务风险更高，但在操作上更容易实现。

三、商品赢利能力分析

企业的资本经营和资产经营最终都是通过企业商品的售卖来获取利润的，因此，直观地衡量企业商品的赢利能力对企业赢利状况的判断尤为重要。关于企业商品赢利能力分析的指标一般涉及的就是销售利润率和成本利润率，下面将分别解释销售毛利率、销售净利率和成本费用净利率对其赢利能力的评价方法。

1. 销售毛利率

销售毛利率也可以简称为毛利率，指企业的销售毛利和营业收入的比值。其计算公式是

$$销售毛利率 = 销售毛利 / 营业收入 \times 100\%$$

其中，

$$销售毛利 = 营业收入 - 营业成本$$

上面的表达式中，销售毛利指企业营业收入和营业成本之差。从指标上来看，销售毛利率反映的是企业销售毛利和营业收入之间的关系，一般认为销售毛利率的数值越大代表企业营业成本在营业收入中所占比重越小，代表单位商品的获利能力越强，代表企业初始获取利润的能力越强。在沙盘竞赛中，通常是市场地位较高的企业可以优先选择销售毛利率高的商品进行售卖，因此，对模拟企业而言更高的市场地位和更优先的市场订单的选择权对企业的单位赢利能力有着决定性的影响。

2. 销售净利率

销售净利率（net profit margin on sales）指企业的净利润和营业收入之间的比值，其计算公式是

$$销售净利率 = 净利润 / 营业收入 \times 100\%$$

销售净利率表示了公司赢利占营业收入的百分比，从而能够衡量公司利用商品销售获取收益的水平。销售净利率表明公司平均每一元营业收入能获得的赢利有多少。这个比例越高，就表示公司通过进行产品销售获得回报的能力就越强。在判断公司的销售净利率之后，要分析公司往年的数据，以便确定公司销售净利率的变化。

前已述及，资产净利率这一指标可以通过因素分解的方式分解为总资产周转率和销售净利率的乘积形式，其计算公式是

$$资产净利率 = （净利润 \times 营业收入） / （营业收入 \times 总资产平均余额）$$

$$= 总资产周转率 \times 销售净利率$$

从上式可以得知，公司资产净利率主要受到总资产周转率和销售净利率这两个因素的影响。若公司的销售净利率越大，则固定资产的周转速率也越快，因此资产净收益率越高。所以，提升资产净利率可从两个角度着手：一方面做好固定资产管理工作，增加固定资产使用率，提升固定资产为企业带来的效益；另一方面要做好企业的销售工作，提高销售收入，节省费用，增加收益水平。

3. 成本费用净利率

成本费用净利率指企业净利润和成本费用总额之间的比值，该指标反映的是企业在生产经营过程中所耗费的成本和费用与企业获取收益之间的关系。其计算公式是

$$成本费用净利率 = 净利润 / 成本费用总额 \times 100\%$$

上式中的成本费用指公司为获得利润所支付的代价，在沙盘竞赛中主要包含营业成本、销售费用、管理费用、财务费用和所得税费用等。一般情况下，企业的成本费用净利率越高，表示企业为获得回报所花费的成本和代价越小，公司的获利能力越强。所以，利用这种比率不但能够评估公司获利能力的强弱，还能够评估公司对成本费用的控制与运营水平。

第六节　偿债能力分析

企业的偿债能力决定了模拟企业是否会成为现实生活中的"老赖"。偿债能力是企业清偿所有到期债务的能力，偿债能力研究也是企业财务状况研究的重要方向，利用这类研究能够发现企业的主要财务管理问题。企业管理者、债务人和股东投资人都重视公司的偿债能力情况。而偿债能力分析一般包含了短期偿债能力和长期偿债能力两个方面。

一、短期偿债能力分析

短期偿债能力指一年以内企业偿付流动负债的能力。在企业中，流动负债是被要求在一年内或超过一年的一个营业周期内需被足额偿付的一种债务，这种短期的流动负债一般而言会给企业增加比较明显的偿债压力和财务风险，如果企业因为资金问题不能及时清偿流动负债，那么企业将陷入财务困境而面临破产的风险。在衡量企业的短期偿债能力时，通常会借助于资产负债表中流动资产和流动负债之间的对应关系。一般来说，企业的流动资产被视为在短期内偿还企业流动负债的一种安全保障，因此，企业管理者可以通过衡量企业流动负债和流动资产之间的关系去判断企业短期偿债能力的情况。具体而言，短期偿债能力的衡量指标主要包括流动比率、速动比率、现金比率和现金流量比率等，下面将针对这些指标进行介绍。

（一）流动比率

流动比率（current ratio）指企业流动资产和流动负债之间的比值，通常用数字或比值的形式来表示。其计算公式是

$$流动比率 = 流动资产 / 流动负债$$

在沙盘竞赛中：流动资产主要包括货币资金、应收账款、存货和 1 年内到期的非流动资产等，一般用资产负债表中的期末流动资产总额表示；流动负债主要包括短期借款、应付账款、各种应交税费、1 年内到期的非流动负债等，通常也用资产负债表中的期末流动负债总额表示。通常而言，流动比率是反映企业短期偿债能力的一项核心指标。在判断上，企业流动比率的数值越高，代表企业的流动资产对流动负债的保障程度越高，代表企业的短期偿债能力越强。需要注意的是，过高的流动比率对企业而言并不一定是一件好的事情，因为高的流动比率代表的流动资产远远多于企业的流动负债，这可能是由于企业有过多流动资产的闲置或是流动资产对现金的过度占用所导致的，代表着企业有限的资金没有加以高效率的运用，降低了企业资产结构的赢利能力。

按照历史数据的经验，企业流动比率在 2 ：1 左右是比较合适的水平。然而，企业

管理者应该辩证地对待流动比率这一经验水平，例如，流动比率的高低会明显受到行业特征的影响，因此对企业流动比率的评价不能按照标准水平一概而论。同时流动比率的上升或下降也不能直接代表企业偿债能力的提升或减弱，因为流动比率仅代表了企业流动资产和流动负债的相对规模，且比较容易受到人为因素的影响。譬如，一家企业假设其流动资产持有 200 万元，流动负债持有 150 万元，此时企业的流动比率应该是 1.3∶1，而假设在期末时企业管理者立即用 50 万元的现金偿还了 50 万元的负债，此时调整后的流动资产持有量为 150 万元，流动负债的持有量为 100 万元，调整过后的流动比率则是 1.5∶1。看似实现了流动比率的上升，但是就这家企业而言，其流动资产的规模并未上升，短期偿债能力被粉饰。所以，使用流动比率来评估公司短期偿债能力具有局限性。

（二）速动比率

前已述及，使用流动比率衡量企业的短期偿债能力存在局限性。在此基础上，企业管理者还要考虑到另外的一个问题就是，流动比率在衡量短期偿债能力时存在一个基础的假设，那就是假设企业在偿还流动负债时所有的流动资产都可以及时地变现去进行债务的清偿，然而在现实生活中，这个假设显然是难以成立的。基于此，为了在衡量短期偿债能力时可以考虑到企业一些很难立刻变现的流动资产的问题，让财务指标更加具有准确性，速动比率可以被用来计算一些流动性较强的流动资产对于短期债务的保障程度。

速动比率（quick ratio），指速动资产和流动负债之间的比值，其计算公式是

$$速动比率 = 速动资产 / 流动负债$$

其中，

$$速动资产 = 流动资产 - 存货$$

按照历史数据的经验，企业速动比率在 1∶1 左右是比较合适的水平，当然也需要考虑到行业特性对企业指标的影响。速动比率的衡量方式相对于流动比率来说，其在企业短期偿债能力的衡量准确性上有了明显的提高，因为速动比率中扣除掉了流动性和变现速度较差的存货，更加直接地衡量了企业速动资产相对于流动负债的保障程度。在判断上，企业的速动比率的数值越高，代表企业的短期偿债能力越强。需要说明的是，速动比率衡量的只是相对数值，并不能代表企业真实速动资产与流动负债规模的绝对情况。

（三）现金比率

现金比率（cash ratio）指企业的现金及现金等价物和流动负债之间的比值。在沙盘竞赛中，由于企业生产经营的环境较为单一，现金比率的分子部分可以直接用货币资金的存量来表示，因此，现金比率的计算公式是

$$现金比率 = 货币资金 / 流动负债 \times 100\%$$

由于企业的货币资金是企业偿还债务的最终手段，现金比率相对于流动比率和速动比率能够更为直接地反映企业偿还债务的能力。按照历史数据的经验，现金比率一般在 20%～30% 是比较合适的水平。一般而言，如果企业的现金比率过低，那么代表企业可能出现资金链断裂的问题，正在承担着比较大的财务风险，企业的短期偿债能力也较差；如果企业的现金比率过高，那么代表企业可能持有了过量的货币资金而造成了货币资金的闲置，从而降低了企业资产的赢利性，降低了企业资产的使用效率。因此，在沙盘竞赛中，企业管理者也应该将现金比率维持在一个比较合适的水平，既不会造成资金短缺的现象，也不会产生过多资金闲置的情况。

二、长期偿债能力分析

和短期偿债能力相对应的，企业长期偿债能力主要就是在衡量企业偿还长期负债的能力。在沙盘竞赛中，长期借款是企业长期负债的核心内容，企业管理者不仅要关心企业短期的偿债能力，同时更要关心企业的长期偿债情况从而衡量企业的财务状况和偿债风险。反映企业长期偿债能力的常见核心指标包括资产负债率、股东权益比率、权益乘数和产权比率等，下面将针对这些指标进行介绍。

1. 资产负债率

资产负债率指企业负债总额和资产总额之间的比值，这个指标反映的是企业所投资的全部资产中通过负债获取来的资金的比重。其计算公式是

$$资产负债率 = 负债总额 / 资产总额 \times 100\%$$

在评价上，资产负债率反映了企业负债规模的相对水平和杠杆程度，资产负债率的数值越高代表企业债务的相对规模越大，企业的长期偿债能力越差。

值得注意的是，不同的利益相关者对于资产负债率的判断视角会截然不同。首先，从企业的债权人角度来看，债权人更为关注的是带给企业资本的安全性，那么企业的资产负债率越低对企业债权人的保障程度越高，反之这个比率如果过高，则代表企业的所有资产中通过债务筹集的资金比重过多，则有更多的风险由债权人来承担，债权人借出借款的安全性则较差。其次，从企业所有者的角度来看，企业的股东关注的是投入资本是否有足够多的收益，那么企业如果采用比较高的资产负债率，通过增加负债来扩大总资产规模，则会产生比较明显的杠杆效应，为股东带来杠杆收益。最后，作为企业的管理者，企业扩大资产负债率必然会扩张企业的规模为其带来更多的收益，但同时需要警惕过高的负债规模会给企业带来较高的偿债压力和财务风险，企业需要警惕是否存在资不抵债的风险，需时刻防范破产的可能。

总而言之，企业的资产负债率没有一个确定的标准，尤其是不同的行业特性，以及不同规模的企业其资产负债率往往存在着较大的差异。一般来说，处在高速成长时代的公司，其资产负债率或许会具有较高水平，因为这样一来，公司股东就会获得更多的杠杆利益。然而，作为企业的管理者，在判断公司的资产负债率时必须要审时度势，充分考虑公司内部各类因素及公司内外部的市场环境变化，在投资风险和回报之间权衡利弊和得失，然后才能做出合理的财务决定。

2. 股东权益比率与权益乘数

股东权益比率指企业所有者权益总额和资产总额之间的比值，和资产负债率相反的是，股东权益比率展示了企业资本的投入对于企业总资产规模的比重。其计算公式是

$$股东权益比率 = 所有者权益总额 / 资产总额 \times 100\%$$

在上面的式子中，根据会计基础等式，不难发现资产负债率和股东权益比率存在相加之和等于 1 的关系等式。换言之，这两个指标是通过两个角度对企业的长期财务状况进行衡量的，若企业的资产负债率越高，代表企业的负债规模越大，则企业的股东权益比率的数值就越低，代表企业的长期偿债能力越差，反之亦然。

权益乘数也是衡量企业长期偿债能力的核心指标，在计算上权益乘数是股东权益比率的倒数，表示了企业的资产总额对企业所有者权益总额的倍数。通常情况下，财务报

表的使用人会通过权益乘数衡量企业财务杠杆的大小，如果权益乘数的数值越大则代表企业的杠杆程度越高，代表企业的长期偿债能力越差。其计算公式是

$$权益乘数 = 资产总额 / 股东权益总额$$

3. 产权比率

产权比率指负债总额和所有者权益总额之间的比值。其计算公式是

$$产权比率 = 负债总额 / 所有者权益总额$$

从上面的式子中可以看出，产权比率是资产负债率的另一种表现形式，产权比率揭示了企业的债务性筹资带来的资金和股权性筹资带来的资金之间的对比关系。在评价上，企业的产权比率越高代表企业所有者权益的规模对负债的保障程度越低，代表企业承担了越大的财务风险和偿债压力，代表债权人贷款的安全性越差，代表企业的长期偿债能力越差。

4. 利息保障倍数

利息保障倍数（interest coverage ratio）也称已获利息倍数，指息税前利润和利息费用之间的比值，其计算公式是

$$利息保障倍数 = 息税前利润 / 利息费用$$

其中，

$$息税前利润 = 税前利润 + 利息费用$$

上面的式子中，利息保障倍数这一指标反映的是企业产生的利润相对于企业需要支付的利息保障程度，或者说支付利息的偿还能力。在判断上，如果这个数值越低代表企业生产经营所产生的收益很难覆盖住筹集资本所要求的利息，这代表企业的长期偿债能力较差。通常情况下，企业的利息保障倍数不能小于 1，否则代表企业的利润难以偿还利息，代表企业的赢利能力和偿债能力令人担忧。

第七节　营运能力分析

在沙盘竞赛中，从资产整体的角度来看，判断模拟企业持有的资产是否在有效率且有效益地运转，是衡量企业投资活动是否行之有效、能为企业带来收益的标准。模拟工业企业经营资产的基础是流动资产和固定资产，其从根本上决定着企业经济的运行条件和效益。对其并加以分析，将有助于掌握企业的经营条件与管理。固定资产的效率越高，说明企业可被利用的时间越长。

营运能力反映了企业的资本周转情况。通过对其经营水平加以研究，有助于掌握企业的经营情况和营运水平。如果资金周转情况较好，就表示企业的营运水平较好，资本效率较高。由于企业的资金状况与供产销各个运营环节都息息相关，如果任何一个环节发生困难，都可能干扰其营运资本的顺利周转。譬如在供产销各周期中，产品销售就具有特别的重要性，因为商品只有推销出去，才能达到其产生收入的效用，从而回收原来投入的资本，再完成下一次周转。因而，企业的经营水平和资金的营运情况就可利用商品销售状况和企业资金占用规模的比较情况来衡量。评价企业整体营运能力所使用的重要指标包括应收账款周转率、存货周转率、流动资产周转率、固定资产周转率、总资产周转率等。

一、流动资产周转能力分析

（一）应收账款周转率

应收账款周转率（receivables turnover ratio）是企业在一定时期内赊销收入和应收账款平均余额的比率。这一指标通常被企业用来衡量应收账款的流动性，反映了应收账款在一定时期内的周转次数，同时可以通过企业应收账款周转率的数值判断企业应收账款的质量、回款速度和企业的管理情况。其计算公式是

$$应收账款周转率 = 赊销收入 / 应收账款平均余额$$

其中，

$$应收账款平均余额 = （期初应收账款 + 期末应收账款）/2$$

在上面的式子中，企业的赊销收入指企业通过赊销的方式所产生的交易金额，应收账款应该采用一定时期内的平均余额来作为计算的数值。应收账款周转率表达的是某一季度内或某一年度内应收账款回款的次数，在评价上，这一比率的数值越高，代表一定时期内应收账款的回款次数越多，代表企业的应收账款可以越快地收回现金，代表企业应收账款的周转速度越快，进而可以认为企业的营运能力越强。

在沙盘竞赛中，由于几乎所有的市场订单都采用赊销的方式进行，应收账款已经成为了每个模拟企业一项重要的流动资产。对于竞争企业而言：应收账款的周转率越高，则代表应收账款的回款速度越快，代表企业能够节约资金、降低坏账损失、降低应收账款坏账成本，从而加快企业流动资产的周转，这同时也能够提升企业的短期偿债能力；若竞争企业的应收账款周转率过低，则表示该企业的应收账款周转速度慢，这可能是由于企业采用的信贷政策较为宽松所致，但这种情况会导致企业应收账款占用货币资金的规模过大，而提高企业的融资成本，另外应收账款周转率过高也可能是因为企业采用了较为严格的信用政策，从而丢失掉收账期较长的市场订单、限制企业销售量的扩大，这种情况的另外一个特征是存货周转率同时偏低，这会明显影响企业的赢利水平。

除应收账款周转率外，应收账款周转天数也可以反映应收账款的周转情况，其计算公式是

$$应收账款周转天数 =360/ 应收账款周转率 = 应收账款平均余额 ×360/ 赊销收入$$

应收账款周转天数表示应收账款周转一次所需的天数。在评价上，应收账款周转天数越长，则代表企业的应收账款周转速度越慢，周转一次所需要的天数越久，代表企业的赢利能力越差，反之亦然。可以发现的是，应收账款周转天数和应收账款周转率呈反比例变动的趋势，而这两个指标都是分析企业应收账款管理情况的核心指标。

总体而言，在沙盘竞赛中针对营销总监这一角色，应收账款的账期在获取订单时需要格外的关注：在销售金额相同的情况下应尽量选择账期短的订单，让企业尽快回款；在销售金额不等的情况下，应及时衡量企业的资金现状，企业甚至可以选择进行应收账款贴现，以避免额外的筹资成本，以及为企业带来可能的财务压力。

（二）存货周转速度

企业存货的周转指以货币资金购入原材料，然后经过生产加工形成在产品，最后

形成库存商品，通过销售再取得货币资金的这样一个过程，代表存货的一次周转。存货周转率可以用来衡量存货周转的速度，也是衡量企业营运能力的关键指标。存货周转率（inventory turnover ratio）指在一定时期内营业成本和存货平均余额之间的比率，其计算公式是

$$存货周转率 = 营业成本 / 存货平均余额$$

其中，

$$存货平均余额 =（期初存货余额 + 期末存货余额）/2$$

上式中存货周转率反映的是一定时期内存货周转的次数，其数值的变化情况可以帮助企业判断存货的变现速度，衡量企业的销售情况和存货的仓储情况。在评价上：存货周转率越高代表存货在这一段时期内的周转次数越多，代表存货的回款情况越好，则反映企业的营运能力越强；若企业的存货周转率过低，通常是由企业的库存积压导致的，这时企业管理者应当积极寻求适当的存货管理政策，调整存货储备量，降低企业不必要的支出和成本，从而提升企业的赢利能力。需要注意的是，存货周转率过高也不一定总是一个好现象，有的企业为了追求高的存货周转率而使得存货持有的水平过低，这种经营策略可以为企业减少存货的存储成本，但是会增加企业的采购次数、降低单次采购批量，可能会导致生产线闲置进而增加企业无法按时交货的风险。

除存货周转率外，存货周转天数也可以用来衡量企业存货周转的速度，其计算公式是

$$存货周转天数 =360/ 存货周转率 = 存货平均余额 ×360/ 销售成本$$

存货周转天数代表存货周转一次所需要的天数。在评价上，企业的存货周转天数越多代表企业周转一次所需要的时间越长，代表企业存货的周转速度越慢，代表企业的营运能力越差。

存货的周转速度没有一个确定的水平，一个比较好的方法就是将企业当期存货周转的指标和历史水平及行业的平均水平进行比较，从而可以判断企业当期的存货周转情况。当然存货周转的速度和企业的经营状况与经营战略有着绝对的关系，比如有的企业在生产某一类型某一特性的产品后，选择囤积这类产品，计划等待市场销路顺畅时一举占领市场获取大量的市场份额，这也可能会造成这个企业短期的存货堆积导致存货周转率较低。因此，企业在使用存货周转的指标去判断存货的管理情况时，应当考虑这个企业所处的竞争环境和这个企业本身的经营战略，进而进行综合的评价。

（三）流动资产周转速度

流动资产周转率（current assets turnover rate）指营业收入和流动资产平均余额之间的比率，反映的是企业流动资产的周转效率，其计算公式是

$$流动资产周转率 = 销售收入 / 流动资产平均余额$$

其中，

$$流动资产平均余额 =（期初流动资产余额 + 期末流动资产余额）/2$$

流动资产周转率表示的是企业的流动资产在一定的时期内周转的次数，代表了流动资产周转的速度。在评价上，通常认为流动资产周转率的数值越高，就代表企业的流动资产的周转速度越快，代表企业的资金利用效率越高。但企业管理者也需要注意流动资

产周转率没有一个确定的、最优的标准，企业也应该结合其历史数据和行业水平来进行辩证的评价。

二、固定资产营运能力分析

固定资产周转率（fixed assets turnover ratio）指企业销售收入和固定资产平均余额的比率，反映的是固定资产的运营效率，其计算公式是

$$固定资产周转率 = 销售收入 / 固定资产平均余额$$

其中，

$$固定资产平均余额 = （期初固定资产余额 + 期末固定资产余额）/2$$

在上面的式子中，固定资产周转率主要用于对企业的厂房、设备等固定资产的利用效率进行分析和评价。一般情况下，该比率的数值越高，代表企业的固定资产的周转速度越快，代表这一项资产为企业带来的效率和效益越好，代表企业的营运能力越强。除此之外，在沙盘竞赛中对固定资产的分析评价应当综合考虑各种因素：如果经营团队期初变卖厂房融资，则固定资产的平均余额自然会比较低；使用全自动生产线或智能生产线较多的团队，其固定资产的平均余额会高出平均水平，但最终比率的高低取决于销售额的大小。如果生产线昂贵，也没有取得预期的销售收入，则会导致较低的固定资产周转率，说明企业的经营管理存在较大的问题。

三、总资产周转能力分析

总资产周转率（total assets turnover ratio）指营业收入和总资产平均余额的比值，其计算公式是

$$总资产周转率 = 营业收入 / 资产平均总额$$

其中，

$$资产平均总额 = （期初资产总额 + 期末资产总额）/2$$

上面的式子中总资产周转率可以用来衡量企业总资产的周转速度。在评价上：该比率的数值如果越高则代表总资产的运营速度越快、企业的经营效率较强，代表企业的营运能力和资产的赢利能力越强，可用来分析企业全部资产的使用效率；反之，如果这个比率的数值较低，那么企业管理者需要着重关注企业是否存有过多的闲置资产，在适当情况下应该进行处置，来提高企业资金和资产的利用效率，进而提升企业的赢利能力。

第八节　杜邦分析和企业战略

在模拟企业进行报表分析与比率分析后，杜邦分析是一种行之有效的，帮助企业管理者判断企业整体情况的财务分析体系。由于企业的财务状况是一套完整的系统，期间各个要素相互影响，没有办法分裂开来去单独的评价企业某一种财务能力的好坏。所以，企业管理者在针对企业进行分析评价并开展财务管理的决策时，需要首先认清企业财务管理

活动中各个因素之间的联系和作用关系，从而能够全方位地、系统地认识企业财务状况的全貌，进行合理判断。因而，杜邦分析就是这样一种方法，通过一些关键财务数据指标之间的关联和关系，通常采用分解图的形式，全面揭露企业的财务状况和四种能力。

杜邦分析可以用等式的形式表示，其公式是

$$净资产收益率 = 资产净利率 \times 权益乘数$$
$$= 销售净利率 \times 总资产周转率 \times 权益乘数$$

从上式中可以看出，净资产收益率是一种综合能力很强、最具意义的财务管理比例，也是杜邦系统的基础。公司财务的重要任务在于达到公司价值最大化，反映在沙盘竞赛中，应该是所有者权益最大化，而净资产收益率恰恰体现了公司投入资本的收益水平，体现了公司筹资、投资和经营活动的质量状况。净资产收益率一般受到公司资产净利率与权益乘数的影响，其中，前已述及，资产净利率一般反映了公司利用所有资产所开展的经营业务的质量高低，而权益乘数则一般反映公司的财务杠杆，即公司的负债情况。

资产净利率是体现企业整体赢利水平的一项关键指标，它直接代表了企业产品营销行为的整体绩效，综合性价值也很大。企业的营业收入、费用和资产结构等多种因素，均直接影响资产净收益率的水平。而前已述及，资产净收益率可以分解为销售净利率与总资产周转率的乘积形式，因而可以通过企业的营销管理和资产控制两个方面进行分析和评价。

进一步细化杜邦分析的分解结果，可以看到其销售方面的情况。从公司的销售业务方面来看，销售净收益率体现了公司赢利和销售收入间的关联。一般而言，销售收入上升，公司的赢利就会相应上升。但是，要想进一步提高销售净利率，就需要一方面增加营业总收入，另一方面减少各项费用，如此就可以使净利润的增加大于营业净收入的增加，进而使销售净利率得以进一步提高。由此可见，进一步提高销售净利率就应该从下列两个方面着手：首先开拓市场，扩大产品收入。在沙盘竞赛中，企业管理者需要提前探查市场订单的情况，以掌握产品价格的变化；在策略上，应该从企业长期的经营效益角度出发，积极考虑开发新的市场、研究新的技术，跟随行业的发展趋势；在生产经营上，企业应尽可能地提高生产效率、尽早实现生产经营的智能化，力求进一步提高消费者市场占有率，上述行为应该是较为健康的模拟企业应该考虑到的方面。其次，进行成本控制，以尽量减少耗费，进一步提高企业利润水平。在杜邦分析法体系中，可以分析企业的费用构成是不是科学合理，从而找到企业在成本费用财务管理领域所存在的问题，为搞好企业成本费用管理提供了依据。企业要想在沙盘竞赛这种短暂而激烈的竞争下立于不败之地，不仅要在市场营销和生产上下功夫，而且还要努力降低企业生产的成本费用，如此才可以进一步提高企业商品在市场上的竞争性。同样，还要严格控制企业的财务管理、资金开支及各种期间费用，尽量减少耗费，从而进一步提高企业利润率。这特别需要分析企业的利息费用和主营业务收入净额之间的关系，一旦企业所负担的借贷利率成本过多，就需要进行分析企业的资产构成是不是合理，负债比率是不是过高，因为不合理的资产构成必然会影响企业所有者的回报。

最后杜邦分析还会聚焦到企业的资产结构和周转情况。首先，企业应该分析其资产结构是否适当，即流动资产与非流动资产之间的比率是否合适。前已述及，资产结构实际体现着企业资产的流动性和收益性，它不但会直接影响企业的偿债问题，还会影响企业的盈利水平。其次，企业应该结合营业收入，分析企业资产周转状况。前已述及，资产周转的快慢会直接影响企业的营运能力和获利情况，一旦企业的资产周转过慢，企业将会耗费大量的资金成本而降低企业整体收益能力。需要注意的是，企业资产的周转情况不仅需要计算相关的周转率指标，而且还需要结合这个企业实际的情况进行联合分析。因此，通过上述两个方面能够看出企业在资产管理工作方面存在的问题，可以为企业管理者的经营管理决策提供方向。

综上所述，从杜邦分析系统中可发现，公司的赢利能力实则涵盖了生产经营业务活动的方方面面。净资产收益率与公司的资产构成、业务规模、经营成本管理水平、资产管理能力等各种因素十分相关。而通过杜邦分析可以看出，这些因素组成一个完善的体系，体系内各个因素相互作用。唯有选择和建立好适合于公司情况发展的企业战略，从企业战略的层面展开分析，协调好体系内各个因素间的相互关系，方可使净资产收益率得以有效提升，进而达到企业价值最大化，或者说公司所有者权益最大化的目标。

【思考题】

1. 如何对经营企业资产结构的合理性进行分析？

2. 除企业利润表所列示的项目之外，企业报表当中还有哪些项目会对企业的利润产生影响？

3. 现金流量表的信息对资产负债表和利润表信息的补充体现在哪些方面？

4. 为什么将净资产收益率作为反映赢利能力的核心指标？

参 考 文 献

[1] 张先治，秦志敏. 财务分析数智版 [M]. 大连：东北财经大学出版社，2021.

[2] 张新民，钱爱民. 财务报表分析 [M]. 北京：中国人民大学出版社，2020.

[3] 张新民，钱爱民. 财务报表分析：案例分析与学习指导 [M]. 北京：中国人民大学出版社，2020.

案例分析

五粮液和贵州茅台的存货周转和管理

即测即评

第五章　金蝶沙盘操作规则

第一节　教师端操作

一、登录系统

在教师端双击![start图标]开启服务器，服务器开始运行，当运行到如下状态时表示运行完成，如图 5.1 所示。

在浏览器页面的地址栏输入：http://ServerIP:8083/sandtable/login.jsp，进入登录界面。其中，ServerIP 指服务器的 IP 地址。

如图 5.1 所示，录入：小组为"admin"，口令默认："123"。单击"登录"按钮。

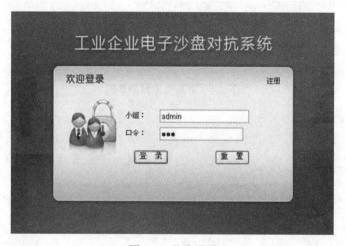

图 5.1　登录界面

1. 重置系统数据

如图 5.2、5.3 所示，单击"设置—重置"，系统弹出提示窗口，单击"是"按钮，系统恢复到初始化状态。

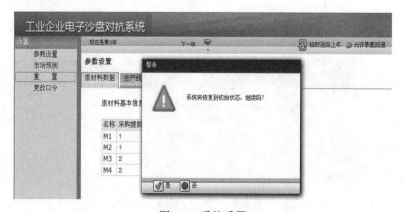

图 5.2　系统重置

图 5.3　重置结束

根据图 5.3 的提示，单击状态栏的"禁止注册"，将禁止学生注册。

2. 录入原材料数据

选择"参数设置-原材料数据"，检查数据的内容是否与图 5.4 相符。录入完毕，单击"保存"按钮。

图 5.4　录入查原材料数据

3. 生产线设置

如图 5.5 所示，选择"生产线设置"页签，显示各种生产线的安装周期、改造周期、加工周期和生产线造价，检查数据是否与图 5.5 相符。录入完毕，单击"保存"按钮。

图 5.5　生产线数据设置

4. 加工费用设置

如图 5.6 所示，进行产品加工费用设置，录入完毕，单击"保存"。

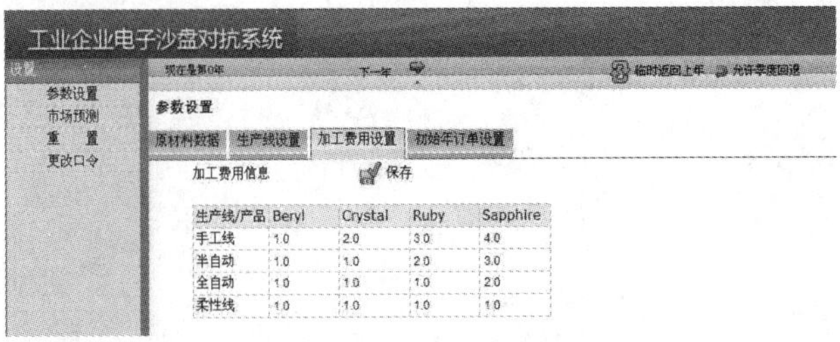

图 5.6　加工费用设置

5. 初始年订单设置

单击"增加",按照图5.7录入初始年的订单,可以对初始年的订单进行设置,单击"确定"按钮,系统自动生成订单信息。

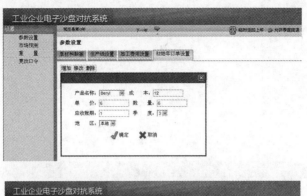

图 5.7　初始年订单设置

6. 录入市场需求预测

选择"设置—市场预测",然后选择状态栏上的"设定模拟年限"的年限。

说明:如图 5.8 到 5.10 所示的市场容量数据是按照 8 个小组设置的。如果实际培训中大于或小于 8 个小组,就可以将下列数据分别除以 8 得到每个小组的一套数据,如果多一个小组或少一个小组,就按照该套数据进行增减。

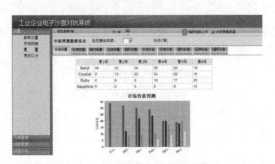

图 5.8　录入本地市场预测

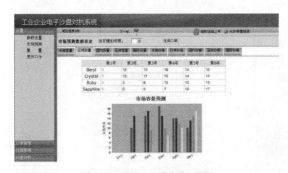

图 5.9　录入区域市场预测

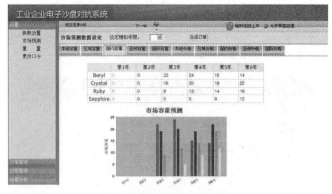

图 5.10　录入国内市场预测

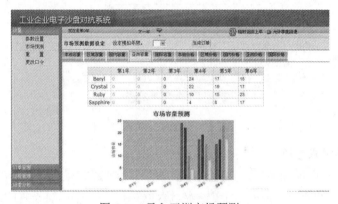

图 5.11　录入亚洲市场预测

另外，讲师也可以模拟各种经济环境：比如金融危机来临的场景，故意减少某年某个市场所有产品的需求数据；或者模拟经济繁荣的场景，故意加大某年某个市场所有产品的需求数据。通过这些数据的调整，来锻炼各个小组学员对市场的应变能力。

选择"本地容量"，按照图 5.8 所示的本地市场的数据录入，单击"保存"。

选择"区域容量"，按照图 5.9 录入区域市场的数据，单击"保存"。

选择"国内容量"，按照图 5.10 录入国内市场的数据，单击"保存"。

选择"亚洲容量"，按照图 5.11 所示录入亚洲市场的数据，单击"保存"。

选择"国际容量"，按照图 5.12 录入国际市场的数据，单击"保存"。

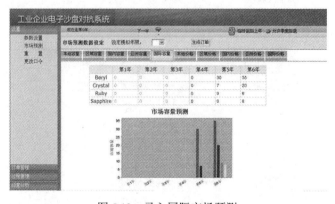

图 5.12　录入国际市场预测

7. 录入市场价格

选择"本地容量"，按照图 5.13 中本地市场的价格录入，单击"保存"。

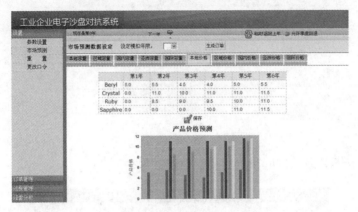

图 5.13　录入本地市场价格

选择"区域容量"，按照图 5.14 录入区域市场的价格，单击"保存"。

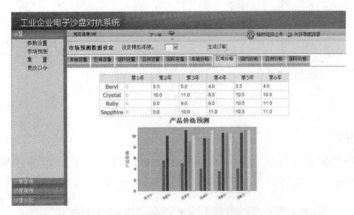

图 5.14　录入区域市场价格

如图 5.15 所示，录入国内市场的价格，单击"保存"。

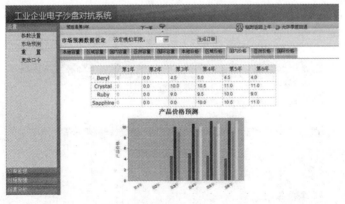

图 5.15　录入国内市场价格

如图 5.16 所示，录入亚洲市场价格，单击"保存"。

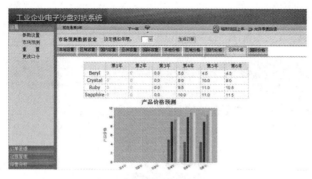

图 5.16　录入亚洲市场价格

如图 5.17 所示，录入国际市场价格，单击"保存"。

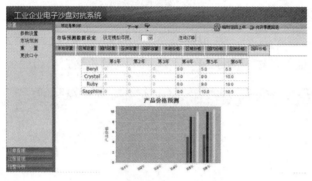

图 5.17　录入国际市场价格

8. 生成订单

当市场预测数据都录入完之后，在讲师界面，选择"设置—市场预测"，在市场预测的界面中，单击"生成订单"，系统自动随机产生订单（图 5.18）。

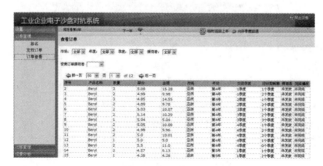

图 5.18　生成订单

可以在"订单管理—订单查看"中看到生成的销售订单（图 5.19）。

图 5.19　查看订单

9. 切换注册状态

单击状态栏的"允许注册"，将信息变为"禁止注册"（见图 5.20），这时可允许学生进行注册。

图 5.20　切换注册状态

二、初始状态设置

1. 引导的前提条件

前提条件：教师将工业沙盘的盘面介绍清楚之后，让各小组将初始年的筹码都摆放在盘面上，然后开始进行引导。

初始年状态如表 5.1、图 5.21 所示。

表 5.1　初始年的项目及内容

项　目	内　容
现金	24M
应收账款	账期为 2Q 的金额 7M，账期为 3Q 的金额 7M
短期贷款	20M，还有 4Q 到期
长期贷款	20M，还有 4Y 到期
采购订单	2 个 M1 的采购订单
原材料	2 个 M1
生产线 1	生产 beryl 的手工线，折旧后价值 2M，线上有在制品在加工
生产线 2	生产 beryl 的手工线，折旧后价值 3M，线上有在制品在加工
生产线 3	生产 beryl 的手工线，折旧后价值 3M，线上没有在制品
生产线 4	生产 beryl 的半自动线，折旧后价值 4M，线上有在制品在加工
产成品	3 个 beryl

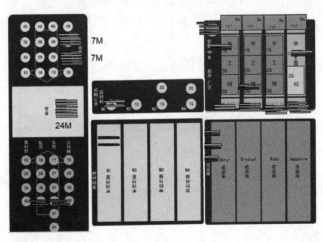

图 5.21　初始年状态

2. 引导学员查看市场预测

在学生界面，单击"设置—市场预测"，可以查看各个市场的市场需求预测，以及产品价格趋势（图 5.22）。

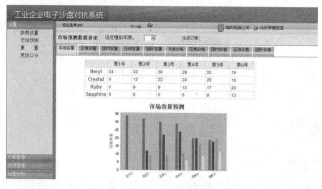

图 5.22 查看各个市场的预测信息

三、预算决策、生产与采购决策的编制

1. 引导学生查看销售订单

在学生界面，选择"订单管理—订单查看"，可查看该组当年的订单（图 5.23）。

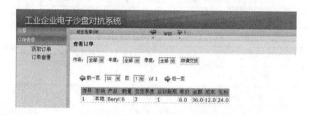

图 5.23 该组当年的订单信息

2. 引导学生制定"生产线建设决策"

在学生界面，选择"决策—生产决策"，选择"生产线建设决策"页签。

该界面的作用就是先做规划：本年度将建设什么样的生产线。

在建设生产线的时候，应该结合每种产品、每个市场未来的需求趋势，决定建设什么类型的生产线，生产什么产品。

如图 5.24 所示，可以看到起始年有四条生产线，都是生产 Beryl 产品的。其中 1 号线、2 号线、3 号线是手工线，4 号线是半自动线。

图 5.24 生产线建设决策

说明：在初始年的时候，不用做生产线建设的规划。

如果在以后年度订单较多，要做生产线建设的规划，可以单击"增加"按钮，在界面中选择生产线编号、产品类型、生产线类型、开建日期，规划将建设什么类型的生产线，生产什么产品、什么时候开始建设。

3. 引导学生制定"生产线产能计划"及"采购决策"

在学生界面，选择"决策—生产决策"，选择"生产线产能计划"页签。

该界面是考虑现有生产线，以及本年度将建成的生产线的产能，然后编制生产计划。该界面的使用原理如下：

- 第一步：根据生产线的产能，填写生产计划；
- 第二步：系统根据填写的生产计划，自动计算预计入库量；
- 第三步：系统根据产品的期初库存量、订单数量、预计入库量，自动计算预计库存量。对于 Crystal 产品，因为会用到 Beryl 产品，所以会依据 MRPII 原理，根据 BOM 结构往下展开，计算出 Beryl 和原材料 M2 的需求。按照 MRPII 原理计算之后，就会显示出每种产品每个季度的预计库存量。某个产品在某个季度库存如果为负，就一定要编制生产计划，确保预计库存数量至少为 0，才能满足销售订单的需求。

按图中所示，可以看到起始年初，三条生产线上有在制品，如图 5.25 所示。

- 1号线：预计在当年 3 季度产品下线；
- 2号线：预计在当年 1 季度产品下线；
- 4号线：预计在当年 2 季度产品下线。

对应的，产品的预计入库量和预计库存量如图 5.26 所示。

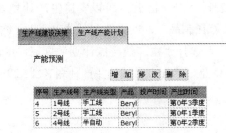

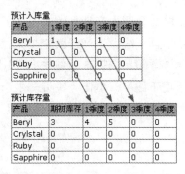

图 5.25　初始年生产线产能　　图 5.26　起始年的产品预计入库量和预计库存量

分析图 5.25、图 5.26，可以看到：

- Beryl 产品的期初库存为 3；
- 在第 1 季度，2 号线 Beryl 产品下线，因此 1 季度 Beryl 有预计入库量 1 个，预计库存量为 3+1=4 个；
- 在第 2 季度，4 号线 Beryl 产品下线，有预计入库量 1 个，因此预计库存量为 4+1=5 个；
- 在第 3 季度，1 号线 Beryl 产品下线，有预计入库量 1 个，因此预计库存量为 5+1=6 个。但是，因为在第 3 季度有销售订单需要交货，即 6 个 Beryl 产品交货，因此，第 3 季度预计库存量变成 6-6=0 个。

在上面的说明中，就已经包含了 MRPII 中的主生产计划 MPS 的逻辑：

$$预计库存量 = 期初库存量 + 预计入库量 - 销售订单量$$

如果再进一步按照 MRPII 的原理，参考 BOM，展开到原材料这一层，可以看到原材料的需求。

关于原材料的需求计算，将在后面介绍。此处，先记住原材料的初始库存，便于后面介绍 MRP 逻辑时参考。

在学生界面，选择"决策—采购决策"：可以看到，M1 在第 1 季度将到货 2 个（图 5.27）。

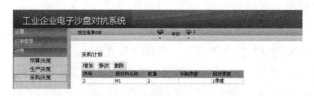

图 5.27　原材料采购到货记录

对应的，原材料的预计入库量和预计库存量如下：M1 期初库存量 2 个，1 季度预计入库量为 2 个，因此在第 1 季度预计库存量为 4 个（图 5.28）。

预计入库量

原材料	1季度	2季度	3季度	4季度
M1	2	0	0	0
M2	0	0	0	0
M3	0	0	0	0
M4	0	0	0	0

预计库存量

原材料	期初库存	1季度	2季度	3季度	4季度
M1	2	4	4	4	4

图 5.28　原材料预计入库量和预计库存量

下面接着介绍生产计划编制过程。

产品一旦下线，生产线就空出来，可以安排生产。因此，可以安排生产计划如下。

● 第 1 季度：安排 3 号线生产（3 号线没有在制品）；安排 2 号线生产（2 号线在第 1 季度下线）。单击"决策—生产决策"，选择"生产线产能计划"页签，单击"增加"按钮，在弹出的对话框中填写如下信息，增加 2 号线的生产计划（图5.29）。

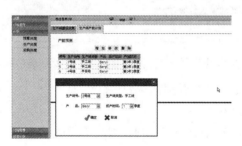

图 5.29　增加生产计划

同理，增加 3 号线的生产计划。最后得到的生产计划如图 5.30 所示。

产能预测

序号	生产线号	生产线类型	产品	预计时间	产出时间
61	1号线	手工线	Beryl		第0年3季度
62	2号线	手工线	Beryl		第0年1季度
63	4号线	半自动	Beryl		第0年2季度
64	2号线	手工线	Beryl	第0年1季度	第0年4季度
65	3号线	手工线	Beryl	第0年1季度	第0年4季度

图 5.30　第 1 季度的生产计划

　　说明：如果生产计划安排不对，系统会自动进行检查，给出错误提示。如图 5.31 所示，1 号线在第 3 季度才能下线，如果在第 1 季度就安排投产，系统就会给出错误提示。

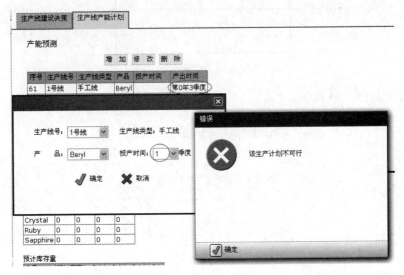

图 5.31　生产计划编制丌对时的提示

　　当第 1 季度的生产计划编制完成后，Beryl 产品的预计入库量和预计库存量也会发生变化：可以看到，Beryl 产品在第 4 季度的预计入库量变为 2 个，预计库存量也变为 2 个（图 5.32）。

　　当第 1 季度的生产计划编制完成后，再来看一下采购部分的预计库存量变化。

　　可以看到，由于第 1 季度计划安排 2 个 Beryl 产品的生产，因此第 1 季度的预计库存量就变为 4-2=2 个（图 5.33）。

预计入库量

产品	1季度	2季度	3季度	4季度
Beryl	1	1	1	(2)
Crystal	0	0	0	0
Ruby	0	0	0	0
Sapphire	0	0	0	0

预计库存量

产品	期初库存	1季度	2季度	3季度	4季度
Beryl	3	4	5	0	(2)
Crylstal	0	0	0	0	0
Ruby	0	0	0	0	0
Sapphire	0	0	0	0	0

预计入库量

原材料	1季度	2季度	3季度	4季度
M1	2	0	0	0
M2	0	0	0	0
M3	0	0	0	0
M4	0	0	0	0

预计库存量

原材料	期初库存	1季度	2季度	3季度	4季度
M1	2	(2)	2	2	2

图 5.32　Beryl 产品的预计入库量和预计库存量变化　图 5.33　第 1 季度预计库存量变化

　　在以上的讲解中，就已经包含了 MRPII 原理中的 MRP 算法：

子项物料预计库存量 = 子项物料期初库存 + 子项物料预计入库量 − 父项物料需求量 ×BOM 比例

　　对应到 M1 的需求，算法公式就是

　　M1 的预计库存量 =2(期初库存)+2(预计入库量)−2(父项需求)×1(BOM 结构中，生产 1 个 Beryl 需要 1 个 M1)=2（个）

　　继续编制生产计划。

● 第 2 季度：只有 4 号线产品下线，故安排 4 号线的生产，如图5.34所示。

图 5.34　安排生产

生产计划如图 5.35 所示。

序号	生产线号	生产线类型	产品	投产时间	产出时间
61	1号线	手工线	Beryl		第0年3季度
62	2号线	手工线	Beryl		第0年1季度
63	4号线	半自动	Beryl		第0年2季度
64	2号线	手工线	Beryl	第0年1季度	第0年4季度
65	3号线	手工线	Beryl	第0年1季度	第0年4季度
66	4号线	半自动	Beryl	第0年2季度	第0年4季度

图 5.35　第 2 季度的生产计划

当第 2 季度的生产计划编制完成后，Beryl 产品的预计入库量和预计库存量也会发生变化：可以看到，Beryl 产品在第 4 季度的预计入库量变为 3 个，预计库存量也变为 3 个，如图 5.36 所示。

当第 2 季度的生产计划编制完成后，再来看一下采购部分的预计库存量变化。

可以看到，由于第 2 季度计划安排 1 个 Beryl 产品的生产，因此第 2 季度的预计库存量就变为 2-1=1 个，如图 5.37 所示。

预计入库量

产品	1季度	2季度	3季度	4季度
Beryl	1	1	1	3
Crystal	0	0	0	0
Ruby	0	0	0	0
Sapphire	0	0	0	0

预计库存量

产品	期初库存	1季度	2季度	3季度	4季度
Beryl	3	4	5	0	3

预计入库量

原材料	1季度	2季度	3季度	4季度
M1	2	0	0	0
M2	0	0	0	0
M3	0	0	0	0
M4	0	0	0	0

预计库存量

原材料	期初库存	1季度	2季度	3季度	4季度
M1	2	2	1	1	1

图 5.36　预计入库量和预计库存量的变化　　图 5.37　第 2 季度预计库存量变化

继续编制生产计划。

● 第 3 季度：只有 1 号线产品下线，故安排 1 号线的生产（图5.38）。

生产计划如图 5.39 所示。

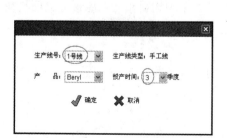

图 5.38　安排生产

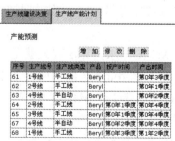

序号	生产线号	生产线类型	产品	投产时间	产出时间
61	1号线	手工线	Beryl		第0年3季度
62	2号线	手工线	Beryl		第0年1季度
63	4号线	半自动	Beryl		第0年2季度
64	2号线	手工线	Beryl	第0年1季度	第0年4季度
65	3号线	手工线	Beryl	第0年1季度	第0年4季度
67	4号线	半自动	Beryl	第0年2季度	第0年4季度
68	1号线	手工线	Beryl	第0年3季度	第1年2季度

图 5.39　第 3 季度的生产计划

当第 3 季度的生产计划编制完成后，可以发现 Beryl 产品的预计入库量和预计库存量没有变化（图 5.40），因为其产出时间已经到下一年度。

预计入库量

产品	1季度	2季度	3季度	4季度
Beryl	1	1	1	(3)
Crystal	0	0	0	0
Ruby	0	0	0	0
Sapphire	0	0	0	0

预计库存量

产品	期初库存	1季度	2季度	3季度	4季度
Beryl	3	4	5	(3)	

图 5.40　预计入库量和预计库存量没有变化

当第 3 季度的生产计划编制完成后，再来看一下采购部分的预计库存量变化。

可以看到，由于第 3 季度计划安排 1 个 Beryl 产品的生产，因此第 3 季度的预计库存量就变为：1-1=0 个（图 5.41）。

预计入库量

原材料	1季度	2季度	3季度	4季度
M1	2	0	0	0
M2	0	0	0	0
M3	0	0	0	0
M4	0	0	0	0

预计库存量

原材料	期初库存	1季度	2季度	3季度	4季度
M1	2	2	1	(0)	0

图 5.41　第 3 季度预计库存量变化

继续编制生产计划。

● 第 4 季度：2 号线、3 号线、4 号线产品下线，故安排这 3 条线的生产，如图5.42 所示。

按照上图，安排 2 号线、3 号线、4 号线的生产。生产计划如图 5.43 所示。

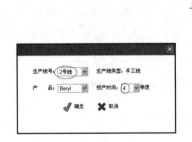

图 5.42　安排生产　　　　图 5.43　第 4 季度的生产计划

当第 4 季度的生产计划编制完成后，可以发现 Beryl 产品的预计入库量和预计库存量没有变化（图 5.44），因为其产出时间已经到下一年度。

预计入库量

产品	1季度	2季度	3季度	4季度
Beryl	1	1	1	(3)
Crystal	0	0	0	0
Ruby	0	0	0	0
Sapphire	0	0	0	0

预计库存量

产品	期初库存	1季度	2季度	3季度	4季度
Beryl	3	4	5	0	(3)

图 5.44　预计入库量和预计库存量没有变化

当第 4 季度的生产计划编制完成后，再来看一下采购部分的预计库存量变化。

可以看到，由于第 4 季度计划安排 3 个 Beryl 产品的生产，因此第 4 季度的预计库存量就变为 0-3=-3 个（图 5.45）。

预计入库量

原材料	1季度	2季度	3季度	4季度
M1	2	0	0	0
M2	0	0	0	0
M3	0	0	0	0
M4	0	0	0	0

预计库存量

原材料	期初库存	1季度	2季度	3季度	4季度
M1	2	2	1	0	-3

图 5.45　第 4 季度预计库存量变化

4. 引导学生制定"采购决策"

编制生产计划后，M1 的预计库存量变为 -3 个。这表示该物料已经不能满足生产计划的需求了。因此，需要下采购订单，确保生产计划可执行。

选择"决策—采购决策"，单击"增加"，按照图 5.46 输入采购计划。

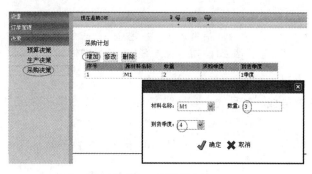

图 5.46　采购计划

采购计划编制后，得到记录（图 5.47）。

采购计划

增加　修改　删除

序号	原材料名称	数量	采购季度	到货季度
241	M1	2	1季度	1季度
244	M1	3	3季度	4季度

图 5.47　记录采购计划

同时，可以看到预计入库量、预计库存量也发生了变化：预计入库量在第 4 季度变为 0+3=3 个，预计库存量变为 3-3=0 个（图 5.48）。

预计入库量

原材料	1季度	2季度	3季度	4季度
M1	2	0	0	3
M2	0	0	0	0
M3	0	0	0	0
M4	0	0	0	0

预计库存量

原材料	期初库存	1季度	2季度	3季度	4季度
M1	2	2	1	0	0

图 5.48　预计入库量、库存量的变化

当预计库存量不为负数时，就表示当年安排的生产计划一定能完成。

5. 引导学生制定"预算决策"

第一季度的预算决策如图 5.49 所示。每个季度输入完后应单击"保存"。主要内容解释如下（所计算的数据需要参考工业沙盘的规则）。

图 5.49　第 1 季度预算决策

- 当期初始资金为 24M。
- 参考初始年初的报表，应交纳税金 3M。
- 起始年初的 2 个采购订单采购到货，支付采购货款 2M。
- 在第 1 季度有 2 条生产线的产品投产，故加工费为 2M。
- 1 季度行政管理费为 1M。
- 预计季度末现金余额为 16M。

第 2 季度的预算决策如图 5.50 所示。主要内容解释如下。

- 第 2 季度初始资金为 16M。
- 按照初始年初的状态，在第 2 季度有 7M 的应收款到账。
- 根据生产计划，第 2 季度将有 1 个产品投产，因此生产费用为 1M。
- 本季度行政管理费为 1M。
- 季度末，现金余额为 21M。

图 5.50　第 2 季度预算决策

第 3 季度的预算决策如图 5.51 所示。主要内容解释如下。

- 第 3 季度初始资金为 21M。
- 按照初始年初的状态，在第 3 季度有 7M 的应收款到账。
- 根据生产计划，第 3 季度将有 1 个产品投产，因此生产费用为 1M。
- 本季度行政管理费为 1M。

● 季度末，现金余额为 26M。

项目	1季度	2季度	3季度
期初现金	24.0	16.0	21.0
变卖生产线(+)	0.0	0.0	0.0
变卖原料/生产线(+)	0.0	0.0	0.0
变卖/抵押厂房(+)	0.0	0.0	0.0
应收款到期(+)	0.0	7.0	7.0
卖订单收入(+)	0.0	0.0	0.0
转让产品研发技术(+)	0.0	0.0	0.0
支付上年应交税(-)	3.0	0.0	0.0
广告费投入(-)	0.0	0.0	0.0
贴现费用(-)	0.0	0.0	0.0
利息（短期贷款）(-)	0.0	0.0	0.0
支付到期短期贷款(-)	0.0	0.0	0.0
原料采购支付现金(-)	0.0	0.0	0.0
设备改造费(-)	0.0	0.0	0.0
生产线投资(-)	0.0	0.0	0.0
生产费用(-)	2.0	1.0	1.0
产品研发投资(-)	0.0	0.0	0.0
行政管理费用(-)	1.0	1.0	1.0
利息（长期贷款）(-)	0.0	0.0	0.0
支付到期长期贷款(-)	0.0	0.0	0.0
设备维护费用(-)	0.0	0.0	0.0
租金(-)	0.0	0.0	0.0
购买新建筑(-)	0.0	0.0	0.0
市场开拓投资(-)	0.0	0.0	0.0
ISO认证投资(-)	0.0	0.0	0.0
其他(-)	0.0	0.0	0.0
现金余额	16.0	21.0	26.0
需贷款额	0.0	0.0	0.0

图 5.51　第 3 季度预算决策

第 4 季度的预算决策如图 5.52 所示。主要内容解释如下。

● 第 4 季度初始资金为 26M。

● 按照初始年订单，如果在第 3 季度交付订单，应该有 36M 的应收款，并在第 4 季度到账。

● 根据年初状态，短期贷款 20M 应该在第 4 季度到期，故支付利息 1M，归还短期贷款本金 20M。

● 根据采购计划，在第 4 季度有 3 个 M1 采购到货，应该支付采购款 3M。

● 根据生产计划，第 4 季度将有 3 个产品投产，因此生产费用为 3M。

● 本季度行政管理费为 1M。

● 季度末，现金余额为 34M。

年末的预算决策如图 5.53 所示。主要内容解释如下。

● 年末初始资金为 34M。

● 支付长贷利息 2M。（长贷利息率为 10%/年）

● 支付设备维护费 4M。（手工线和半自动线的维护费都是 1M/年，故 4 条生产线的设备维护费为 4M）

● 年末现金余额为 28M。

项目	1季度	2季度	3季度	4季度
期初现金	24.0	16.0	21.0	26.0
变卖生产线(+)	0.0	0.0	0.0	0.0
变卖原料/生产线(+)	0.0	0.0	0.0	0.0
变卖/抵押厂房(+)	0.0	0.0	0.0	0.0
应收款到期(+)	0.0	7.0	7.0	36.0
卖订单收入(+)	0.0	0.0	0.0	0.0
转让产品研发技术(+)	0.0	0.0	0.0	0.0
支付上年应交税(-)	3.0	0.0	0.0	0.0
广告费投入(-)	0.0	0.0	0.0	0.0
贴现费用(-)	0.0	0.0	0.0	0.0
利息(短期贷款)(-)	0.0	0.0	0.0	1.0
支付到期短期贷款(-)	0.0	0.0	0.0	20.0
原料采购支付现金(-)	0.0	0.0	0.0	0.0
设备改造费(-)	0.0	0.0	0.0	0.0
生产线投资(-)	0.0	0.0	0.0	0.0
生产费用(-)	2.0	1.0	1.0	3.0
产品研发投资(-)	0.0	0.0	0.0	0.0
行政管理费用(-)	1.0	1.0	1.0	1.0
利息(长期贷款)(-)	0.0	0.0	0.0	0.0
支付到期长期贷款(-)	0.0	0.0	0.0	0.0
设备维护费用(-)	0.0	0.0	0.0	0.0
租金(-)	0.0	0.0	0.0	0.0
购买新建筑(-)	0.0	0.0	0.0	0.0
市场开拓投资(-)	0.0	0.0	0.0	0.0
ISO认证投资(-)	0.0	0.0	0.0	0.0
其他(-)	0.0	0.0	0.0	0.0
现金余额	16.0	21.0	26.0	34.0
需贷款额	0.0	0.0	0.0	0.0

图 5.52　第 4 季度预算决策

项目	1季度	2季度	3季度	4季度	年末
期初现金	24.0	16.0	21.0	26.0	34.0
变卖生产线(+)	0.0	0.0	0.0	0.0	0.0
变卖原料/生产线(+)	0.0	0.0	0.0	0.0	0.0
变卖/抵押厂房(+)	0.0	0.0	0.0	0.0	0.0
应收款到期(+)	0.0	7.0	7.0	36.0	0.0
卖订单收入(+)	0.0	0.0	0.0	0.0	0.0
转让产品研发技术(+)	0.0	0.0	0.0	0.0	0.0
支付上年应交税(-)	3.0	0.0	0.0	0.0	0.0
广告费投入(-)	0.0	0.0	0.0	0.0	0.0
贴现费用(-)	0.0	0.0	0.0	0.0	0.0
利息(短期贷款)(-)	0.0	0.0	0.0	1.0	0.0
支付到期短期贷款(-)	0.0	0.0	0.0	20.0	0.0
原料采购支付现金(-)	2.0	0.0	0.0	3.0	0.0
设备改造费(-)	0.0	0.0	0.0	0.0	0.0
生产线投资(-)	0.0	0.0	0.0	0.0	0.0
生产费用(-)	2.0	1.0	1.0	1.0	0.0
产品研发投资(-)	0.0	0.0	0.0	0.0	0.0
行政管理费用(-)	1.0	1.0	1.0	1.0	0.0
利息(长期贷款)(-)	0.0	0.0	0.0	0.0	2.0
支付到期长期贷款(-)	0.0	0.0	0.0	0.0	0.0
设备维护费用(-)	0.0	0.0	0.0	0.0	4.0
租金(-)	0.0	0.0	0.0	0.0	0.0
购买新建筑(-)	0.0	0.0	0.0	0.0	0.0
市场开拓投资(-)	0.0	0.0	0.0	0.0	0.0
ISO认证投资(-)	0.0	0.0	0.0	0.0	0.0
其他(-)	0.0	0.0	0.0	0.0	0.0
现金余额	16.0	21.0	26.0	34.0	28.0
需贷款额	0.0	0.0	0.0	0.0	

图 5.53　年末预算决策

四、初始年引导

1. 学生切换"时间状态"

在学生界面，如图 5.54、图 5.55 所示，单击向右的箭头，时间状态从"年初"变为"1 季度"。

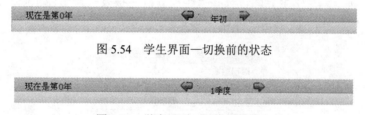

图 5.54　学生界面—切换前的状态

图 5.55　学生界面—切换后的状态

2. 年初任务清单引导

按照工业沙盘的任务清单进行引导。年初任务引导过程：

支付应付税	从现金中拿 3M 出来缴税

如图 5.56 所示，在学生界面，选择"经营分析—报表—现金流量表"，在"支付上年应交税"中填写税金 3，并单击"保存"按钮。

图 5.56　支付应付税

年初任务继续引导：

支付广告费	初始年不用交，略过
登记销售订单	查看销售订单

引导学生查看销售订单：选择"订单管理—订单查看"，可以看到起始年有一个销售订单，交付 6 个 Beryl（图 5.57）。

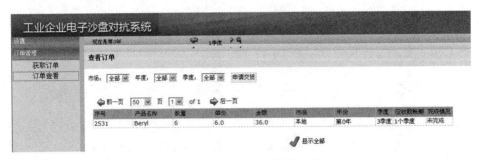

图 5.57　引导学生查看销售订单

3. 第 1 季度任务引导

更新短期贷款 / 还本付息 / 申请短期贷款	将短期贷款 20M 移动到 3Q 位置；申请短期贷款
更新应付款 / 归还应付款	没有，略过
更新原料订单 / 原材料入库	将年初的 2 个 M1 采购订单换为 2 个 M1 原材料，入原材料库，同时支付现金 2M

如图 5.58 所示，在学生界面，选择"经营分析—报表—现金流量表"，填写"原料采购支付现金"为 2M，并单击"保存"。

项目	1季度
当期初始数(+)	24.0
应收款到期(+)	0.0
变卖生产线(+)	0.0
变卖原材料/产品(+)	0.0
变卖抵押/厂房(+)	0.0
短期贷款(+)	0.0
高利贷贷款(+)	0.0
长期贷款(+)	0.0
收入总计	24.0
支付上年应交税	3.0
广告费	0.0
贴现费用	0.0
归还短贷及利息	0.0
归还高利贷及利息	0.0
原料采购支付现金	2.0
成品采购支付现金	0

图 5.58　学生界面—填写"现金流量表"

下原料订单	没有，略过

选择"过程管理—采购记录"，可以看到在决策规划时所编制的采购计划中，没有第 1 季度的采购计划。因此，不用下原料订单（图 5.59）。

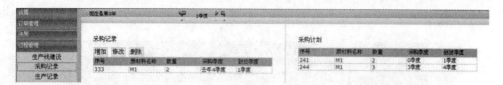

图 5.59　查看采购计划

更新生产 / 完工入库	将 1 号线、2 号线、4 号线上的在制品都往前推进一个格

如图 5.60 所示，在学生界面，选择"过程管理—生产记录"，查看决策规划时所编制的生产计划。可以看到，2 号线有产品完工。将完工后的产品放入 Beryl 成品库。

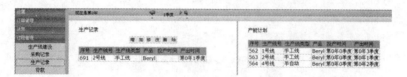

图 5.60　查看生产完工

投资新生产线 / 生产线改造 / 变卖生产线	在初始年不建新生产线，也不用改造和变卖生产线
开始下一批生产	2 号线投产，生产 Beryl

如图 5.61 所示，在学生界面，选择"过程管理—生产记录"，查看决策规划时所编制的生产计划。可以看到 2 号线、3 号线在 1 季度都可以安排生产。

图 5.61　查看生产计划

单击"增加"，按照图 5.62 增加 2 号线的生产记录。同样的，增加 3 号线的生产记录。同时，在盘面上，2 号线、3 号线上都放 1 个 M1 和 1 个现金筹码，开始生产 Beryl 产品。

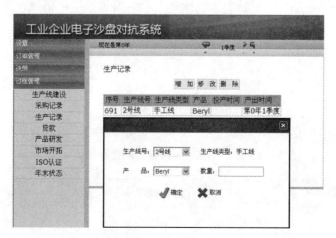

图 5.62　添加生产记录

生产记录添加之后，第 4 季度的预计入库量、预计库存量都发生变化（图 5.63）。

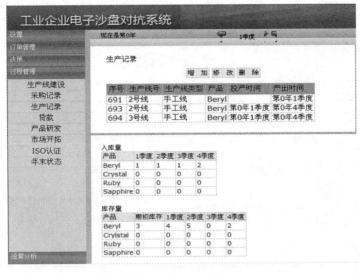

图 5.63　预计入库量和预计库存量变化

同时，选择"经营分析—报表—现金流量表"，在"加工费用"中输入 2M，如图 5.64 所示。

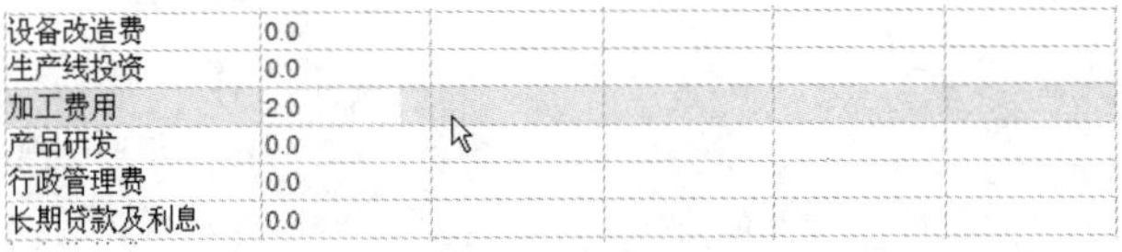

设备改造费	0.0			
生产线投资	0.0			
加工费用	2.0			
产品研发	0.0			
行政管理费	0.0			
长期贷款及利息	0.0			

图 5.64　填写现金流量表

产品研发投资	初始年不做，略过
更新应收款／应收款收现	没有，略过
按订单交货	没有，略过
支付行政管理费	支付费用 1M

如图 5.65 所示，选择"经营分析—报表—现金流量表"，填写行政管理费为 1M。

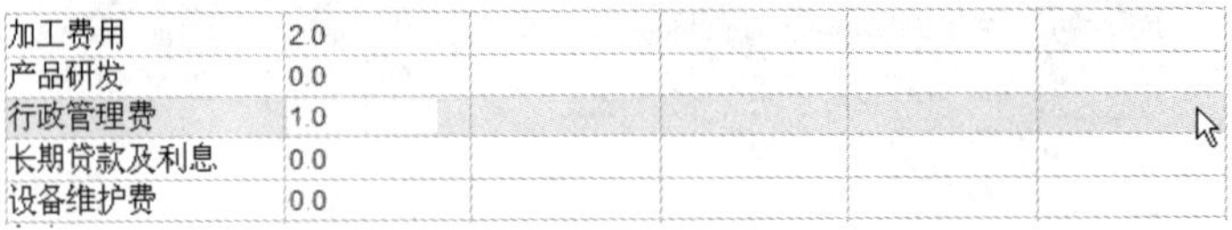

加工费用	2.0			
产品研发	0.0			
行政管理费	1.0			
长期贷款及利息	0.0			
设备维护费	0.0			

图 5.65　填写现金流量表

4. 第 2 季度任务引导

如图 5.66 所示，在学生界面，单击状态栏所示的箭头。

图 5.66　学生界面—切换季度前

如图 5.67 所示，切换季度状态后，状态变为"2 季度"，并且，现金流量表自动将 1 季度末的资金余额结转到 2 季度。

图 5.67　学生界面—季度状态切换

按照下面的步骤，引导学生进行操作：

更新短期贷款 / 还本付息 / 申请短期贷款	将短期贷款 20M 移动到 2Q 位置；不用申请短期贷款
更新应付款 / 归还应付款	没有，略过
更新原料订单 / 原材料入库	没有，略过

如图 5.68 所示，在学生界面，选择"过程管理—采购记录"，查看采购记录中，本季度没有到货的物料。

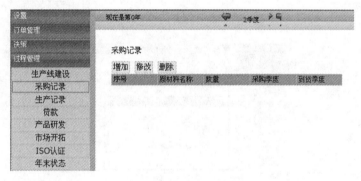

图 5.68　查看采购记录

下原料订单	没有，略过

选择"过程管理—采购记录"，可以看到决策规划时所编制的采购计划中，没有第 2 季度的采购计划。因此，不用下原料订单（图 5.69）。

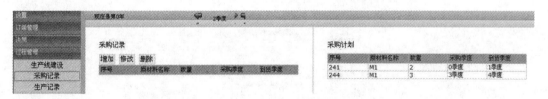

图 5.69　查看采购计划

更新生产 / 完工入库	将 1 号线、2 号线、3 号线、4 号线上的在制品都往前推进一个格

如图 5.70 所示，在学生界面，选择"过程管理—生产记录"，查看决策规划时所编

制的生产计划。可以看到，4 号线有产品完工。将完工后的产品放入 Beryl 成品库。

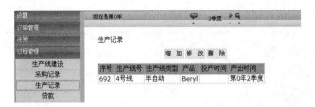

图 5.70　查看生产完工

投资新生产线 / 生产线改造 / 变卖生产线	在初始年不建新生产线，也不用改造和变卖生产线
开始下一批生产	4 号线投产，生产 Beryl

如图 5.71 所示，在学生界面，选择"过程管理—生产记录"，查看决策规划时所编制的生产计划。可以看到 4 号线在 2 季度可以安排生产。

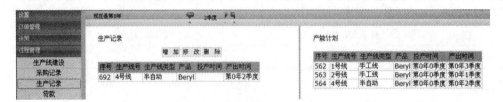

图 5.71　查看生产计划

单击"增加"，按照图 5.72 增加 4 号线的生产记录。

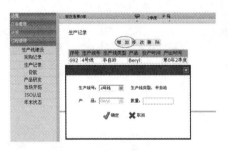

图 5.72　添加生产记录

同时，在盘面上，4 号线上都放 1 个 M1 和 1 个现金筹码，开始生产 Beryl 产品。增加生产记录后，预计入库量和预计库存量都发生变化（图 5.73）。

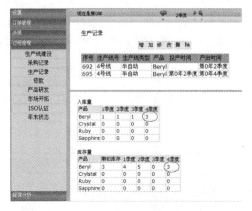

图 5.73　预计入库量和库存量的变化

同时，选择"经营分析—报表—现金流量表"，在"加工费用"中输入 1M（图5.74）。

设备改造费	0.0	0.0
生产线投资	0.0	0.0
加工费用	2.0	1.0
产品研发	0.0	0.0

图 5.74 填写现金流量表

产品研发投资	初始年不做，略过
更新应收款 / 应收款收现	有 7M 的应收款到账

选择"经营分析—报表"，选择"现金流量表"，在"应收款到期"中填写 7M（图5.75）。

项目	1季度	2季度	3季度	4季度
当期初始数(+)	24.0	16.0		
应收款到期(+)	0.0	7.0		
变卖生产线(+)	0.0	0.0		
变卖原材料/产品(+)	0.0	0.0		

图 5.75 应收款到期

按订单交货	没有，略过
支付行政管理费	支付费用 1M

如图5.76所示，选择"经营分析—报表—现金流量表"，填写行政管理费为1M。

产品研发	0.0	0.0
行政管理费	1.0	1.0
长期贷款及利息	0.0	0.0

图 5.76 填写现金流量表

5. 第3季度任务引导

如图5.77所示，在学生界面，单击状态栏所示的箭头。

图 5.77 学生界面—切换季度前

如图5.78所示，切换季度状态后，状态变为"3季度"，并且，现金流量表自动将2季度末的资金余额结转到3季度。

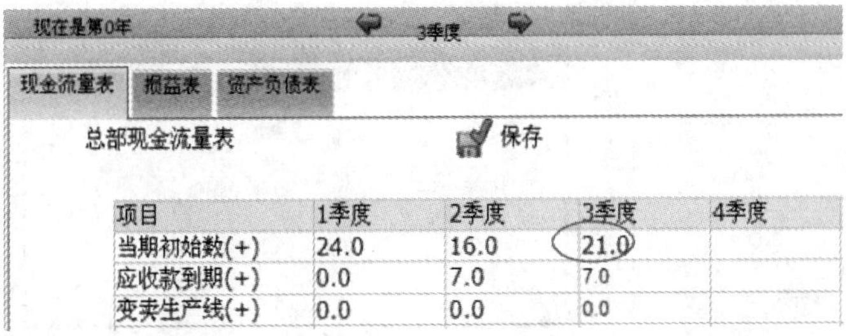

现在是第0年   3季度

现金流量表	损益表	资产负债表

总部现金流量表   保存

项目	1季度	2季度	3季度	4季度
当期初始数(+)	24.0	16.0	21.0	
应收款到期(+)	0.0	7.0	7.0	
变卖生产线(+)	0.0	0.0	0.0	

图 5.78 季度状态切换

按照下面的步骤，引导学生进行操作：

更新短期贷款 / 还本付息 / 申请短期贷款	将短期贷款 20M 移动到 1Q 位置；不用申请短期贷款
更新应付款 / 归还应付款	没有，略过
更新原料订单 / 原材料入库	没有，略过

如图 5.79 所示，在学生界面，选择"过程管理—采购记录"，采购记录显示，本季度没有到货的物料。

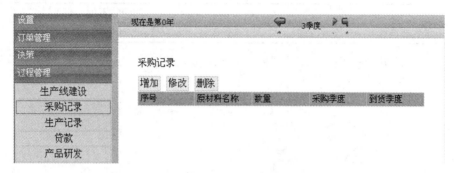

图 5.79 查看采购记录

● 下原料订单	没有，略过

选择"过程管理—采购记录"，可以看到决策规划时所编制的采购计划，第 3 季度的采购计划如图 5.80 所示。

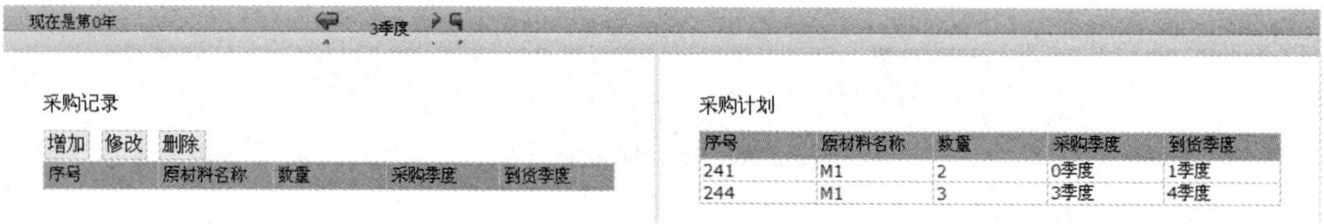

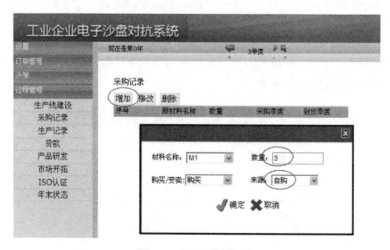

图 5.80 查看采购计划

单击"增加"，按照图 5.81 添加采购记录。

图 5.81 添加采购记录

添加采购记录后，预计入库量和预计库存量都发生变化（图 5.82）。

图 5.82　预计入库量和预计库存量变化

更新生产 / 完工入库	将 1 号线、2 号线、3 号线、4 号线上的在制品都往前推进一个格

如图 5.83 所示，在学生界面，选择"过程管理—生产记录"，查看决策规划时所编制的生产计划。

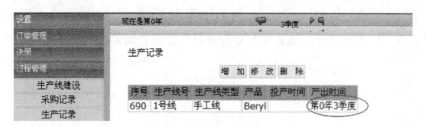

图 5.83　查看生产完工

投资新生产线 / 生产线改造 / 变卖生产线	在初始年不建新生产线，也不用改造和变卖生产线
开始下一批生产	1 号线投产，生产 Beryl

如图 5.84 所示，在学生界面，选择"过程管理—生产记录"，查看决策规划时所编制的生产计划。可以看到 1 号线在 3 季度可以安排生产。

图 5.84　查看生产计划

单击"增加"，按照图 5.85 增加 1 号线的生产记录。

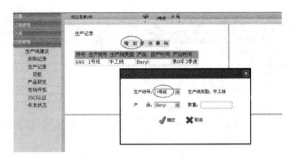

图 5.85 添加生产记录

同时，在盘面上，1 号线上放 1 个 M1 和 1 个现金筹码，开始生产 Beryl 产品。

增加生产记录后，预计入库量和库存量都没有发生变化，这是因为 1 号线的生产完工时间是在第 1 年第 2 季度，对本年度的库存量没有影响（图 5.86）。

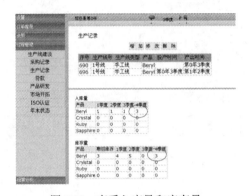

图 5.86 查看入库量和库存量

同时，选择"经营分析 - 报表 - 现金流量表"，在"加工费用"中输入 1。

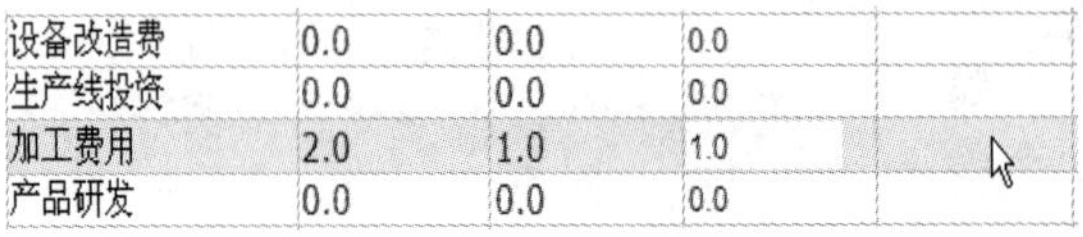

设备改造费	0.0	0.0	0.0	
生产线投资	0.0	0.0	0.0	
加工费用	2.0	1.0	1.0	
产品研发	0.0	0.0	0.0	

图 5.87 输入现金流量表

产品研发投资	初始年不做，略过
更新应收款 / 应收款收现	有 7M 的应收款到账

选择"经营分析—报表"，选择"现金流量表"，在"应收款到期"中填写7M（图 5.88）。

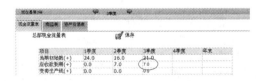

图 5.88 应收款到期

按订单交货	交纳6 个 Beryl

在学生界面，选择"订单管理—订单查看"，选中要交货的订单行，单击"申请交货"，

"完成情况"一列就变成了"申请交货"（图5.89）。

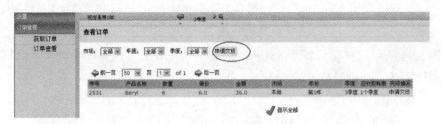

图5.89　学生端申请交货

在讲师界面，选择"过程管理—交货"，再选择"交货状态"的内容为"申请交货"，系统显示出申请交货的订单。勾选"交货确认"，单击"确定"，讲师将会确定学生是否已交货（图5.90）。

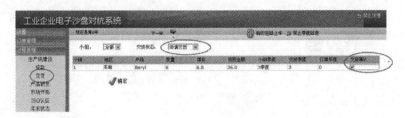

图5.90　确认学员交货

支付行政管理费	支付费用 1M

如图5.91所示，在学生界面，选择"经营分析—报表—现金流量表"，在"行政管理费"中输入1M。单击"保存"。

产品研发	0.0	0.0	0.0	
行政管理费	1.0	1.0	1.0	
长期贷款及利息	0.0	0.0	0.0	

图5.91　填写现金流量表

6. 第4季度任务引导

如图5.92所示，在学生界面，单击状态栏所示的箭头。

图5.92　学生界面—切换季度前

如图5.93所示，切换季度状态后，状态变为"4季度"，并且，在总部的现金流量表自动将3季度末的资金余额结转到4季度。

图5.93　季度状态切换

按照下面的步骤，引导学生进行操作：

更新短期贷款 / 还本付息 / 申请短期贷款	将短期贷款 20M 移出，归还应付款；支付短期贷款利息 1M；申请 20M 的短期贷款

如图 5.94 所示，在学生界面，选择"经营分析—报表—现金流量表"，填写"归还短贷及利息"为 20+1=21M。

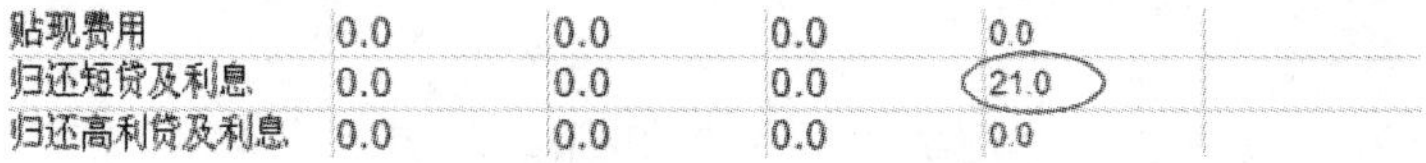

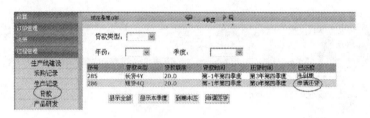

图 5.94　填写现金流量表

另外，在学生界面，选择"过程管理—贷款"，在页面中选择将归还的贷款记录，单击按钮"申请还贷"，"已还款"列就更改为"申请还贷"（图 5.95）。

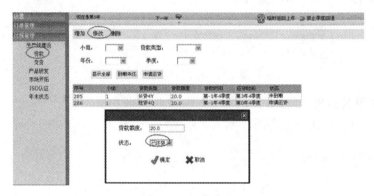

图 5.95　学生申请还贷

同时，在讲师界面，选择"过程管理—贷款"，单击按钮"申请还贷"。系统将显示各个小组申请还贷的记录。选择某个小组申请还贷的贷款，单击"修改"，在弹出的对话框中，将状态改为"已还贷"（图 5.96）。

图 5.96　还贷确认

单击"确定"后，贷款状态发生变化（图 5.97）。

图 5.97　贷款状态改变

此时，现金余额为 5M，后续将支付采购货款 3M，生产费用 3M，现金已经不能支撑企业的正常运营。因此，必须借短期贷款。此处先借 20M 的短期贷款。每个小组的学生到讲师处领取 20M 的短期贷款现金，以及 20M 的短期贷款筹码标识。

在讲师界面，选"过程管理—贷款"，单击"增加"，在弹出的对话框中输入如下数据，就增加了短期贷款 20M（图 5.98）。

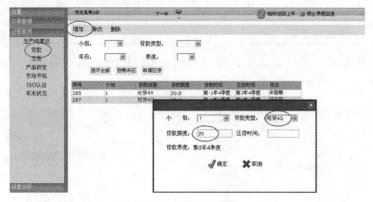

图 5.98　借短期贷款

然后，学生在学生界面选择"经营分析—报表"，选择"现金流量表"，就可以看到已经增加了短期贷款 20M（图 5.99）。

项目	1季度	2季度	3季度	4季度	年末
当期初始数(+)	24.0	16.0	21.0	26.0	
应收款到期(+)	0.0	7.0	7.0	36.0	
变卖生产线(+)	0.0	0.0	0.0	0.0	
变卖原材料/产品(+)	0.0	0.0	0.0	0.0	
变卖抵押/厂房(+)	0.0	0.0	0.0	0.0	
短期贷款(+)	0.0	0.0	0.0	20.0	
高利贷贷款(+)	0.0	0.0	0.0	0.0	

图 5.99　现金流量表的短期贷款改变

更新应付款 / 归还应付款	没有，略过
更新原料订单 / 原材料入库	3 个 M1 采购入库，支付 3M 现金给供应商

如图 5.100 所示，在学生界面，选择"过程管理—采购记录"，查看采购记录中，本季度有到货的物料，即 M1 采购了 3 个。

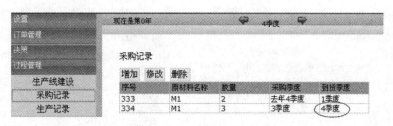

图 5.100　查看采购记录

选择"经营分析-报表-现金流量表",在"原料采购支付现金"中填写3M(图5.101)。

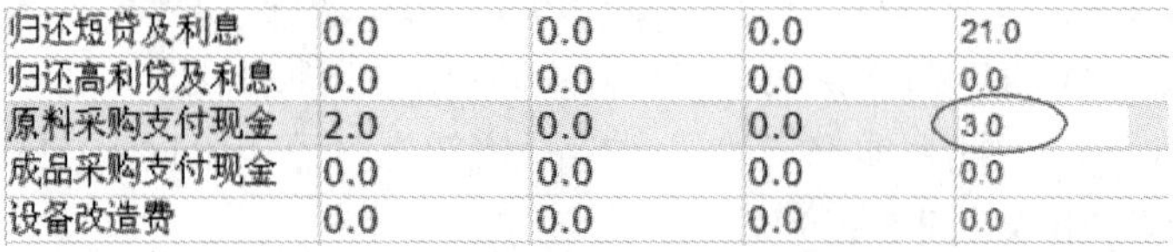

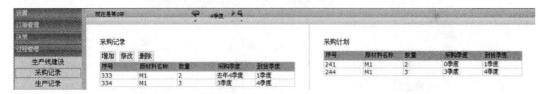

归还短贷及利息	0.0	0.0	0.0	21.0
归还高利贷及利息	0.0	0.0	0.0	0.0
原料采购支付现金	2.0	0.0	0.0	3.0
成品采购支付现金	0.0	0.0	0.0	0.0
设备改造费	0.0	0.0	0.0	0.0

图 5.101　填写现金流量表

下原料订单	没有,略过

选择"过程管理—采购记录",可以看到决策规划时所编制的采购计划中,没有第4季度的采购计划(图5.102)。

图 5.102　查看采购计划

更新生产 / 完工入库	将 1 号线、2 号线、3 号线、4 号线上的在制品都往前推进一个格

如图5.103所示,在学生界面,选择"过程管理—生产记录"。可以看到,2号线、3号线、4号线有产品完工。将完工后的产品放入Beryl成品库。

图 5.103　查看生产完工

投资新生产线 / 生产线改造 / 变卖生产线	在初始年不建新生产线,也不用改造和变卖生产线
开始下一批生产	2、3、4 号线投产,生产 Beryl

如图5.104所示,在学生界面,选择"过程管理—生产记录",查看决策规划时所编制的生产计划。可以看到2、3、4号线在4季度可以安排生产。

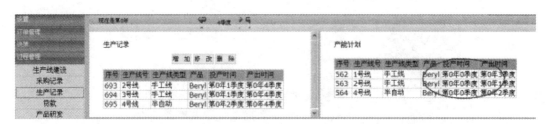

图 5.104　查看生产计划

单击"增加",按照图5.105增加2号线的生产记录。

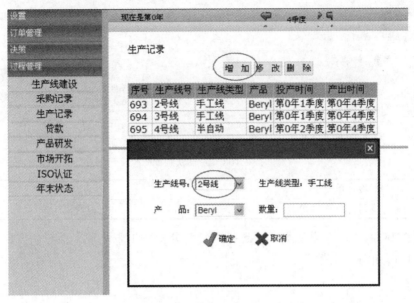

图 5.105　添加生产记录

同时，在盘面上，2 号线上都放 1 个 M1 和 1 个现金筹码，开始生产 Beryl 产品。

按照同样的方式，增加 3 号线、4 号线的生产记录。

增加生产记录后，可以看到预计入库量和预计库存量都没有发生变化（图 5.106）。这是因为三条线的产出都在下一年度，对本年度没有影响。

入库量

产品	1季度	2季度	3季度	4季度
Beryl	1	1	1	3
Crystal	0	0	0	0
Ruby	0	0	0	0
Sapphire	0	0	0	0

库存量

产品	期初库存	1季度	2季度	3季度	4季度
Beryl	3	4	5	0	3
Crylstal	0	0	0	0	0
Ruby	0	0	0	0	0
Sapphire	0	0	0	0	0

图 5.106　查看生产入库量和预计库存量

同时，选择"经营分析—报表—现金流量表"，在"加工费用"中填写 3M（图 5.107）。

生产线投资	0.0	0.0	0.0	0.0
加工费用	2.0	1.0	1.0	3.0
产品研发	0.0	0.0	0.0	0.0

图 5.107　填写现金流量表

产品研发投资	初始年不做，略过
更新应收款 / 应收款收现	有 36M 的应收款到账

因第 3 季度订单交货，产生 36M 的应收账款。故选择"经营分析—报表"，选择"现金流量表"，在"应收款到期"中填写 36M（图 5.108）。

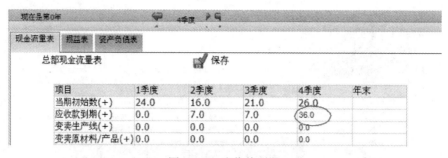

图 5.108　应收款到期

按订单交货	没有，略过
支付行政管理费	支付费用 1M

如图 5.109 所示，在学生界面，选择"经营分析—报表—现金流量表"，填写行政管理费为 1M。单击"保存"。

图 5.109　填写现金流量表

7. 年末任务引导

在学生界面，单击状态栏如下所示的箭头（图 5.110）。

图 5.110　学生界面-切换状态前

系统将时间切换为年末（图 5.111）。

图 5.111　学生界面——切换状态后

讲师按照下面的步骤引导年末的任务：

更新长期贷款 / 支付利息 / 申请长期贷款	支付长贷利息 2M；申请长期贷款 20M

如图 5.112 所示，选择"经营分析—报表—现金流量表"，填写长贷及利息 2M。

图 5.112　支付长贷利息

为了让学生能在第 1 年经营时有足够的资金，此处先借长期贷款 20M。每个小组的学生到讲师处领取 20M 的长期贷款现金和 20M 的长期贷款标识。

在讲师界面，选择"过程管理—贷款"，单击"增加"，如图 5.113 所示，填写长期贷款。

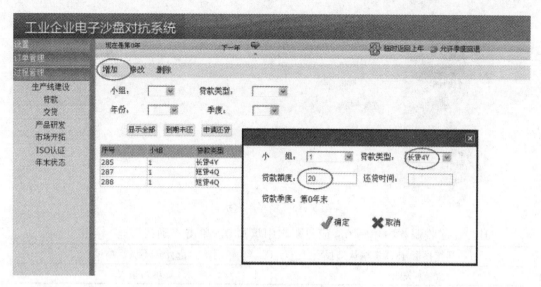

图 5.113 增加长期贷款

同时，在学生界面，选择"经营分析—报表"，选择"现金流量表"，就可以看到长期贷款已经增加 20M（图 5.114）。

项目	1季度	2季度	3季度	4季度	年末
当期初始数(+)	24.0	16.0	21.0	26.0	54.0
应收款到期(+)	0.0	7.0	7.0	36.0	0.0
变卖生产线(+)	0.0	0.0	0.0	0.0	0.0
变卖原材料/产品(+)	0.0	0.0	0.0	0.0	0.0
变卖抵押/厂房(+)	0.0	0.0	0.0	0.0	0.0
短期贷款(+)	0.0	0.0	0.0	20.0	0.0
高利贷贷款(+)	0.0	0.0	0.0	0.0	0.0
长期贷款(+)	0.0	0.0	0.0	0.0	20.0
收入总计	24.0	23.0	28.0	82.0	74.0

图 5.114 长期贷款改变

支付设备维护费	支付 4M

四条生产线的设备维护费为 4M。如图 5.115 所示，选择"经营分析—报表—现金流量表"，填写设备维护费 4M。

长期贷款及利息	0.0	0.0	0.0	0.0	2.0
设备维护费	0.0	0.0	0.0	0.0	4.0
租金	0.0	0.0	0.0	0.0	0.0

图 5.115 支付长贷利息

折旧	生产线折旧提取 5M

1 号线、2 号线、3 号线的折旧各为 1M，4 号线折旧为 2M，共 5M。如图 5.117 所示，选择"过程管理—年末状态"，在折旧中填写"5"。

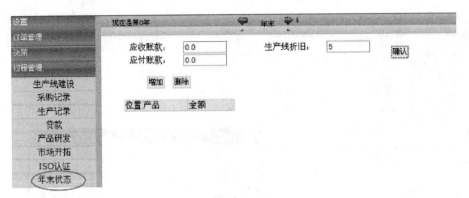

图 5.116 填写年末状态

同时，在应收账款中填写 0，应付账款中填写 0，单击"确认"。

新市场开拓投资 /ISO 资格认证投资	起始年不做，略过
关账	填写报表

所有经营填写结束之后，再补充填写年末状态的信息。如图 5.117 所示，选择"过程管理 - 年末状态"，单击"增加"，按照图 5.117 填写年末状态信息。

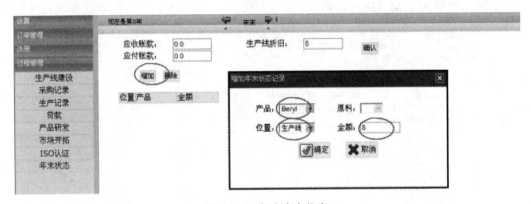

图 5.117 年末库存信息

注意：图 5.117 中填写的是金额，而不是数量。如 1 个 Beryl 产品的金额是 2M。同样，填写产成品的金额为 6M。填写完之后，得到如下的记录（图 5.118）。

位置	产品	金额
生产线	Beryl	8.0
成品仓库	Beryl	6.0

图 5.118 产成品和在制品的金额

8. 填写报表

选择"经营分析—报表—现金流量表"，检查现金流量表的数据是否如图 5.119 所示。

项目	1季度	2季度	3季度	4季度	年末
当期初始数(+)	24.0	16.0	21.0	26.0	54.0
应收款到期(+)	0.0	7.0	7.0	36.0	0.0
变卖生产线(+)	0.0	0.0	0.0	0.0	0.0
变卖原材料/产品(+)	0.0	0.0	0.0	0.0	0.0
变卖抵押/厂房(+)	0.0	0.0	0.0	0.0	0.0
短期贷款(+)	0.0	0.0	0.0	20.0	0.0
高利贷贷款(+)	0.0	0.0	0.0	0.0	0.0
长期贷款(+)	0.0	0.0	0.0	0.0	20.0
收入总计	24.0	23.0	28.0	82.0	74.0
支付上年应交税	3.0	0.0	0.0	0.0	0.0
广告费	0.0	0.0	0.0	0.0	0.0
贴现费用	0.0	0.0	0.0	0.0	0.0
归还短贷及利息	0.0	0.0	0.0	21.0	0.0
归还高利贷及利息	0.0	0.0	0.0	0.0	0.0
原料采购支付现金	2.0	0.0	0.0	3.0	0.0
成品采购支付现金	0.0	0.0	0.0	0.0	0.0
设备改造费	0.0	0.0	0.0	0.0	0.0
生产线投资	0.0	0.0	0.0	0.0	0.0
加工费用	2.0	1.0	1.0	3.0	0.0
产品研发	0.0	0.0	0.0	0.0	0.0
行政管理费	1.0	1.0	1.0	1.0	0.0
长期贷款及利息	0.0	0.0	0.0	0.0	2.0
设备维护费	0.0	0.0	0.0	0.0	4.0
租金	0.0	0.0	0.0	0.0	0.0
购买新建筑	0.0	0.0	0.0	0.0	0.0
市场开拓投资	0.0	0.0	0.0	0.0	0.0
ISO认证投资	0.0	0.0	0.0	0.0	0.0
其他	0.0	0.0	0.0	0.0	0.0
支出总计	8.0	2.0	2.0	28.0	6.0
现金余额	16.0	21.0	26.0	54.0	68.0

图 5.119　最终的现金流量表

选择“经营分析—报表—损益表”，按照图 5.120 填写“成本”为 12M，“财务净损益”为 3M，单击“保存”，系统自动计算出报表。

现金流量表　损益表　资产负债表

管理费用明细表（万）		总部损益表（万）		
项目	金额	项目	去年	今年
行政管理费	400.0	一、销售收入	4000.0	3600.0
广告费	0.0	减：成本	1700.0	1200.0
设备维护费	400.0	二、毛利	2300.0	2400.0
设备改造费	0.0	减：综合费用	800.0	800.0
租金	0.0	折旧	400.0	500.0
产品研发	0.0	财务净损益	100.0	300.0
市场开拓	0.0	三、营业利润	1000.0	800.0
ISO认证	0.0	加：营业外净收益	0.0	0.0
其他	0.0	四、利润总额	1000.0	800.0
合计	800.0	减：所得税	300.0	200.0
		五、净利润	700.0	600.0

图 5.120　损益表

选择“经营分析—报表—资产负债表”，按照图 5.121 填写“土地净值”为 40M，设备净值为 7M，股东资本为 50M，单击“保存”，系统自动计算出资产负债表。

现金流量表　损益表　资产负债表

总部资产负债表

资产	年初数	期末数	负债及所有者权益	年初数	期末数
流动资产：			负债：		
现金	24.0	68.0	短期负债	20.0	20.0
应收帐款	14.0	0.0	应付账款	0.0	0.0
原材料	2.0	0.0	应交税金	3.0	2.0
产成品	6.0	6.0	长期负债	20.0	40.0
在制品	6.0	8.0			
流动资产合计	52.0	82.0	负债合计	43.0	62.0
固定资产：			所有者权益：		
土地建筑原价	40.0	40.0	股东资本	50.0	50.0
设备净值	12.0	7.0	以前年度利润	4.0	11.0
在建工程	0.0	0.0	当年净利润	7.0	6.0
固定资产合计	52.0	47.0	所有者权益合计	61.0	67.0
资产总计	104.0	129.0	权益总计	104.0	129.0

保存

图 5.121　资产负债表

五、其他功能操作指南

1. 初始年末状态切换

初始年末，在教师界面，单击状态栏的向右箭头，系统给出如图 5.122 所示的提示。单击"是"按钮，系统切换到下一年的年初。

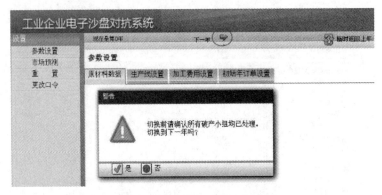

图 5.122　初始年末状态切换

同时，教师告知学生时间状态已经切换到下一年的年初。

学生单击 IE 浏览器上的"刷新"按钮，或者按 F5 刷新页面，系统提示"时间状态已经切换"，然后学生界面的时间状态如图 5.123 所示。

图 5.123　时间状态切换

2. 排名

当各个小组填写完市场投入，讲师选择"订单管理—排名"，单击图 5.124 中所示的"排名"。系统自动根据规则计算出每个小组的排名。

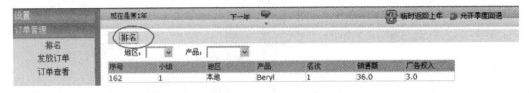

图 5.124　各个小组排名

然后，讲师告诉学生，将开始进行订单选择。

3. 发放订单

发放订单主要用于培训教学。由各个小组根据自己所经营企业的情况，选择订单。下一节将介绍"分配订单"。分配订单主要用于比赛。

1）选择订单的计时控制

讲师选择"订单管理—发放订单"，系统自动将排名第一的小组列出，讲师告知对应的各个小组准备开始选择订单（图 5.125）。

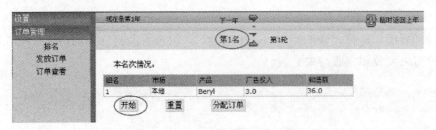

图 5.125　根据排名准备选择订单

讲师单击"开始"，系统弹出设定时间的界面。单击确定，系统开始计时。各个小组必须在设定的时间内完成选单，如果没有完成，表示放弃该轮订单选择（图 5.126）。

图 5.126　设定选单时间并开始计时

2）排名相同时选单

当两个小组的排名相同时，两个小组一起选单。选单的方式采用"抢单"制，哪个小组先选择某个订单，该订单就标记为该组。如果另外一个小组也选择了该订单，系统会给出相应提示，该订单不允许再被选择。

3）选单结果查看

在每轮选单结束之后，讲师可在选单结果中查看到每个小组的选单情况（图 5.127）。

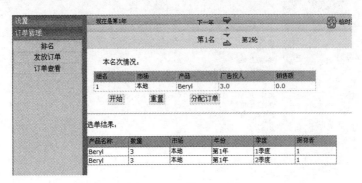

图 5.127　选单结果查看

4）下一轮选单

当排名第 1 的小组都选择完之后，讲师单击"第 1 名"旁边的右向箭头，信息改为"第 2 名"。这时，系统显示出排名第 2 的各个小组的情况（图 5.128）。

讲师告知学生排名第 2 的小组准备开始选单。选单的过程和前面相同。

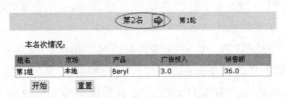

图 5.128　下一轮选单

5）所有订单查看

在讲师界面，选择"订单管理—订单查看"，可查看所有订单的情况（图 5.129），包括发放与未发放和完成与未完成。

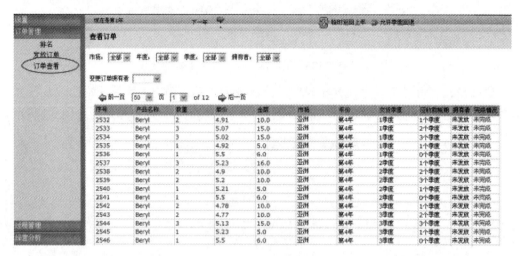

图 5.129　查看所有订单

4. 分配订单

分配订单主要用于比赛。当参赛小组较多时，采用发放订单，会导致订单选取的时间过长，影响比赛进程。因此，改由系统根据排名来分配订单（图 5.130）。

图 5.130　分配订单

具体操作方式如下。

（1）讲师选择"订单管理—发放订单"，然后单击"重置"，将页面上的排名和轮次置为"第 1 名 第 1 轮"。

（2）讲师单击"分配订单"，系统将根据排名的情况，自动分配订单。

（3）当第 1 轮第 1 名的订单分配完毕后，单击"第 1 名"旁向右的箭头，变成"第 2 名第 1 轮"，然后再单击"分配订单"。此时系统将根据第 2 名排名的情况，自动分配订单。

（4）如此反复，当所有轮次所有排名都为空时，表示没有小组再有资格获取订单，订单就已经分配完毕。

5. 生产线规划的相关业务

1）规划生产线

如果想在本年度建设生产线，并规划该生产线的计划，可以选择"决策—生产决策—生产线建设决策"。在学生界面，单击"增加"，在弹出的对话框中输入将建设的生产线类型，生产什么产品，预计何时开建（图 5.131）。

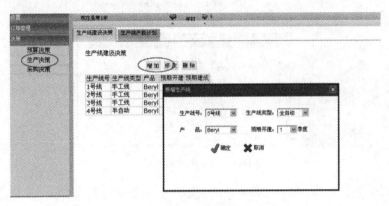

图 5.131　规划生产线

系统根据输入的信息，生成建设规划，并计算出按照正常周期，何时能完成建设（图 5.132）。

生产线号	生产线类型	产品	预期开建	预期建成
1号线	手工线	Beryl		
2号线	手工线	Beryl		
3号线	手工线	Beryl		
4号线	半自动	Beryl		
5号线	全自动	Beryl	第1年1季度	第1年4季度

图 5.132　生产线建设规划

在规划将建设的生产线时，还需要考虑可能支付的设备资金。因此，应选择"决策—预算决策"，在"生产线投资"中对应季度做资金的预算（图 5.133）。

原料采购支付现金(-)	0	0	0
设备改造费(-)	0	0	0
生产线投资(-)	5.0	5.0	5.0
生产费用(-)	0	0	0

图 5.133　生产线投资的资金预算

2）规划产能

本年度预计将建成的生产线可用于安排生产。

在学生界面，选择"决策—生产决策—生产线产能计划"，单击"增加"，在弹出的对话框中就可以选择预计将建成的生产线。一旦选择之后，系统就会自动带出生产线类型、生产什么产品。在选择"投产时间"时，一定要大于生产线建成的时间。如图5.134所示，必须选择"4季度"，如果小于4季度，系统就会判断，该生产计划是不可行的。

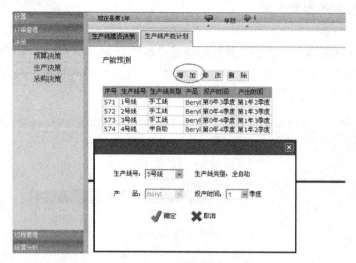

图 5.134　生产线计划

说明：对于半自动线、全自动线，其生产的产品在建设时就已经决定，因此不能更改。对于手工线、柔性线，可以生产任何类型的产品，故其生产的产品可以自由决定。

当规划生产线的生产计划时，还需要考虑相应的投产费用。因此，应选择"决策—预算决策"，在"生产费用"中对应的季度填写费用预算（图5.135）。

设备改造费(-)	0	0	0	0
生产线投资(-)	5.0	5.0	5.0	0
生产费用(-)	0	0	0	1.0

图 5.135　生产费用预算

6. 生产线建设的相关业务

1）生产线建设

在学生界面，选择"过程管理—生产线建设"，单击"增加"，可增加生产线，表示实际将建设该生产线了（图5.136）。

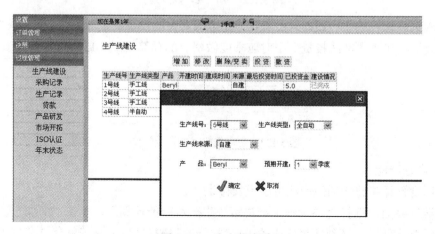

图 5.136　生产线建设

特别说明:

在"生产线来源"中。

● 有"自建",表示该生产线是从供应商处购买设备来建设,建设完成时间按照生产线规则确定。

● 如果选择"其他公司转让",表示从其他公司购买生产线,在购买来后,马上就可以安排生产。

在建设生产线的同时,还需要支付设备的投资费用。因此,需要选中刚增加的生产线,单击"投资"按钮,系统自动记录投资金额与投资时间,并判别建设情况。当所有的投资都完成后,系统会将"建设情况"由"未完成"自动修改为"已完成"(图5.137)。

图 5.137　设备的投资费用

同时,学生应转到"经营分析—报表—现金流量表",在"生产线投资"中填写相应季度的生产线投资费用(图5.138)。

设备改造费	0.0
生产线投资	5.0
加工费用	0.0

图 5.138　生产线投资的费用支付

2)变卖／撤销生产线

在学生界面,如果想变卖或撤销生产线,可选择"过程管理—生产线建设",选中某一个生产线,单击"删除／变卖"(图5.139)。

图 5.139　撤销生产线

如果该生产线上有在制品,系统会给出如图5.140所示的提示。需要进入"过程管理—生产记录"中,删除该生产线上的在制品(表示废弃正在生产的产品),然后就可以取消该生产线了。

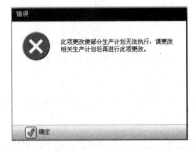

图 5.140 生产线上有在制品时，无法取消生产线

如果该生产线卖给其他组，或者在出售时还有残余价值，可以将其转化成现金。因此，应选择"经营分析—报表"，在"变卖生产线"中填写产生的现金（图 5.141）。

应收款到期(+)	0.0
变卖生产线(+)	5
变卖原材料/产品(+)	0.0

图 5.141 生产线建设变卖产生现金收入

3）改造生产线

如果想改变生产线所生产的产品类型，可以做如下处理。

选择"过程管理—生产线建设"，先选择需要改造的生产线，单击"修改"（图 5.142），然后再选择产品类型，并单击"确定"。系统会自动计算出改造完成的时间。

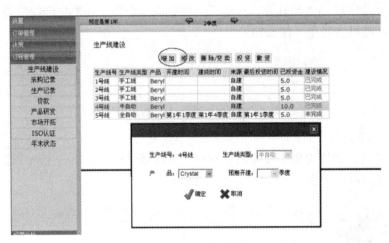

图 5.142 改造生产线

改造生产线应该支付相应的费用。因此，选择"经营分析—报表—现金流量表"，在"设备改造费"中填写相应的资金（图 5.143）。

成品采购支付现金	0.0	0.0
设备改造费	0.0	2.0
生产线投资	5.0	

图 5.143 填写设备改造费

7. 生产与采购的特殊处理

1）撤销生产记录

如果某生产线已经安排生产，但现在想中止该生产，可以做如下处理。

假设想取消 4 号线的生产。但现在为第 1 季度，在生产记录中看不到 4 号线的生产情况。可单击状态栏的右向箭头，提前进入 2 季度，然后选中 4 号线，单击"删除"，将取消该生产线的生产（图 5.144）。

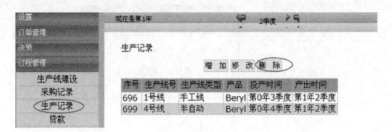

图 5.144　取消生产

2）从其他小组购买产品

如果订单过多，本小组产能不足，无法完成，可以从其他组直接购买产成品。处理方式如下：选择"过程管理—生产记录"，单击"增加"，在弹出的对话框中，选择"生产线号"中的"买产品"，并填写数量，就表示从其他组直接购买了产品（图 5.145）。

从其他组购买产品需要支付费用，因此，应在现金流量表中处理。

选择"经营分析—报表—现金流量表"，在"成品采购支付现金"中填写对应季度的费用（图 5.146）。

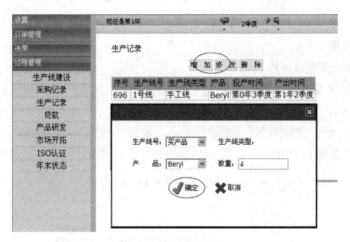

图 5.145　购买产品

原料采购支付现金	0.0	0.0	
成品采购支付现金	0.0	8.0	
设备改造费	0.0	2.0	

图 5.146　成品采购支付现金

3）将产品卖给其他组

在经营过程中，有可能将产品直接卖给其他组。可以做如下处理。

选择"过程管理—生产记录"，单击"增加"，在弹出的对话框中，选择"生产线号"中的"卖产品"，并填写数量，就表示将产品直接卖给了其他组（图 5.147）。

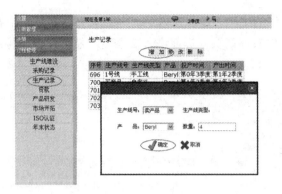

图 5.147 卖产品

将产品卖给其他组将产生现金收入。因此，应在现金流量表中处理。

选择“经营分析—报表—现金流量表”，在“变卖原材料 / 产品”中填写对应季度的现金收入（见图 5.148）。

项目	1季度	2季度	3季度
当期初始数(+)	68.0	60.0	
应收款到期(+)	0.0	0.0	
变卖生产线(+)	0.0	0.0	
变卖原材料/产品(+)	0.0	8.0	
变卖抵押/厂房(+)	0.0	0.0	

图 5.148 变卖成品产生现金

特别说明：在“损益表”的销售收入和成本中，应同时计算该笔销售产生的收入，以及对应的直接成本。

4）从其他组采购原材料

当采购计划做得不好，原材料不能及时采购到位，导致生产不能安排时，就需要从其他组采购原材料。

处理方式：选择“过程管理—采购记录”，单击“增加”，在弹出的对话框中的“来源”部分填写“其他公司转让”，表示从其他公司直接采购的原材料（图 5.149）。

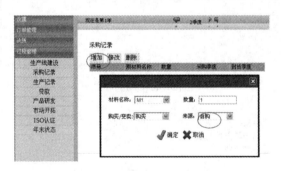

图 5.149 从其他组采购原材料

从其他公司采购原材料需要支付费用。选择“经营分析—报表—现金流量表”，在“原料采购支付现金”中填写费用（图 5.150）。

原料采购支付现金	0.0	2.0	
成品采购支付现金	0.0	8.0	

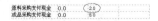

图 5.150 原料采购支付现金

5）将原材料卖给其他组

如果需要将原材料卖给其他组，可以做如下处理。

选择"过程管理—采购记录"，单击"增加"，在弹出的对话框中的"购买 / 变卖"部分选择"变卖"，表示将原材料卖给其他组（图 5.151）。

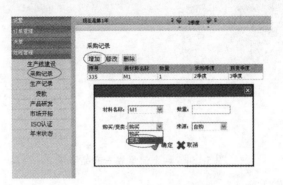

图 5.151　变卖原材料的其他组

将原材料卖给其他组将产生收入。选择"经营分析—报表—现金流量表"，在"变卖原材料 / 产品"中填写产生的收入（图 5.152）。

变卖生产线(+)	0.0	0.0
变卖原材料/产品(+)	0.0	2.0
变卖抵押/厂房(+)	0.0	0.0

图 5.152　原料变卖收入现金

8. 产品研发

在进行产品研发时，需要在系统中记录研发的过程。

说明：如果某个产品的研发没有完成，则在下一年争取订单时，将不能获取到该产品的订单。

1）自主研发产品

选择"过程管理—产品研发"，在该界面中，单击"增加"，选择产品和开发方式，单击"确定"。

当每种产品研发的投资达到所规定的金额时，系统自动将该产品改为"已完成"（图 5.153）。

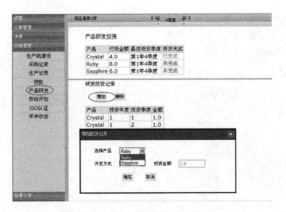

图 5.153　产品研发投资

同时，在现金流量表中要记录所投资的费用。选择"经营分析—报表—现金流量表"，在当季度的"产品研发"一栏中填写支出的研发费用，并单击"保存"（图5.154）。

图5.154　现金流量表—产品研发

2）购买产品研发技术

如果是从其他组购买产品研发技术，同样需要在系统中记录购买的金额。

选择"过程管理—产品研发"，在该界面中，单击"增加"，选择产品，并选择开发方式为"购买技术"，系统自动带出所需投资的金额，单击"确定"（图5.155）。

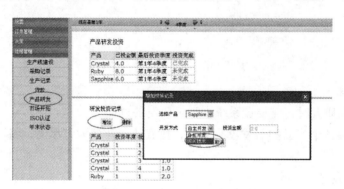

图5.155　产品研发—购买技术

当每种产品研发的投资达到所规定的金额时，系统自动将该产品改为"已完成"。

同时，在现金流量表中要记录所投资的费用。选择"经营分析—报表—现金流量表"，在当季度的"产品研发"一栏中填写支出的研发费用，并单击"保存"（图5.156）。

图5.156　现金流量表—产品研发

9. 市场开拓

在每个年度末进行市场开拓时，需要在系统中记录开拓情况。

说明：如果某个市场没有完成开拓，则在下一年不能获取到该市场的订单。

市场开拓的操作过程如下。

选择"过程管理—市场开拓"，在页面中单击"增加"，选择市场，单击"确定"。

当某个市场的开拓金额达到规定的标准值时，系统自动将市场开拓改为"已完成"
（图 5.157）。

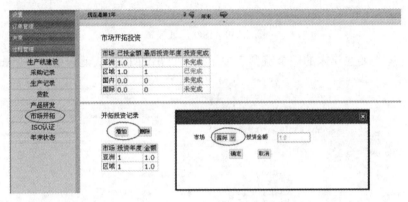

图 5.157　市场开拓投资

同时，还需要在年末的现金流量表中记录所支出的市场开拓费用，并单击"保存"
（图 5.158）。

广告费	3.0	0.0	0.0	0.0	0.0
贴现费用	0.0	0.0	0.0	0.0	0.0
归还短贷及利息	0.0	0.0	0.0	0.0	0.0
归还高利贷及利息	0.0	0.0	0.0	0.0	0.0
原料采购支付现金	0.0	2.0	0.0	0.0	0.0
成品采购支付现金	0.0	8.0	0.0	0.0	0.0
设备改造费	0.0	2.0	0.0	0.0	0.0
生产线投资	5.0	0.0	0.0	0.0	0.0
加工费用	0.0	0.0	0.0	0.0	0.0
产品研发	0.0	0.0	0.0	2.0	0.0
行政管理费	0.0	0.0	0.0	0.0	0.0
长期贷款及利息	0.0	0.0	0.0	0.0	0.0
设备维护费	0.0	0.0	0.0	0.0	0.0
租金	0.0	0.0	0.0	0.0	0.0
购买新建筑	0.0	0.0	0.0	0.0	0.0
市场开拓投资	0.0	0.0	0.0	0.0	1.0
ISO认证投资	0.0	0.0	0.0	0.0	0.0
其他	0.0	0.0	0.0	0.0	0.0
支出总计	8.0	12.0	0.0	2.0	1.0
现金余额	60.0	50.0	50.0	48.0	47.0

图 5.158　现金流量表—市场开拓投资

10. ISO 认证

在每个年度末进行 ISO 认证时，需要在系统中记录认证情况。

说明：从第 4 年初开始，如果没有完成 ISO 认证，则不能获取所有市场所有产品的订单。

ISO 认证的操作过程如下。

选择"过程管理—ISO 认证"，在页面中单击"增加"，选择 ISO，单击"确定"。

当 ISO 认证的金额达到规定的标准值时，系统自动将认证改为"已完成"（图 5.159）。

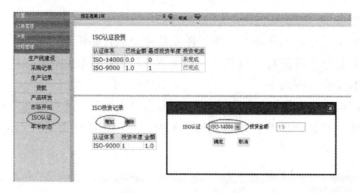

图 5.159　ISO 认证投资

同时，还需要在年末的现金流量表中记录所支出的 ISO 认证费用，并单击"保存"（图 5.160）。

广告费	3.0	0.0	0.0	0.0	0.0
贴现费用	0.0	0.0	0.0	0.0	0.0
归还短贷及利息	0.0	0.0	0.0	0.0	0.0
归还高利贷及利息	0.0	0.0	0.0	0.0	0.0
原料采购支付现金	0.0	2.0	0.0	0.0	0.0
成品采购支付现金	0.0	8.0	0.0	0.0	0.0
设备改造费	0.0	2.0	0.0	0.0	0.0
生产线投资	5.0	0.0	0.0	0.0	0.0
加工费用	0.0	0.0	0.0	0.0	0.0
产品研发	0.0	0.0	0.0	2.0	0.0
行政管理费	0.0	0.0	0.0	0.0	0.0
长期贷款及利息	0.0	0.0	0.0	0.0	0.0
设备维护费	0.0	0.0	0.0	0.0	0.0
租金	0.0	0.0	0.0	0.0	0.0
购买新建筑	0.0	0.0	0.0	0.0	0.0
市场开拓投资	0.0	0.0	0.0	0.0	1.0
ISO认证投资	0.0	0.0	0.0	0.0	1.0
其它	0.0	0.0	0.0	0.0	0.0
支出总计	8.0	12.0	0.0	2.0	2.0
现金余额	60.0	50.0	50.0	48.0	46.0

图 5.160　现金流量表－ISO 认证投资

11. 特殊应用提示

1）如何在讲师电脑上同时显示学生页面和讲师页面

在教学的时候，需要讲师在学生页面和讲师页面之间进行切换，这样便于引导学生进行沙盘演练。

在软件开发的时候，已经控制了一个 IP 地址只能有一台电脑登录。为此，讲师界面可以做如下处理：

首先，讲师在命令行中用 ipconfig 查询本机的 IP 地址，如查到是：192.168.1.10；

在 IE 浏览器中，输入 http://192.168.1.10:8083/sandtable/login.jsp，以学生身份登录系统；

打开一个新的 IE 页面，输入 http://localhost:8083/sandtable/login.jsp，以讲师身份登录系统。

这样，就可以在讲师的电脑上同时打开两个页面。

2）可排序与不可排序的表格区分

表头颜色为紫色时，可单击表头的文字部分，进行排序。如图 5.161 所示，单击"市场"，就可以对"市场"一列进行排序。这种模式在内容太多时，可方便地查看所关心的内容。

增加	修改	删除							
序号	市场	产品	数量	交货季度	应收账期	单价	金额	成本	毛利
1	本	Beryl	6	3	1	6.0	36.0	12.0	24.0

图 5.161　可排序的表格

表头颜色为灰白色时，不能进行排序（图 5.162）。

生产线基本信息　　　　✔ 保存

名称	安装周期	改造周期	加工周期	造价
全自动	3	2	1	15.0
半自动	2	1	2	10.0
手工线	1	0	3	5.0
柔性线	4	0	1	25.0
自定义	0	0	0	0.0

图 5.162　不能排序的表格

3）如何判断各小组是否破产

在讲师界面，选择"经营分析—报表—破产检查"，就可以看到当年破产的小组。同时，在界面上分列出各个小组破产的情况。这样可以控制各小组的商业信誉。对于破产的小组，讲师可以适当增加股东资本投入，让该组经营下去（图 5.163）。

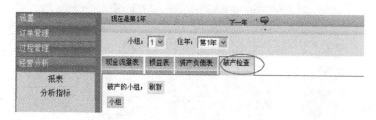

图 5.163　检查小组破产情况

4）如何变更订单拥有者

在学生经营企业的过程中，可能出现某个小组的订单无法交付，该组将放弃订单，或者订单转让给其他小组。

这时，必须告知讲师，由讲师在系统中进行处理。

在讲师界面，选择"订单管理—订单查看"，先选择某张订单，然后选择"变更订单拥有者"。如果该小组放弃订单，选择"未发放"。如果该小组将订单转让给其他小组，则选择其他小组（图 5.164）。

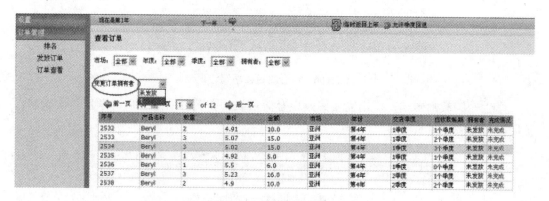

图 5.164　变更订单拥有者

5）如何控制订单的准时交货

在讲师界面，选择"过程管理—交货"，讲师根据订单的交货季度、小组季度来判断，该小组是否准时完成该订单。如果交货季度大于小组季度，则表示该订单已经拖期，需要处以罚款（图 5.165）。

图 5.165　控制订单的准时交货

6）如何修改现金流量表的错误

如果在每年年末编制报表时，发现现金流量表有问题需要修改，例如，在年末发现当期余额不对，如图 5.166 所示主要原因是第 3 季度的加工费填写错误。可以按如下方式处理。

项目	1季度	2季度	3季度	4季度	年末
当期初始数(+)	24.0	16.0	21.0	26.0	34.0
应收款到期(+)	0.0	7.0	7.0	36.0	0.0
变卖生产线(+)	0.0	0.0	0.0	0.0	0.0
变卖原材料/产品(+)	0.0	0.0	0.0	0.0	0.0
变卖抵押/厂房(+)	0.0	0.0	0.0	0.0	0.0
短期贷款(+)	0.0	0.0	0.0	0.0	0.0
高利贷贷款(+)	0.0	0.0	0.0	0.0	0.0
长期贷款(+)	0.0	0.0	0.0	0.0	0.0
收入总计	24.0	23.0	28.0	62.0	34.0
支付上年应交税	3.0	0.0	0.0	0.0	0.0
广告费	0.0	0.0	0.0	0.0	0.0
贴现费用	0.0	0.0	0.0	0.0	0.0
归还短贷及利息	0.0	0.0	0.0	21.0	0.0
归还高利贷及利息	0.0	0.0	0.0	0.0	0.0
原料采购支付现金	2.0	0.0	0.0	3.0	0.0
成品采购支付现金	0.0	0.0	0.0	0.0	0.0
设备改造费	0.0	0.0	0.0	0.0	0.0
生产线投资	0.0	0.0	0.0	0.0	0.0
加工费用	2.0	1.0	1.0	3.0	0.0
产品研发	0.0	0.0	0.0	0.0	0.0
行政管理费	1.0	1.0	1.0	1.0	0.0
长期贷款及利息	0.0	0.0	0.0	0.0	2.0
设备维护费	0.0	0.0	0.0	0.0	4.0
租金	0.0	0.0	0.0	0.0	0.0
购买新建筑	0.0	0.0	0.0	0.0	0.0
市场开拓投资	0.0	0.0	0.0	0.0	0.0
ISO认证投资	0.0	0.0	0.0	0.0	0.0
其他	0.0	0.0	0.0	0.0	0.0
支出总计	8.0	2.0	2.0	28.0	6.0
现金余额	16.0	21.0	26.0	34.0	28.0

图 5.166　现金流量表填写错误

学生先向教师申请，提出需要修改现金流量表。在教师同意之后，学生单击状态栏上向左的箭头（图 5.167）。

现在是第1年　　　　　　　年末

图 5.167　讲师界面—时间状态栏

时间状态栏切换为"第4季度"（图5.168）。

图 5.168　学生界面－时间季度

学生单击状态栏向左的箭头，改变为第3季度。然后，修改第3季度的加工费为6，单击"保存"，系统将当期余额自动计算为53（图5.169）。

归还高利贷及利息	0.0	0.0	0.0	0.0	0.0
原料采购支付现金	2.0	0.0	0.0	3.0	0.0
成品采购支付现金	0.0	0.0	0.0	0.0	0.0
设备改造费	0.0	0.0	0.0	0.0	0.0
生产线投资	0.0	0.0	0.0	0.0	0.0
加工费用	2.0	1.0	2.0	3.0	0.0
产品研发	0.0	0.0	0.0	0.0	0.0
行政管理费	1.0	1.0	1.0	1.0	0.0
长期贷款及利息	0.0	0.0	0.0	0.0	2.0
设备维护费	0.0	0.0	0.0	0.0	4.0
租金	0.0	0.0	0.0	0.0	0.0
购买新建筑	0.0	0.0	0.0	0.0	0.0
市场开拓投资	0.0	0.0	0.0	0.0	0.0
ISO认证投资	0.0	0.0	0.0	0.0	0.0
其他	0.0	0.0	0.0	0.0	0.0
支出总计	8.0	2.0	2.0	28.0	6.0
现金余额	16.0	21.0	26.0	34.0	28.0

图 5.169　修改第3季度现金流量表

然后，单击状态栏上向右的箭头（图5.170）。

图 5.170　转换时间状态

系统将时间状态变为第4季度，当期初始数自动取上期末的数。

然后再单击"保存"，系统又自动计算第4季度的当期余额。

学生修改完毕之后，单击时间状态栏上"4季度"向右的箭头，变成"年末"（图5.171）。

图 5.171　学生界面－时间状态改变前

学生再单击保存，系统自动计算年末的当期余额。之后，学生就可以重新再编制利润表、资产负债表。

7）讲师如何控制小组的季度回退

讲师登录进系统时，默认的是不允许学生季度回退。在比赛时采取该设置。

在培训的时候，讲师可以根据具体情况，允许学生回退。这时，讲师在时间状态栏单击"允许季度回退"，则系统将允许学生自行决定季度回退（图5.172）。

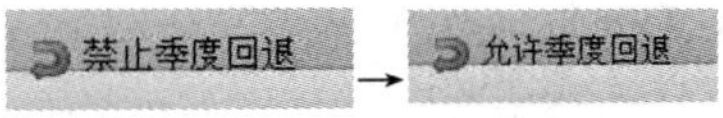

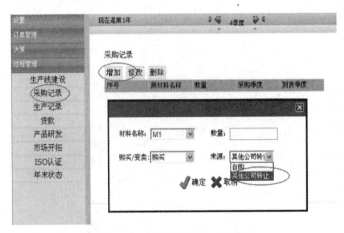

图 5.172　控制小组的季度回退

8）小组之间如何买卖原材料

购买方在系统中做如下处理。

选择"过程管理—采购记录"，单击"增加"。在弹出的界面中，选择"购买/变卖"的内容为"购买"，"来源"为"其他公司转让"。

当原材料买入后，会影响当期的预计库存量（图 5.173）。

图 5.173　从其他组购买原材料

然后，要在现金流量表中记录所支付的费用。选择"经营分析—报表—现金流量表"。在"原料采购支付现金"中填写所支付的费用（图 5.174）。

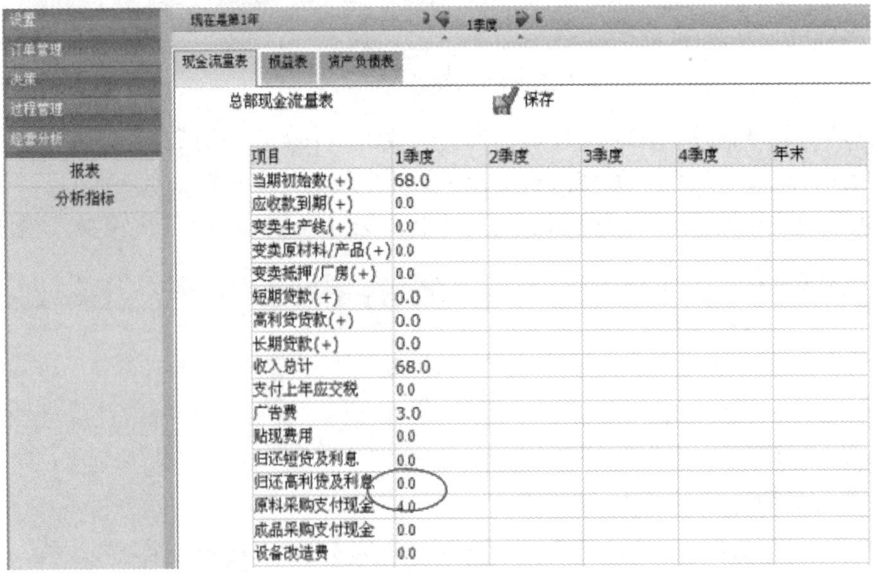

图 5.174　现金流量表—原材料采购费用支出

另外，在年末编制损益表时，需在成本中考虑小组之间采购所支出的费用（图 5.175）。

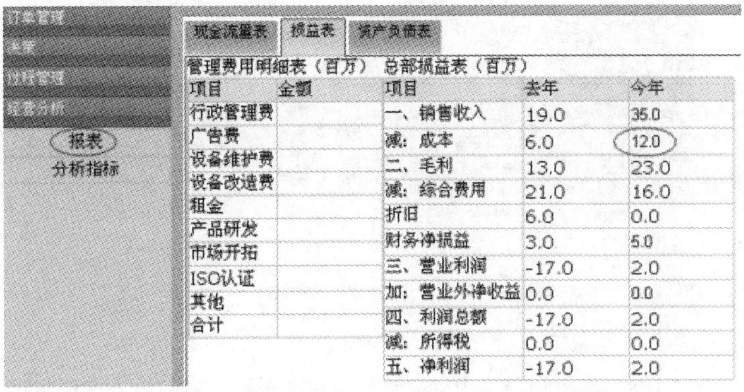

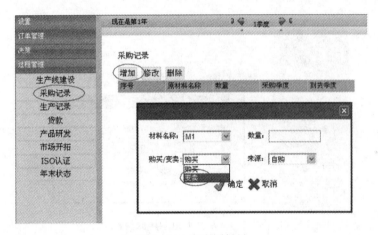

图 5.175 年末损益表的成本中考虑组间原材料采购的支出

卖材料方在系统中做如下处理。

选择"过程管理—采购记录",单击"增加",在弹出的窗口中,选择"购买/变卖"为"变卖"。

当原材料卖出后,会影响当期的预计库存量(图 5.176)。

图 5.176 变卖原材料

原材料变卖后,还应在现金流量表中填写相应的收入。选择"经营分析—报表—现金流量表",在"变卖原材料/产品"中填写相应的收入(图 5.177)。

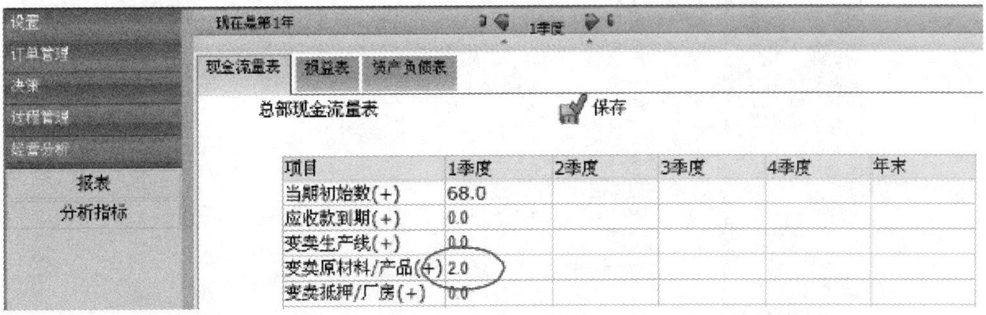

图 5.177 现金流量表－变卖原材料

另外,在年末的时候,还应该在损益表的收入中考虑卖原材料的收入和成本。收入指卖原材料产生的收入,成本指原材料从供应商处采购所支付的金额(图 5.178)。

图 5.178　年末损益表中考虑组间原材料采购产生的收入和成本

9）小组之间如何买卖产成品

购买方在系统中做如下处理。

选择"过程管理—生产记录"，单击"增加"。在弹出的界面中，选择"生产线号"的内容为"买产品"。

当产成品买入后，会影响当期的预计库存量（图 5.179）。

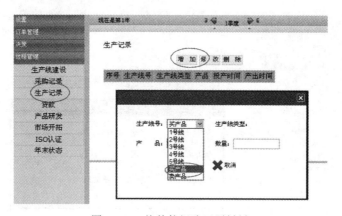

图 5.179　从其他组购买原材料

然后，要在现金流量表中记录所支付的费用。选择"经营分析—报表—现金流量表"。在"成品采购支付现金"中填写所支付的费用（图 5.180）。

图 5.180　现金流量表－成品采购费用支出

另外，在年末编制损益表时，需在成本中考虑小组之间采购所支出的费用（图5.181）。

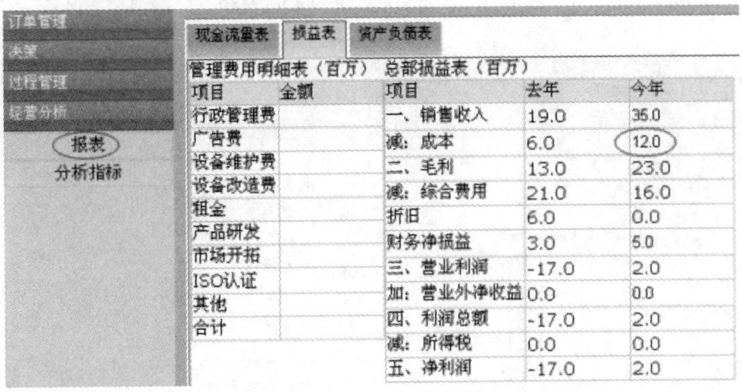

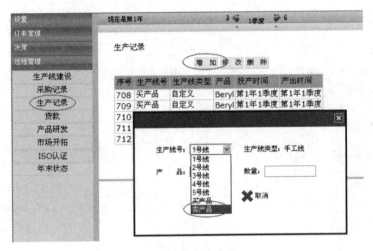

图 5.181 年末损益表的成本中考虑组间成品采购的支出

卖产品方在系统中做如下处理。

选择"过程管理—生产记录"，单击"增加"，在弹出的窗口中，选择"购买/变卖"为"变卖"。

当产品卖出后，会影响当期的预计库存量（图5.182）。

图 5.182 变卖产品

产品变卖后，还应在现金流量表中填写相应的收入。选择"经营分析—报表—现金流量表"，在"变卖原材料/产品"中填写相应的收入（图5.183）。

图 5.183 现金流量表－变卖产成品

另外，在年末的时候，还应该在损益表的收入中考虑卖产品的收入和成本（图5.184）。收入指卖产品产生的收入，成本指产品本身的原材料和加工费用。

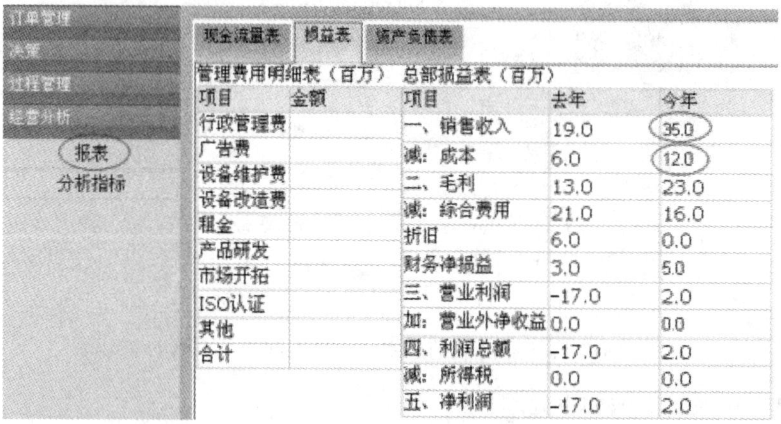

图5.184　年末损益表中考虑组间产成品采购产生的收入和成本

10）变卖生产线，如何处理

当学生想变卖或废弃某条生产线时，可以做如下处理。

选择"过程管理—生产线建设"，选中要变卖或废弃的生产线，单击"删除/变卖"即可（图5.185）。

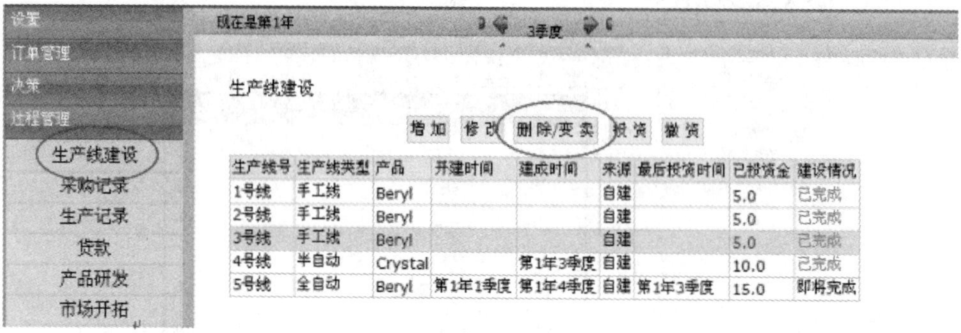

图5.185　变卖生产线

如果系统给出如图5.186所示的提示，表明生产线上还有在制品，需要等在制品完成后才能处理生产线。

图5.186　生产线上有在制品时，无法取消生产线

如果该生产线是卖给其他组，或者在出售时还有残余价值，将会产生现金收入。因此，应选择"经营分析—报表"，在"变卖生产线"中填写产生的现金收入（图5.187）。

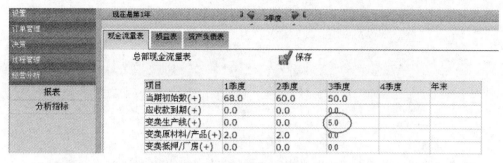

图 5.187　生产线建设变卖产生现金收入

在年末处理损益表时，要考虑生产线处理产生的营业外净收益（图 5.188）。

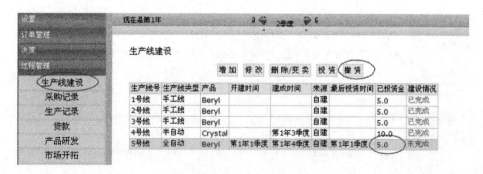

图 5.188　损益表中考虑生产线变卖的营业外净收益

如果生产线在卖给其他组时，以高于残值卖出，例如：剩余 3M 的生产线价值，但以 5M 卖出，则营业外净收益为 2M。

如果生产线是废弃处理给讲师，则剩余多少价值就将该价值转到盘面现金部分。例如：剩余 3M 的生产线价值，则现金收入为 3M。但营业外净收益为 0M，因为没有产生额外的收益。

11）已投资的生产线，是否可以撤资

如果是以往季度投资的费用，则不能再撤资。

如果是刚刚投资，可以撤资。如图 5.189 所示，刚投资一笔费用 5M 用于建全自动线。

图 5.189　刚投资的费用

但考虑到后续可能资金紧张，需撤销。可单击"撤资"，系统自动就撤资（图 5.190）。

图5.190　刚投资的费用进行撤资

如果撤资成功，需要在现金流量表中修改已经支出的设备投资费用（图5.191）。

图5.191　生产线投资的费用修改

12）讲师如何方便地处理订单交货

在进行订单交货前，要求学生必须先申请交货。

在学生端的"订单管理—订单查看"中，可以看到订单的信息。选中某个订单，单击"申请交货"（图5.192）。

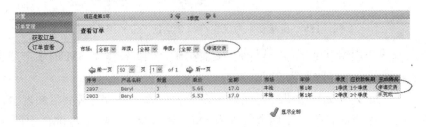

图5.192　学生端－申请交货

然后，学生就到讲师处交货。在讲师端，讲师选择"过程管理—交货"，选择"交货状态"的内容为"申请交货"，系统显示出申请交货的订单。讲师选择相应的订单进行交货确认（图5.193）。

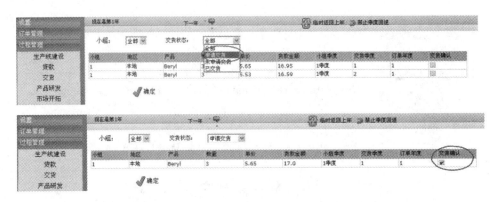

图5.193　讲师端－查看申请交货的订单并确认交货

13）讲师如何方便地处理贷款归还

在归还贷款前，要求学生必须先申请还贷。

在学生端的"过程管理—贷款"中，可以看到贷款的信息。选中某个贷款，单击"申请还贷"（图5.194）。

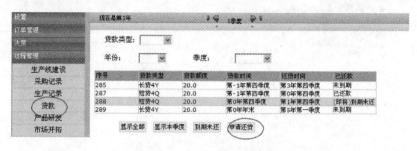

图5.194　学生端－申请交货

然后，学生就到讲师处归还贷款。在讲师端，讲师选择"过程管理—贷款"，选择"贷款"的内容为"申请还贷"，系统显示出申请还贷的贷款信息。讲师选中"申请还贷"的贷款信息，单击"修改"，系统弹出如下对话框，单击"确定"进行还贷确认（图5.195）。

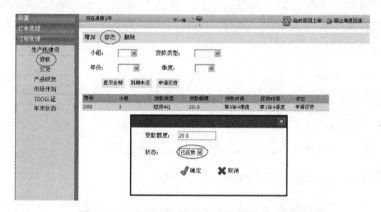

图5.195　讲师端－查看申请还贷并确认还贷

14）小组之间进行订单买卖，如何处理

首先向讲师申请。讲师选择"订单管理—订单查看"，在界面中先选中要交易的订单，然后选择"变更订单拥有者"中的目标小组，就完成了小组之间的订单买卖（图5.196）。

图5.196　变更订单拥有者

对于卖订单的小组而言，有现金收入，因此该小组在学生端的现金流量表中需填写收入。可选择“经营分析—报表—现金流量表”，在“其他”中填写交易收入的金额。因为“其他”默认为支出，因此填写时金额应为负数，以表示收入（图 5.197）。

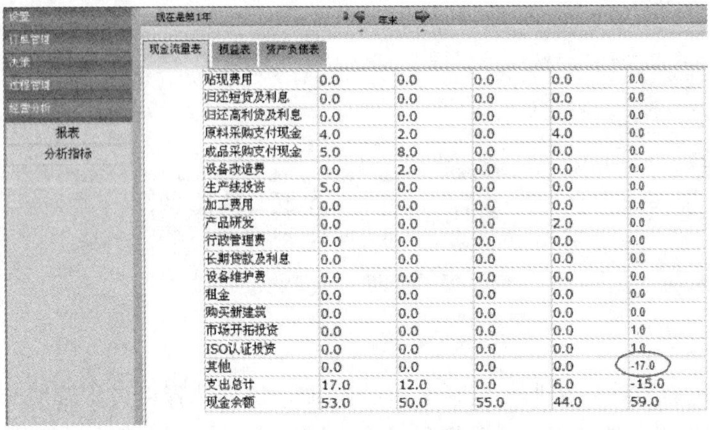

贴现费用	0.0	0.0	0.0	0.0	0.0
归还短贷及利息	0.0	0.0	0.0	0.0	0.0
归还高利贷及利息	0.0	0.0	0.0	0.0	0.0
原料采购支付现金	4.0	2.0	0.0	4.0	0.0
成品采购支付现金	5.0	8.0	0.0	0.0	0.0
设备改造费	0.0	2.0	0.0	0.0	0.0
生产线投资	5.0	0.0	0.0	0.0	0.0
加工费用	0.0	0.0	0.0	0.0	0.0
产品研发	0.0	0.0	0.0	2.0	0.0
行政管理费	0.0	0.0	0.0	0.0	0.0
长期贷款及利息	0.0	0.0	0.0	0.0	0.0
设备维护费	0.0	0.0	0.0	0.0	0.0
租金	0.0	0.0	0.0	0.0	0.0
购买新建筑	0.0	0.0	0.0	0.0	0.0
市场开拓投资	0.0	0.0	0.0	0.0	1.0
ISO认证投资	0.0	0.0	0.0	0.0	1.0
其他	0.0	0.0	0.0	0.0	-17.0
支出总计	17.0	12.0	0.0	6.0	-15.0
现金余额	53.0	50.0	55.0	44.0	59.0

图 5.197　学生端现金流量表

对于购买订单的小组而言，有现金支出。因此也需要在学生端的现金流量表中填写支出。同样是在现金流量表中的“其他”填写。此时为支出，因此填写的数值应为正数（图 5.198）。

市场开拓投资	0.0	0.0	0.0	0.0	1.0
ISO认证投资	0.0	0.0	0.0	0.0	1.0
其他	0.0	0.0	0.0	0.0	17.0
支出总计	17.0	12.0	0.0	6.0	19.0
现金余额	53.0	50.0	55.0	44.0	25.0

图 5.198　订单交易的现金记录

另外，在年末时，还需处理损益表（图 5.199）。

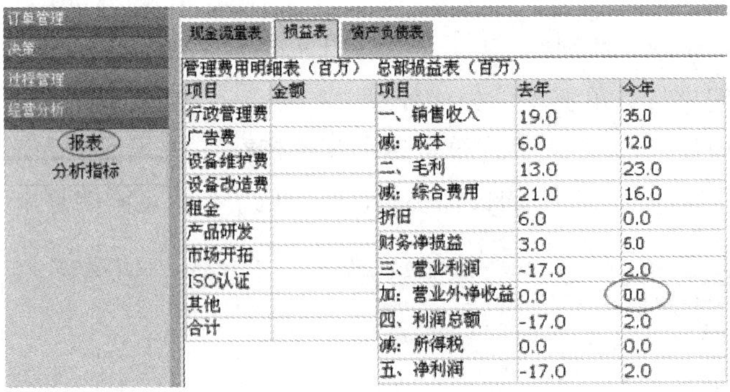

管理费用明细表（百万）

项目	金额
行政管理费	
广告费	
设备维护费	
设备改造费	
租金	
产品研发	
市场开拓	
ISO认证	
其他	
合计	

总部损益表（百万）

项目	去年	今年
一、销售收入	19.0	35.0
减：成本	6.0	12.0
二、毛利	13.0	23.0
减：综合费用	21.0	16.0
折旧	6.0	0.0
财务净损益	3.0	5.0
三、营业利润	-17.0	2.0
加：营业外净收益	0.0	0.0
四、利润总额	-17.0	2.0
减：所得税	0.0	0.0
五、净利润	-17.0	2.0

图 5.199　处理损益表

对于变卖订单的小组，视为营业外收益，因此在“营业外净收益”中填写正数。

对于买订单的小组，视为营业外支出，因此在“营业外净收益”中填写负数。

15）年末小组的资产负债表不平时，应如何处理

如果小组的资产负债表不平，而且也找不到具体的原因时，可以由老师来调平。这适合于比赛时使用。讲师需将时间状态先切换到下一年度，然后进行调整。

如果是资产总计 > 权益总计，可以通过减少现金来调平报表。

讲师选择“经营分析—报表—现金流量表”，然后选择“小组”，以及“往年”中的年份，然后在年末的“其他”中输入“资产总计”与“权益总计”之间的差值，单击“保存”，系统将调整现金余额。这时，再查看资产负债表，就已经平衡了（图 5.200）。

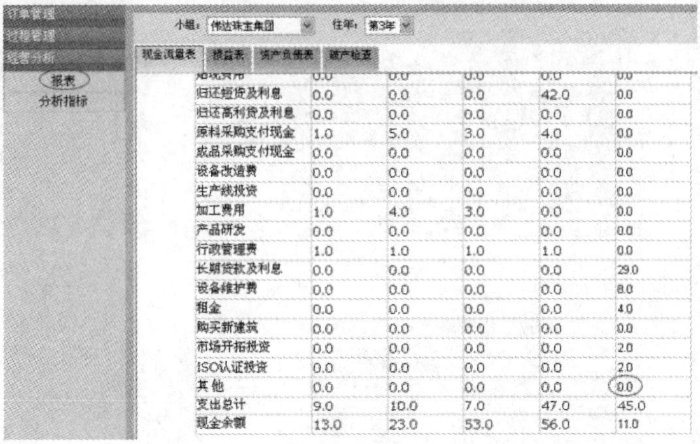

归还短贷及利息	0.0	0.0	0.0	42.0	0.0
归还高利贷及利息	0.0	0.0	0.0	0.0	0.0
原料采购支付现金	1.0	5.0	3.0	4.0	0.0
成品采购支付现金	0.0	0.0	0.0	0.0	0.0
设备改造费	0.0	0.0	0.0	0.0	0.0
生产线投资	0.0	0.0	0.0	0.0	0.0
加工费用	1.0	4.0	3.0	0.0	0.0
产品研发	0.0	0.0	0.0	0.0	0.0
行政管理费	1.0	1.0	1.0	1.0	0.0
长期贷款及利息	0.0	0.0	0.0	0.0	29.0
设备维护费	0.0	0.0	0.0	0.0	8.0
租金	0.0	0.0	0.0	0.0	4.0
购买新建筑	0.0	0.0	0.0	0.0	0.0
市场开拓投资	0.0	0.0	0.0	0.0	2.0
ISO认证投资	0.0	0.0	0.0	0.0	2.0
其他	0.0	0.0	0.0	0.0	0.0
支出总计	9.0	10.0	7.0	47.0	45.0
现金余额	13.0	23.0	53.0	56.0	11.0

图 5.200　调整现金流量表的其他支出

如果是权益总计 > 资产总计，可以通过减少营业外净收益来调平报表。

讲师选择“经营分析—报表—损益表”，然后选择“小组”，以及“往年”中的年份，然后在今年的“营业外净收益”中输入“权益总计”与“资产总计”之间的差值，**注意应该是负值**，单击“保存”，系统将调整净利润。这时，再查看资产负债表，就已经平衡了（图 5.201）。

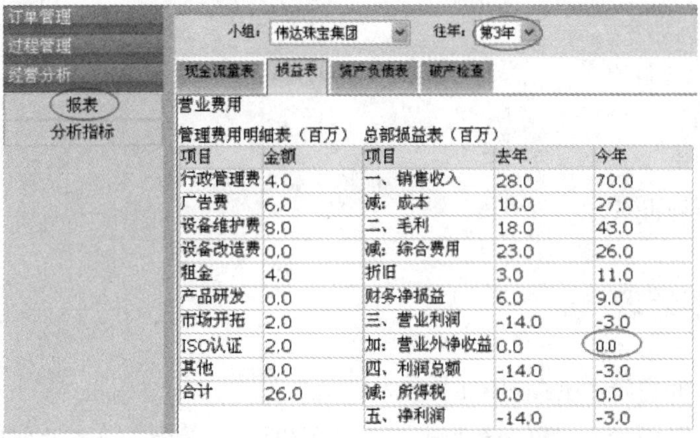

管理费用明细表（百万）

项目	金额
行政管理费	4.0
广告费	6.0
设备维护费	8.0
设备改造费	0.0
租金	4.0
产品研发	0.0
市场开拓	2.0
ISO认证	2.0
其他	0.0
合计	26.0

总部损益表（百万）

项目	去年	今年
一、销售收入	28.0	70.0
减：成本	10.0	27.0
二、毛利	18.0	43.0
减：综合费用	23.0	26.0
折旧	3.0	11.0
财务净损益	6.0	9.0
三、营业利润	-14.0	-3.0
加：营业外净收益	0.0	0.0
四、利润总额	-14.0	-3.0
减：所得税	0.0	0.0
五、净利润	-14.0	-3.0

图 5.201　调整营业外净收益

六、经营分析图

每个小组在完成当年的经营，并编制完三大报表之后，讲师可以在系统中查看所有小组相应的指标分析图。

通过用 Ctrl 键 + 鼠标左键单击选择，可以组合选择多个小组。系统自动将多个小组的指标绘制在一起，便于分析比较。

如图 5.202 所示，选择"经营分析 - 分析指标"，可以看到各个小组相应指标的变化情况。

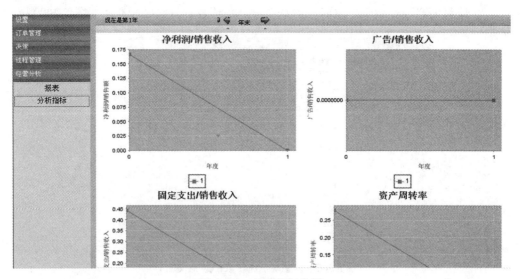

图 5.202　经营指标分析

系统给出的分析指标包括以下内容。

- 净利润/销售收入
- 广告/销售收入
- 研发投入/销售收入
- 固定支出
- 资产周转率
- 负债/股东权益比率
- 速动比率
- 资产回报率
- 股东权益回报率

七、常见问题处理

1. 系统长时间提示"please wait"

如果系统长时间提示"Please wait"（图 5.203），是因为你较长时间没有在界面中处理数据了。这时，可以单击 IE 浏览器上的"刷新"按钮，或者按 F5，刷新一下页面，系统会自动退出，重新登录就可以了。

图 5.203　长时间出现 Please wait 的提示

2. 登录出错提示"Maximum Sessions of {0} for this principal exceeded"

当出现"登录失败，请再尝试。原因：Maximum sessions of {0} for this principal exceeded"（图 5.204），讲师重新启动本系统，学生重新登录即可。

图 5.204 登录出错

3. 提示"合法性检查失败"——无加密狗的情况

如果在运行系统时没有插入加密狗，系统会给出如下的提示：

系统合法检查失败，请插入正确的 usb-Key 或使用正确的许可证。

图 5.199 如果出现未插入加密狗的提示，这时，请插入加密狗，并用 Ctrl+C 退出 java 运行状态。再双击 start.bat 图标，重新启动后就可以了使用。

4. 提示"合法性检查失败"——有加密狗的情况

如果有加密狗，仍旧提示"合法性检查失败"，需要对加密狗进行处理。

特别注意：讲师在重启电脑系统的时候，一定要先将加密狗拔出，否则也可能会出现"系统合法性检查失败"的提示。如果出现该情况，请采用下面的方法解决。

请使用工具 chmode.exe，按照如下步骤处理：

● 先将USB 加密狗拔出；

● 用 CTRL+C 退出沙盘电子对抗系统的服务器（图5.205）；

图 5.205 退出沙盘电子对抗系统

● 双击 chmode.exe，按照下图输入：USERID 为"55679"，模式为"有驱—>无驱"。再插入 USB 加密狗，要稍等系统自动识别 USB 设备完成后，再单击"更改",计数器会变为1（图5.206）；

图 5.206　更改模式

● 拔出USB 加密狗；

● 退出 chmode.exe；

● 再插入 USB 加密狗，然后启动沙盘电子对抗系统，就不会再报错了。

5. 提示"HTTP ERROR：500"

如果学员在登录系统时，出现 HTTP ERROR:500 的错误，如图 5.207 所示。

图 5.207　http error 500 错误

可做如下处理：

选择 IE 浏览器的"工具—Internet 选项"，在如图 5.208 所示的提示窗中，单击"删除 cookies"和"删除文件"，注意要清除所有脱机内容。处理完后，再登录系统就可以了。

图 5.208　清除 cookies 和 Internet 临时文件

6. 登录后，页面空白，仅显示三条小竖线

如果输入用户名、密码并登录后，出现页面空白（图5.209），仅显示三条小竖线，浏览器状态为"完毕"，可采用和上一节同样的处理方法，删除 cookies，删除 Internet 临时文件，一般就可解决。

图 5.209 登录后显示空白

如果按照该方式处理后，仍旧无法解决该现象，有可能是操作系统等环境导致的。建议将操作系统及相应的软件重新安装。

第二节 学生机操作

一、登录系统操作

在浏览器页面的地址栏输入 http://localhost:8083/sandtable/login.jsp，进入登录界面。如图 5.210 所示的录入：小组为"admin"，口令默认："123"。单击"登录"按钮后进入系统。

图 5.210 登录界面

或单击"注册"，如图 5.211 所示的录入名称"1"、口令"1"，单击"确定"。

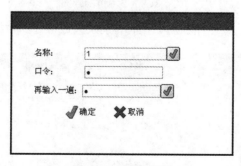

图 5.211 注册页面

1. 登录系统

在浏览器页面的地址栏输入：http://localhost:8083/sandtable/login.jsp，进入登录界面。如图 5.212 所示的录入：小组为"1"，口令："1"。单击"登录"。

图 5.212　登录界面

2. 查看市场需求预测信息

选择"设置—市场预测"，然后选择状态栏上的"设定模拟年限"的年限。

说明： 如下所示的市场容量数据是按照 8 个小组设置的。如果实际培训中多于或小于 8 个小组，可以将下列数据分别除以 8 得到每个小组的一套数据，多一个小组、少一个小组就按照该套数据进行增减。

另外，讲师也可以模拟各种经济环境，比如金融危机来临的场景，故意减少某年某个市场所有产品的需求数据；或者模拟经济繁荣的场景，故意加大某年某个市场所有产品的需求数据。通过这些数据的调整，来锻炼各个小组学员对市场的应变能力。

选择"本地容量"，按照图 5.213 所示的本地市场的数据录入，单击"保存"。

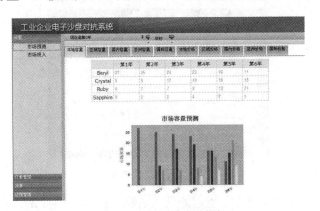

图 5.213　本地市场预测

选择"区域容量"，按照图 5.214 所示的录入区域市场的数据，单击"保存"。

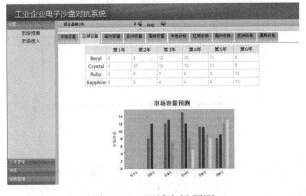

图 5.214　区域市场预测

选择"国内容量",按照图 5.215 所示的录入国内市场的数据,单击"保存"。

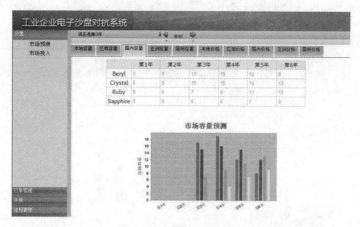

图 5.215 国内市场预测

选择"亚洲容量",按照图 5.216 所示的录入亚洲市场的数据,单击"保存"。

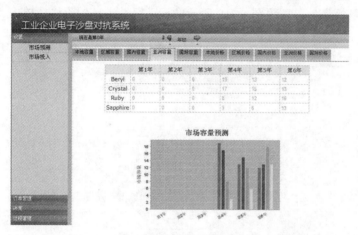

图 5.216 亚洲市场预测

选择"国际容量",按照图 5.217 所示的录入国际市场的数据,单击"保存"。

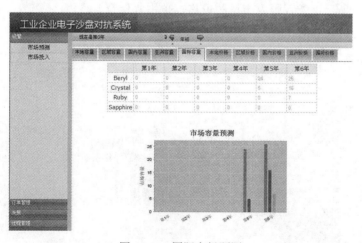

图 5.217 国际市场预测

3. 查看市场预测价格

选择"本地容量",按照图5.218所示的本地市场的价格录入,单击"保存"。

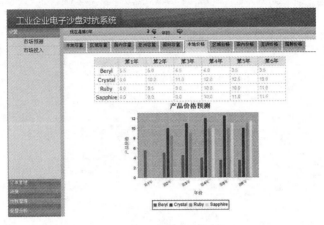

图5.218 本地市场价格

选择"区域容量",按照图5.219所示的录入区域市场的价格,单击"保存"。

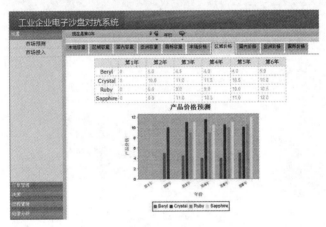

图5.219 录入区域市场价格

如图5.220所示,录入国内市场的价格,单击"保存"。

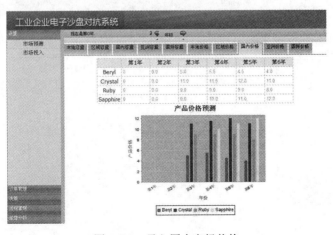

图5.220 录入国内市场价格

如图 5.221 所示，录入亚洲市场价格，单击"保存"。

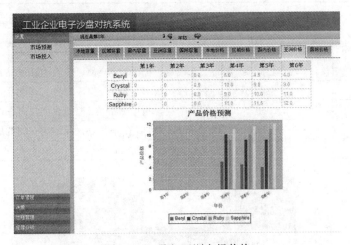

图 5.221　录入亚洲市场价格

如图 5.222 所示，录入国际市场价格，单击"保存"。

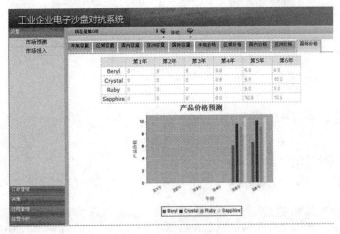

图 5.222　录入国际市场价格

二、初始状态设置

前提条件：讲师将工业沙盘的盘面介绍清楚之后，并让各小组将初始年的筹码都摆放在盘面上，然后开始进行引导。

初始年状态如表 5.2、图 5.223 所示。

表　5.2

项　　目	内　　容
现金	24M
应收账款	账期为 2Q 的金额 7M，账期为 3Q 的金额 7M
短期贷款	20M，还有 4Q 到期
长期贷款	20M，还有 4Y 到期

续表

项 目	内 容
采购订单	2 个 M1 的采购订单
原材料	2 个 M1
生产线 1	生产 beryl 的手工线, 折旧后价值 2M, 线上有在制品在加工
生产线 2	生产 beryl 的手工线, 折旧后价值 3M, 线上有在制品在加工
生产线 3	生产 beryl 的手工线, 折旧后价值 3M, 线上没有在制品
生产线 4	生产 beryl 的半自动线, 折旧后价值 4M, 线上有在制品在加工
产成品	3 个 beryl

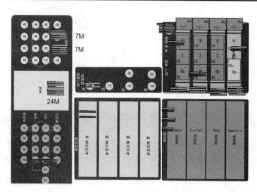

图 5.223　初始年状态

三、预算决策、生产与采购决策的编制

1. 引导学生查看销售订单

在学生界面, 选择"订单管理—订单查看", 可查看该组当年的订单(图 5.224)。

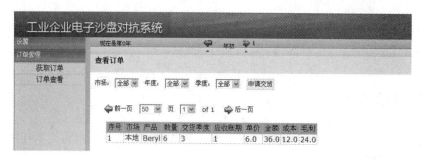

图 5.224　该组当年的订单信息

2. 引导学生制定"生产线建设决策"

在学生界面, 选择"决策—生产决策", 选择"生产线建设决策"页签。该界面的作用就是先做规划: 本年度将建设什么样的生产线。

在建设生产线的时候, 应该结合每种产品、每个市场未来的需求趋势, 决定建设什么类型的生产线, 生产什么产品。

如图 5.225 所示, 可以看到起始年有四条生产线, 都是生产 Beryl 产品的。其中 1 号线、2 号线、3 号线是手工线, 4 号线是半自动线。

图 5.225　生产线建设决策

说明：在初始年的时候，不用做生产线建设的规划。

如果在以后年度订单较多，要做生产线建设的规划，可以单击"增加"按钮，在界面中选择生产线编号、产品类型、生产线类型、开建日期，规划将建设什么类型的生产线，生产什么产品、什么时候开始建设。

3. 引导学生制定"生产线产能计划"及"采购决策"

在学生界面，选择"决策—生产决策"，选择"生产线产能计划"页签。

该界面是考虑现有生产线，以及本年度将建成的生产线的产能，然后编制生产计划。该界面的使用原理如下。

- 第一步：根据生产线的产能，填写生产计划。
- 第二步：系统根据填写的生产计划，自动计算预计入库量。
- 第三步：系统根据产品的期初库存量、订单数量、预计入库量，自动计算预计库存量。对于 Crystal 产品，因为会用到 Beryl 产品，所以会依据 MRPII 原理，根据 BOM 结构往下展开，计算出 Beryl 和原材料 M2 的需求。按照 MRPII 原理计算之后，就会显示出每种产品每个季度的预计库存量。某个产品在某个季度库存如果为负，就一定要编制生产计划，确保预计库存数量至少为 0，才能满足销售订单的需求。

按图 5.228 中所示，可以看到起始年初，有三条生产线上有在制品。

图 5.226　初始年生产线产能

- 1 号线：预计在今年 3 季度产品下线。
- 2 号线：预计在今年 1 季度产品下线。
- 4 号线：预计在今年 2 季度产品下线。

对应的，产品的预计入库量和预计库存量如图 5.227 所示。

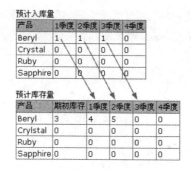

图 5.227　起始年的产品预计入库量和预计库存量

分析图 5.227，可以看到：

- Beryl 产品的期初库存为 3；
- 在第 1 季度，2 号线 Beryl 产品下线，因此 1 季度Beryl 有预计入库量 1 个，预计库存量为 3+1=4（个）；
- 在第 2 季度，4 号线Beryl 产品下线，有预计入库量 1 个，因此预计库存量为 4+1=5（个）；
- 在第 3 季度，1 号线 Beryl 产品下线，有预计入库量 1 个，因此预计库存量为 5+1=6 个。但是，因为在第 3 季度有销售订单需要交货，即 6 个 Beryl 产品交货，因此，第 3 季度预计库存量变成：6-6=0（个）。

在上面的说明中，就已经包含了 MRPII 中的主生产计划 MPS 的逻辑：

$$预计库存量 = 期初库存量＋预计入库量－销售订单量$$

如果再进一步按照 MRPII 的原理，参考 BOM，展开到原材料这一层，可以看到原材料的需求。

关于原材料的需求计算，将在后面介绍。此处，先记住原材料的初始库存，便于后面介绍 MRP 逻辑时参考。

在学生界面，选择"决策—采购决策"：可以看到，M1 在第 1 季度将到货 2 个（图 5.228）。

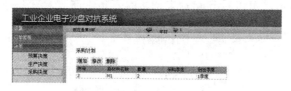

图 5.228　原材料采购到货记录

对应的，原材料的预计入库量和预计库存量如图 5.229 所示。

预计入库量

原材料	1季度	2季度	3季度	4季度
M1	2	0	0	0
M2	0	0	0	0
M3	0	0	0	0
M4	0	0	0	0

预计库存量

原材料	期初库存	1季度	2季度	3季度	4季度
M1	2	4	4	4	4

图 5.229　原材料预计入库量和预计库存量

M1 期初库存量 2 个，1 季度预计入库量为 2 个，因此在第 1 季度预计库存量为 4 个。

下面接着介绍生产计划编制过程。

产品一旦下线，生产线就空出来，可以安排生产。

因此，可以安排如下生产计划。

- 第 1 季度：安排 3 号线的生产(3 号线没有在制品)；安排 2 号线生产(2 号线在第 1 季度下线)。

单击“决策—生产决策”，选择“生产线产能计划”页签，单击“增加”按钮， 在弹出的对话框中填写如图 5.230 所示信息，增加 2 号线的生产计划。

预算决策
生产决策
采购决策
产能预测
增 加
修 改
删 除
生产线号：2号线
生产线类型：手工线
产　品：Beryl
投产时间：1
季度
确定
取消

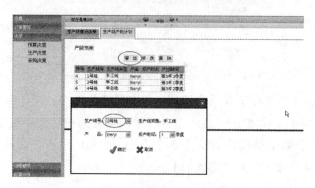

图 5.230　增加生产计划

同理，增加 3 号线的生产计划。最后得到的生产计划如图 5.231 所示。

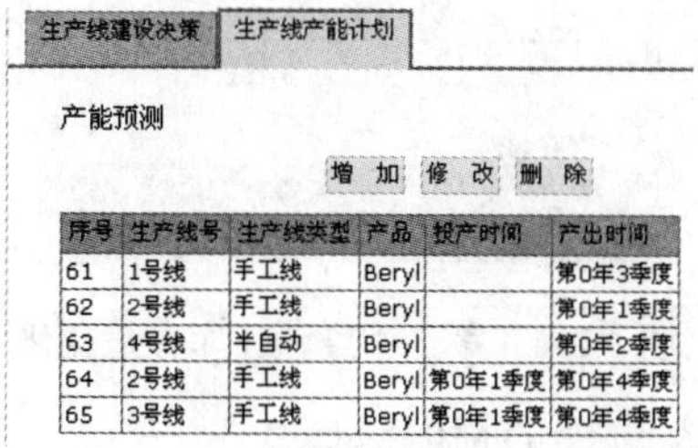

生产线建设决策
生产线产能计划
产能预测
增 加
修 改
删 除
序号 生产线号 生产线类型 产品 投产时间 产出时间
61 1号线 手工线 Beryl 第0年3季度
62 2号线 手工线 Beryl 第0年1季度
63 4号线 半自动 Beryl 第0年2季度
64 2号线 手工线 Beryl 第0年1季度 第0年4季度
65 3号线 手工线 Beryl 第0年1季度 第0年4季度

图 5.231　第 1 季度的生产计划

说明：如果生产计划安排不对，系统会自动进行检查，给出错误提示。如图 5.232 所示，1 号线在第 3 季度才能下线，如果在第 1 季度就安排投产，系统就会给出错误提示。

生产线建设决策
生产线产能计划
产能预测
增 加
修 改
删 除
序号 生产线号 生产线类型 产品 投产时间 产出时间
61 1号线 手工线 Beryl 第0年3季度
生产线号：1号线
生产线类型：手工线
产　品：Beryl
投产时间：1
季度
确定
取消
错误
该生产计划不可行
确定
Crystal 0 0 0 0
Ruby 0 0 0 0
Sapphire 0 0 0 0
预计库存量

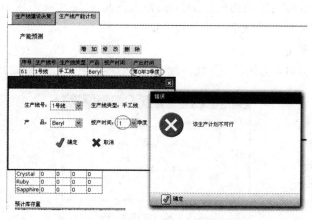

图 5.232　生产计划编制不对时的提示

当第 1 季度的生产计划编制完成后，Beryl 产品的预计入库量和预计库存量也会发生变化，如图 5.233 所示。

预计入库量

产品	1季度	2季度	3季度	4季度
Beryl	1	1	1	(2)
Crystal	0	0	0	0
Ruby	0	0	0	0
Sapphire	0	0	0	0

预计库存量

产品	期初库存	1季度	2季度	3季度	4季度
Beryl	3	4	5	0	(2)
Crylstal	0	0	0	0	0
Ruby	0	0	0	0	0
Sapphire	0	0	0	0	0

图 5.233　Beryl 产品的预计入库量和预计库存量变化

可以看到，Beryl 产品在第 4 季度的预计入库量变为 2 个，预计库存量也变为 2 个。

当第 1 季度的生产计划编制完成后，再看采购部分的预计库存量变化。

可以看到，由于第 1 季度计划安排 2 个 Beryl 产品的生产，因此第 1 季度 Ml 的预计库存量就变为：4-2=2（个）（图 5.234）。

预计入库量

原材料	1季度	2季度	3季度	4季度
M1	2	0	0	0
M2	0	0	0	0
M3	0	0	0	0
M4	0	0	0	0

预计库存量

原材料	期初库存	1季度	2季度	3季度	4季度
M1	2	(2)	2	2	2

图 5.234　第 1 季度预计库存量变化

在以上的讲解中，就已经包含了 MRP 算法：

子项物料预计库存量 = 子项物料期初库存 + 子项物料预计入库量 – 父项物料需求量 ×BOM 比例

对应到 M1 的需求，计算公式为：

M1 的预计库存量 =2(期初库存)+2(预计入库量)-2(父项需求)×1(BOM 结构中，生产 1 个 Beryl 需要 1 个 M1)=2 （个）

继续编制生产计划 。

● 第 2 季度：只有 4 号线产品下线，故安排 4 号线的生产，如图5.235所示。

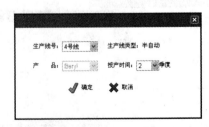

图 5.235　安排生产

生产计划如图 5.236 所示。

生产线建设决策 | 生产线产能计划

产能预测

增 加 修 改 删 除

序号	生产线号	生产线类型	产品	投产时间	产出时间
61	1号线	手工线	Beryl		第0年3季度
62	2号线	手工线	Beryl		第0年1季度
63	4号线	半自动	Beryl		第0年2季度
64	2号线	手工线	Beryl	第0年1季度	第0年4季度
65	3号线	手工线	Beryl	第0年1季度	第0年4季度
66	4号线	半自动	Beryl	第0年2季度	第0年4季度

图 5.236　第 2 季度的生产计划

当第 2 季度的生产计划编制完成后，Beryl 产品的预计入库量和预计库存量也会发生变化，如图 5.237 所示。

预计入库量

产品	1季度	2季度	3季度	4季度
Beryl	1	1	1	3
Crystal	0	0	0	0
Ruby	0	0	0	0
Sapphire	0	0	0	0

预计库存量

产品	期初库存	1季度	2季度	3季度	4季度
Beryl	3	4	5	0	3

图 5.237　预计入库量和预计库存量的变化

可以看到，Beryl 产品在第 4 季度的预计入库量变为 3 个，预计库存量也变为 3 个。

当第 2 季度的生产计划编制完成后，再看采购部分的预计库存量变化。

可以看到，由于第 2 季度计划安排 1 个 Beryl 产品的生产，因此第 2 季度 M1 的预计库存量就变为：2–1=1 （个）（图 5.238）。

预计入库量

原材料	1季度	2季度	3季度	4季度
M1	2	0	0	0
M2	0	0	0	0
M3	0	0	0	0
M4	0	0	0	0

预计库存量

原材料	期初库存	1季度	2季度	3季度	4季度
M1	2	2	1	1	1

图 5.238　第 2 季度预计库存量变化

继续编制生产计划。

● 第 3 季度：只有 1 号线产品下线，故安排 1 号线的生产，如图5.239所示。

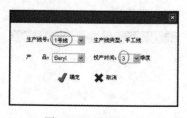

图 5.239　安排生产

生产计划如图 5.240 所示。

图 5.240　第 3 季度的生产计划

当第 3 季度的生产计划编制完成后，可以发现 Beryl 产品的预计入库量和预计库存量没有变化，因为其产出时间已经到下一年度（图 5.241）。

预计入库量

产品	1季度	2季度	3季度	4季度
Beryl	1	1	1	③
Crystal	0	0	0	0
Ruby	0	0	0	0
Sapphire	0	0	0	0

预计库存量

产品	期初库存	1季度	2季度	3季度	4季度
Beryl	3	4	5	0	③

图 5.241　预计入库量和预计库存量没有变化

当第 3 季度的生产计划编制完成后，再来看一下采购部分的预计库存量变化。

可以看到，由于第 3 季度计划安排 1 个 Beryl 产品的生产，因此第 3 季度的预计库存量就变为：1-1=0 （个）（图 5.242）。

预计入库量

原材料	1季度	2季度	3季度	4季度
M1	2	0	0	0
M2	0	0	0	0
M3	0	0	0	0
M4	0	0	0	0

预计库存量

原材料	期初库存	1季度	2季度	3季度	4季度
M1	2	2	1	⓪	0

图 5.242　第 3 季度预计库存量变化

继续编制生产计划。

● 第 4 季度：2 号线、3 号线、4 号线产品下线，故安排这 3 条线的生产，如图5.243 所示。

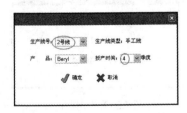

图 5.243　安排生产

按照图 5.244 所示，安排 2 号线、3 号线、4 号线的生产。生产计划如图 5.244 所示。

序号	生产线号	生产线类型	产品	投产时间	产出时间
61	1号线	手工线	Beryl		第0年3季度
62	2号线	手工线	Beryl		第0年1季度
63	4号线	半自动	Beryl		第0年2季度
64	2号线	手工线	Beryl	第0年1季度	第0年4季度
65	3号线	手工线	Beryl	第0年1季度	第0年4季度
67	4号线	半自动	Beryl	第0年2季度	第0年4季度
68	1号线	手工线	Beryl	第0年3季度	第1年2季度
70	2号线	手工线	Beryl	第0年4季度	第1年3季度
71	3号线	手工线	Beryl	第0年4季度	第1年3季度
72	4号线	半自动	Beryl	第0年4季度	第1年2季度

图 5.244　第 4 季度的生产计划

当第 4 季度的生产计划编制完成后，可以发现 Beryl 产品的预计入库量和预计库存量没有变化，因为其产出时间已经到下一年度（图 5.245）。

预计入库量

产品	1季度	2季度	3季度	4季度
Beryl	1	1	1	3
Crystal	0	0	0	0
Ruby	0	0	0	0
Sapphire	0	0	0	0

预计库存量

产品	期初库存	1季度	2季度	3季度	4季度
Beryl	3	4	5	0	3

图 5.245　预计入库量和预计库存量没有变化

当第 4 季度的生产计划编制完成后，再来看一下采购部分的预计库存量变化。

可以看到，由于第 4 季度计划安排 3 个 Beryl 产品的生产，因此第 4 季度的预计库存量就变为：0-3=-3（个）（图 5.246）。

预计入库量

原材料	1季度	2季度	3季度	4季度
M1	2	0	0	0
M2	0	0	0	0
M3	0	0	0	0
M4	0	0	0	0

预计库存量

原材料	期初库存	1季度	2季度	3季度	4季度
M1	2	2	1	0	-3

图 5.246　第 4 季度预计库存量变化

4. 制定"采购决策"

编制生产计划后，M1 的预计库存量变为 -3。这表示该物料已经不能满足生产计划的需求了。因此，需要下采购订单，确保生产计划可执行。

选择"决策"—"采购决策"，单击"增加"，按照如图 5.247 所示的输入采购计划。

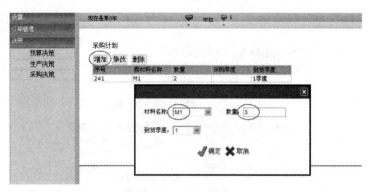

图 5.247　采购计划

采购计划编制后，得到记录，如图 5.248 所示。

采购计划

增加	修改	删除		
序号	原材料名称	数量	采购季度	到货季度
241	M1	2		1季度
244	M1	3	3季度	4季度

图 248　采购计划记录

同时，可以看到预计入库量、预计库存量也发生了变化：预计入库量在第 4 季度变为 0+3=3（个），预计库存量变为：3-3=0（个）（图 5.249）。

预计入库量

原材料	1季度	2季度	3季度	4季度
M1	2	0	0	3
M2	0	0	0	0
M3	0	0	0	0
M4	0	0	0	0

预计库存量

原材料	期初库存	1季度	2季度	3季度	4季度
M1	2	2	1	0	0

图 5.249　预计入库量和预计库存量发生变化

当预计库存量不为负数时，就表示当年安排的生产计划一定能完成。

5. 引导学生制定"预算决策"

第 1 季度的预算决策如图 5.250 所示。每个季度输入完后应单击"保存"。主要内容解释如下（所计算的数据需要参考工业沙盘的规则）。

● 当期初始资金为 24M。

● 参考初始年初的报表，应交纳税金 3M。

● 起始年初的 2 个采购订单采购到货，支付采购货款 2M。

● 在第1季度有两条生产线的产品投产，故加工费 2M。

● 1 季度行政管理费 1M。

● 预计季度末现金余额 16M。

第 2 季度的预算决策如图 5.251 所示。主要内容解释如下。

● 第 2 季度初始资金为 16M。

● 按照初始年初的状态，在第 2 季度有 7M 的应收款到账。

- 根据生产计划，第 2 季度将有 1 个产品投产，因此生产费用为 1M。
- 本季度行政管理费 1M。
- 季度末，现金余额为 21M。

项目	1季度
期初现金	24.0
变卖生产线(+)	0.0
变卖原料/生产线(+)	0.0
变卖/抵押厂房(+)	0.0
应收款到期(+)	0.0
卖订单收入(+)	0.0
转让产品研发技术(+)	0.0
支付上年应交税(-)	3.0
广告费投入(-)	0.0
贴现费用(-)	0.0
利息（短期贷款）(-)	0.0
支付到期短期贷款(-)	0.0
原料采购支付现金(-)	2.0
设备改造费(-)	0.0
生产线投资(-)	0.0
生产费用(-)	2.0
产品研发投资(-)	0.0
行政管理费用(-)	1.0
利息（长期贷款）(-)	0.0
支付到期长期贷款(-)	0.0
设备维护费用(-)	0.0
租金(-)	0.0
购买新建筑(-)	0.0
市场开拓投资(-)	0.0
ISO认证投资(-)	0.0
其他（-）	0.0
现金余额	16.0
需贷款额	0.0

项目	1季度	2季度
期初现金	24.0	16.0
变卖生产线(+)	0.0	0.0
变卖原料/生产线(+)	0.0	0.0
变卖/抵押厂房(+)	0.0	0.0
应收款到期(+)	0.0	7.0
卖订单收入(+)	0.0	0.0
转让产品研发技术(+)	0.0	0.0
支付上年应交税(-)	3.0	0.0
广告费投入(-)	0.0	0.0
贴现费用(-)	0.0	0.0
利息（短期贷款）(-)	0.0	0.0
支付到期短期贷款(-)	0.0	0.0
原料采购支付现金(-)	2.0	0.0
设备改造费(-)	0.0	0.0
生产线投资(-)	0.0	0.0
生产费用(-)	2.0	1.0
产品研发投资(-)	0.0	0.0
行政管理费用(-)	1.0	1.0
利息（长期贷款）(-)	0.0	0.0
支付到期长期贷款(-)	0.0	0.0
设备维护费用(-)	0.0	0.0
租金(-)	0.0	0.0
购买新建筑(-)	0.0	0.0
市场开拓投资(-)	0.0	0.0
ISO认证投资(-)	0.0	0.0
其他（-）	0.0	0.0
现金余额	16.0	21.0
需贷款额	0.0	0.0

图 5.250　第 1 季度预算决策　　图 5.251　第 2 季度预算决策

第 3 季度的预算决策如图 5.252 所示。主要内容解释如下。

- 第 3 季度初始资金为 21M。
- 按照初始年初的状态，在第 3 季度有 7M 的应收款到账。
- 根据生产计划，第 3 季度将有 1 个产品投产，因此生产费用为 1M。
- 本季度行政管理费 1M。
- 季度末，现金余额为 26M。

第 4 季度的预算决策如图 5.253 所示。主要内容解释如下。

- 第 4 季度初始资金为 26M。
- 按照初始年订单，如果在第 3 季度交付订单，应该有 36M 的应收款，并在第 4 季度到账。
- 根据年初状态，短期贷款 20M 应该在第 4 季度到期，故支付利息 1M，归还短期贷款本金 20M。
- 根据采购计划，在第 4 季度有 3 个 M1 采购到货，应该支付采购款 3M。
- 根据生产计划，第 4 季度将有 3 个产品投产，因此生产费用为 3M。
- 本季度行政管理费 1M。

● 季度末，现金余额为34M。

项目	1季度	2季度	3季度
期初现金	24.0	16.0	21.0
变卖生产线(+)	0.0	0.0	0.0
变卖原料/生产线(+)	0.0	0.0	0.0
变卖/抵押厂房(+)	0.0	0.0	0.0
应收款到期(+)	0.0	7.0	7.0
卖订单收入(+)	0.0	0.0	0.0
转让产品研发技术(+)	0.0	0.0	0.0
支付上年应交税(-)	3.0	0.0	0.0
广告费投入(-)	0.0	0.0	0.0
贴现费用(-)	0.0	0.0	0.0
利息（短期货款）(-)	0.0	0.0	0.0
支付到期短期货款(-)	0.0	0.0	0.0
原料采购支付现金(-)	0.0	0.0	0.0
设备改造费(-)	0.0	0.0	0.0
生产线投资(-)	0.0	0.0	0.0
生产费用(-)	2.0	1.0	1.0
产品研发投资(-)	0.0	0.0	0.0
行政管理费用(-)	1.0	1.0	1.0
利息（长期货款）(-)	0.0	0.0	0.0
支付到期长期货款(-)	0.0	0.0	0.0
设备维护费用(-)	0.0	0.0	0.0
租金(-)	0.0	0.0	0.0
购买新建筑(-)	0.0	0.0	0.0
市场开拓投资(-)	0.0	0.0	0.0
ISO认证投资(-)	0.0	0.0	0.0
其他(-)	0.0	0.0	0.0
现金余额	16.0	21.0	26.0
需货款额	0.0	0.0	0.0

图 5.252　第 3 季度预算决策

项目	1季度	2季度	3季度	4季度
期初现金	24.0	16.0	21.0	26.0
变卖生产线(+)	0.0	0.0	0.0	0.0
变卖原料/生产线(+)	0.0	0.0	0.0	0.0
变卖/抵押厂房(+)	0.0	0.0	0.0	0.0
应收款到期(+)	0.0	7.0	7.0	36.0
卖订单收入(+)	0.0	0.0	0.0	0.0
转让产品研发技术(+)	0.0	0.0	0.0	0.0
支付上年应交税(-)	3.0	0.0	0.0	0.0
广告费投入(-)	0.0	0.0	0.0	0.0
贴现费用(-)	0.0	0.0	0.0	0.0
利息（短期货款）(-)	0.0	0.0	0.0	1.0
支付到期短期货款(-)	0.0	0.0	0.0	20.0
原料采购支付现金(-)	0.0	0.0	0.0	3.0
设备改造费(-)	0.0	0.0	0.0	0.0
生产线投资(-)	0.0	0.0	0.0	0.0
生产费用(-)	2.0	1.0	1.0	3.0
产品研发投资(-)	0.0	0.0	0.0	0.0
行政管理费用(-)	1.0	1.0	1.0	1.0
利息（长期货款）(-)	0.0	0.0	0.0	0.0
支付到期长期货款(-)	0.0	0.0	0.0	0.0
设备维护费用(-)	0.0	0.0	0.0	0.0
租金(-)	0.0	0.0	0.0	0.0
购买新建筑(-)	0.0	0.0	0.0	0.0
市场开拓投资(-)	0.0	0.0	0.0	0.0
ISO认证投资(-)	0.0	0.0	0.0	0.0
其他(-)	0.0	0.0	0.0	0.0
现金余额	16.0	21.0	26.0	34.0
需货款额	0.0	0.0	0.0	0.0

图 5.253　第 4 季度预算决策

年末的预算决策如图 5.254 所示。主要内容解释如下。

项目	1季度	2季度	3季度	4季度	年末
期初现金	24.0	16.0	21.0	26.0	34.0
变卖生产线(+)	0.0	0.0	0.0	0.0	0.0
变卖原料/生产线(+)	0.0	0.0	0.0	0.0	0.0
变卖/抵押厂房(+)	0.0	0.0	0.0	0.0	0.0
应收款到期(+)	0.0	7.0	7.0	36.0	0.0
卖订单收入(+)	0.0	0.0	0.0	0.0	0.0
转让产品研发技术(+)	0.0	0.0	0.0	0.0	0.0
支付上年应交税(-)	3.0	0.0	0.0	0.0	0.0
广告费投入(-)	0.0	0.0	0.0	0.0	0.0
贴现费用(-)	0.0	0.0	0.0	0.0	0.0
利息（短期货款）(-)	0.0	0.0	0.0	1.0	0.0
支付到期短期货款(-)	0.0	0.0	0.0	20.0	0.0
原料采购支付现金(-)	2.0	0.0	0.0	3.0	0.0
设备改造费(-)	0.0	0.0	0.0	0.0	0.0
生产线投资(-)	0.0	0.0	0.0	0.0	0.0
生产费用(-)	2.0	1.0	1.0	3.0	0.0
产品研发投资(-)	0.0	0.0	0.0	0.0	0.0
行政管理费用(-)	1.0	1.0	1.0	1.0	0.0
利息（长期货款）(-)	0.0	0.0	0.0	0.0	2.0
支付到期长期货款(-)	0.0	0.0	0.0	0.0	0.0
设备维护费用(-)	0.0	0.0	0.0	0.0	4.0
租金(-)	0.0	0.0	0.0	0.0	0.0
购买新建筑(-)	0.0	0.0	0.0	0.0	0.0
市场开拓投资(-)	0.0	0.0	0.0	0.0	0.0
ISO认证投资(-)	0.0	0.0	0.0	0.0	0.0
其他(-)	0.0	0.0	0.0	0.0	0.0
现金余额	16.0	21.0	26.0	34.0	28.0
需货款额	0.0	0.0	0.0	0.0	0.0

图 5.254　年末预算决策

● 年末初始资金为34M。

- 支付长贷利息 2M。(长贷利息率 10%/年)
- 支付设备维护费 4M。(手工线和半自动线的维护费都是 1M/年，故 4 条生产线的设备维护费为 4M)
- 年末现金余额 28M。

四、初始年引导

1. 学生切换"时间状态"

在学生界面，如图 5.255、图 5.256 所示，单击向右的箭头，时间状态从"年初"变为"1 季度"。

图 5.255　学生界面—切换前的状态

图 5.256　学生界面—切换后的状态

2. 年初任务清单引导

按照工业沙盘的任务清单步骤进行引导。年初任务引导过程：

支付应付税	现金中拿 3M 出来缴税

如图 5.257 所示，在学生界面，选择"经营分析—报表—现金流量表"，在"支付上年应交税"中填写税金为 3M，并单击"保存"。

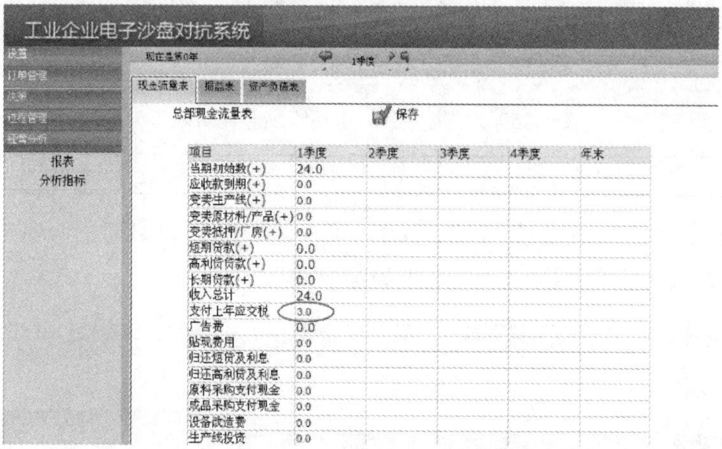

图 5.257　支付应付税

年初任务继续引导：

广告费	年初不用交，略过
销售订单	销售订单

引导学生查看销售订单：选择"订单管理"—"订单查看"，可以看到起始年有一个销售订单，交付 6 个 Beryl（图 5.258）。

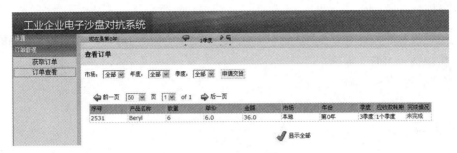

图 5.258　学生查看销售订单

3. 第 1 季度任务引导

更新短期贷款／还本付息／申请短期贷款	将短期贷款 20M 移动到 3Q 位置；申请短期贷款
更新应付款／归还应付款	没有，略过
更新原料订单／原材料入库	将年初的 2 个 M1 采购订单换为 2 个 M1 原材料，入原材料库，同时支付现金 2M

如图 5.259 所示，在学生界面，选择"经营分析—报表—现金流量表"，填写"原料采购支付现金"为 2M，并单击"保存"。

项目	1季度
当期初始数(+)	24.0
应收款到期(+)	0.0
变卖生产线(+)	0.0
变卖原材料/产品(+)	0.0
变卖抵押/厂房(+)	0.0
短期贷款(+)	0.0
高利贷款(+)	0.0
长期贷款(+)	0.0
收入总计	24.0
支付上年应交税	3.0
广告费	0.0
贴现费用	0.0
归还短贷及利息	0.0
归还高利贷及利息	0.0
原料采购支付现金	2.0
成品采购支付现金	0

图 5.259　学生界面—填写"现金流量表"

下原料订单	没有，略过

选择"过程管理—采购记录"（图 5.260），可以看到决策规划时所编制的采购计划中，没有第 1 季度的采购计划。因此，不用下原料订单。

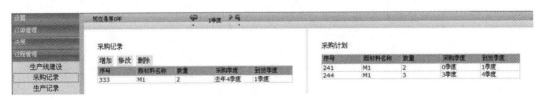

图 5.260　查看采购计划

更新生产／完工入库	将 1 号线、2 号线、4 号线上的在制品都往前推进一个格

如图 5.261 所示，在学生界面，选择"过程管理—生产记录"，查看决策规划时所编制的生产计划。可以看到，2 号线有产品完工。将完工后的产品放入 Beryl 成品库。

图 5.261　查看生产完工

投资新生产线 / 生产线改造 / 变卖生产线	在初始年不建新生产线，也不用改造和变卖生产线
开始下一批生产	2 号线投产，生产 Beryl

如图 5.262 所示，在学生界面，选择"过程管理—生产记录"，查看决策规划时所编制的生产计划。可以看到 2 号线、3 号线在 1 季度都可以安排生产。

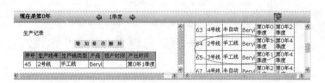

图 5.262　查看生产计划

单击"增加"，按照图 5.263 所示，增加 2 号线的生产记录。同样的，增加 3 号线的生产记录。同时，在盘面上，2 号线、3 号线上都放 1 个 M1 和 1 个现金筹码，开始生产 Beryl 产品。

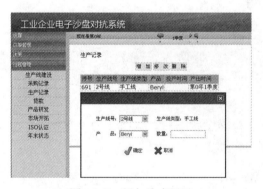

图 5.263　添加生产记录

生产记录添加之后，第 4 季度的预计入库量、预计库存量都发生变化（图 5.264）。

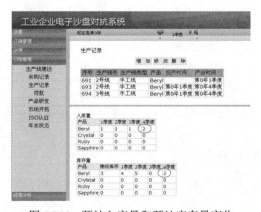

图 5.264　预计入库量和预计库存量变化

同时，选择"经营分析 - 报表 - 现金流量表"，在"加工费用"中输入 2M，如图 5.265 所示。

图 5.265 填写现金流量表

产品研发投资	初始年不做，略过
更新应收款 / 应收款收现	没有，略过
按订单交货	没有，略过
支付行政管理费	支付费用 1M

如图 5.266 所示，选择"经营分析—报表—现金流量表"，填写行政管理费为 1M。

图 5.266 填写现金流量表

4. 第 2 季度任务引导

如图 5.267 所示，在学生界面，单击状态栏所示的箭头。

图 5.267 学生界面——切换季度前

如图 5.268 所示，切换季度状态后，状态变为"2 季度"，并且，现金流量表自动将 1 季度末的资金余额结转到 2 季度。

图 5.268 学生界面——季度状态切换

按照下面的步骤，引导学生进行操作：

更新短期贷款 / 还本付息 / 申请短期贷款	将短期贷款 20M 移动到 2Q 位置；不用申请短期贷款
更新应付款 / 归还应付款	没有，略过
更新原料订单 / 原材料入库	没有，略过

如图 5.269 所示，在学生界面，选择"过程管理—采购记录"，查看采购记录中，本季度没有到货的物料。

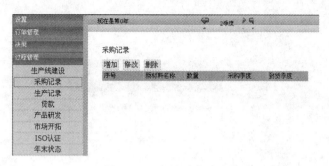

图 5.269 查看采购记录

下原料订单	没有，略过

选择"过程管理—采购记录"，可以看到决策规划时所编制的采购计划中，没有第2季度的采购计划。因此，不用下原料订单（图 5.270）。

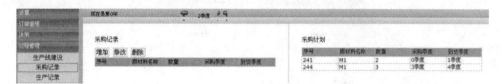

图 5.270 查看采购计划

更新生产 / 完工入库	将 1 号线、2 号线、3 号线、4 号线上的在制品都往前推进一个格

如图 5.271 所示，在学生界面，选择"过程管理—生产记录"，查看决策规划时所编制的生产计划。可以看到，4 号线有产品完工。将完工后的产品放入 Beryl 成品库。

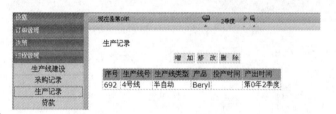

图 5.271 查看生产完工

投资新生产线 / 生产线改造 / 变卖生产线	在初始年不建新生产线，也不用改造和变卖生产线
开始下一批生产	4 号线投产，生产 Beryl

如图 5.272 所示，在学生界面，选择"过程管理—生产记录"，查看决策规划时所编制的生产计划。可以看到 4 号线在 2 季度可以安排生产。

图 5.272 查看生产计划

单击"增加"，按照图 5.273 所示的，增加 4 号线的生产记录。

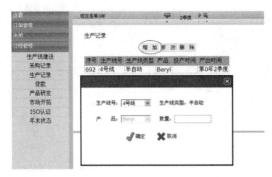

图 5.273　添加生产记录

同时，在盘面上，4 号线上都放 1 个 M1 和 1 个现金筹码，开始生产 Beryl 产品。增加生产记录后，预计入库量和预计库存量都发生变化（图 5.274）。

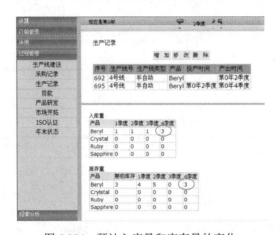

图 5.274　预计入库量和库存量的变化

同时，选择"经营分析 - 报表 - 现金流量表"，在"加工费用"中输入 1M（图 5.275）。

设备改造费	0.0	0.0
生产线投资	0.0	0.0
加工费用	2.0	1.0
产品研发	0.0	0.0

图 5.275　填写现金流量表

产品研发投资	初始年不做，略过
更新应收款 / 应收款收现	有 7M 的应收款到账

选择"经营分析—报表"，选择"现金流量表"，在"应收款到期"中填写 7M（图 5.276）。

项目	1季度	2季度	3季度	4季度
当期初始数(+)	24.0	16.0		
应收款到期(+)	0.0	7.0		
变卖生产线(+)	0.0	0.0		
变卖原材料/产品(+)	0.0	0.0		

图 5.276　应收款到期

按订单交货	没有，略过
支付行政管理费	支付费用 1M

如图 5.277 所示，选择"经营分析—报表—现金流量表"，填写行政管理费为 1M。

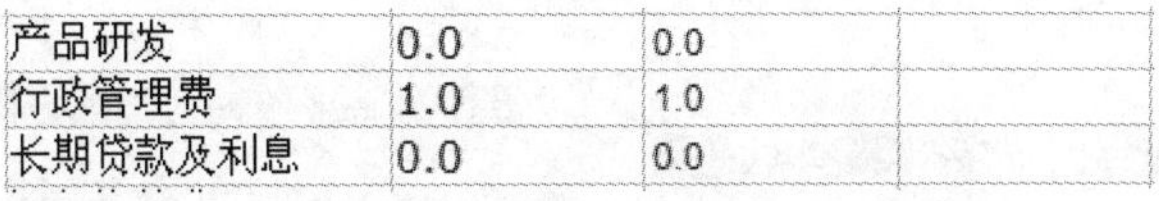

产品研发	0.0	0.0	
行政管理费	1.0	1.0	
长期贷款及利息	0.0	0.0	

图 5.277　填写现金流量表

5. 第 3 季度任务引导

如图 5.278 所示，在学生界面，单击状态栏所示的箭头。

图 5.278　学生界面－切换季度前

如图 5.279 所示，切换季度状态后，状态变为"3 季度"，并且，现金流量表自动将 2 季度末的资金余额结转到 3 季度。

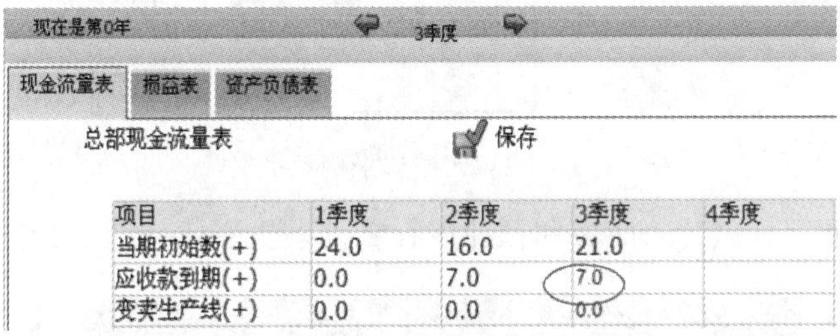

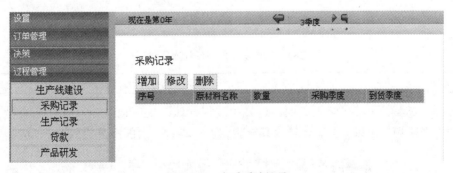

图 5.279　季度状态切换

按照下面的步骤，引导学生进行操作。

更新短期贷款 / 还本付息 / 申请短期贷款	将短期贷款 20M 移动到 1Q 位置；不用申请短期贷款
更新应付款 / 归还应付款	没有，略过
更新原料订单 / 原材料入库	没有，略过

如图 5.280 所示，在学生界面，选择"过程管理—采购记录"，查看采购记录中，本季度没有到货的物料。

![图5.280 查看采购记录界面]

图 5.280　查看采购记录

下原料订单	没有，略过

选择"过程管理—采购记录"，可以看到决策规划时所编制的采购计划中，有第 3 季度的采购计划（图 5.281）。

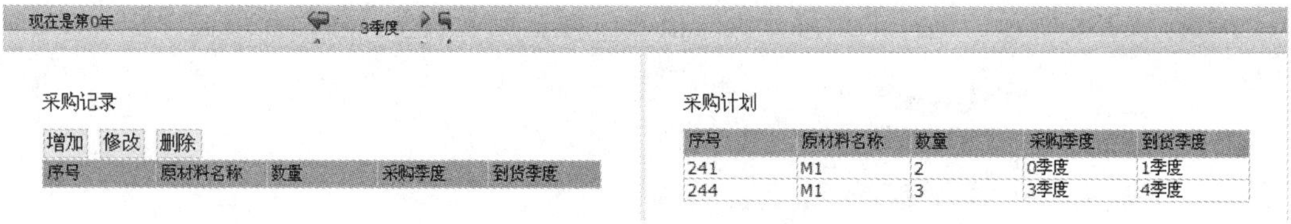

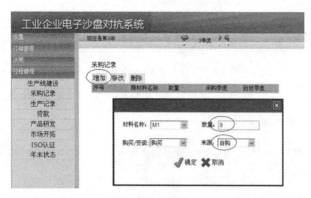

图 5.281　查看采购计划

单击"增加"，按照图 5.282 所示的添加采购记录。

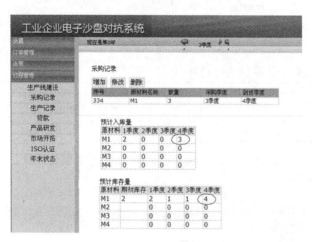

图 5.282　添加采购记录

添加采购记录后，预计入库量和预计库存量都发生变化（图 5.283）。

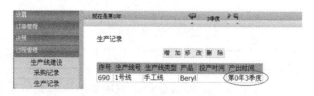

图 5.283　预计入库量和预计库存量变化

更新生产/完工入库	将 1 号线、2 号线、3 号线、4 号线上的在制品都往前推进一个格

如图 5.284 所示，在学生界面，选择"过程管理—生产记录"，查看决策规划时所编制的生产计划。可以看到，4 号线有产品完工。将完工后的产品放入 Beryl 成品库。

图 5.284　查看生产完工

投资新生产线 / 生产线改造 / 变卖生产线	在初始年不建新生产线,也不用改造和变卖生产线
开始下一批生产	4 号线投产,生产 Beryl

如图 5.285 所示,在学生界面,选择"过程管理—生产记录",查看决策规划时所编制的生产计划。可以看到 1 号线在 3 季度可以安排生产。

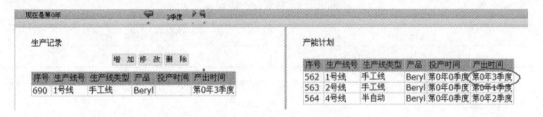

图 5.285　查看生产计划

单击"增加",按照图 5.286 所示的增加 1 号线的生产记录。

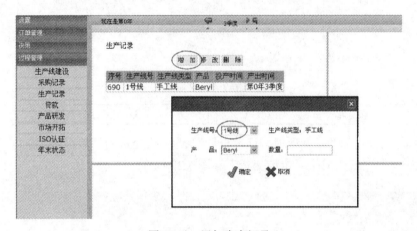

图 5.286　添加生产记录

同时,在盘面上,1 号线上都放 1 个 M1 和 1 个现金筹码,开始生产 Beryl 产品。

增加生产记录后,预计入库量和库存量都没有发生变化,是因为 1 号线的生产完工时间是在第 1 年第 2 季度,对本年度的库存量没有影响(图 5.287)。

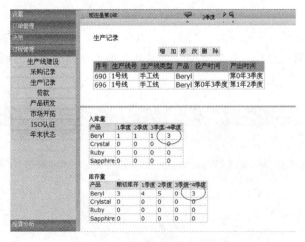

图 5.287　查看入库量和库存量

同时，选择"经营分析—报表—现金流量表"，在"加工费用"中输入 1M（图 5.288）。

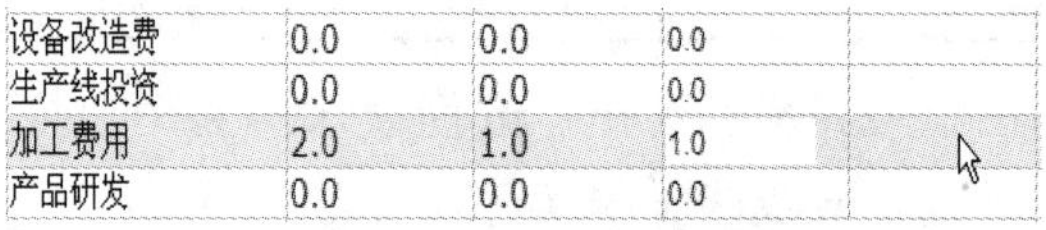

设备改造费	0.0	0.0	0.0	
生产线投资	0.0	0.0	0.0	
加工费用	2.0	1.0	1.0	
产品研发	0.0	0.0	0.0	

图 5.288　输入现金流量表

产品研发投资	初始年不做，略过
更新应收款 / 应收款收现	有 7M 的应收款到账

选择"经营分析—报表"，选择"现金流量表"，在"应收款到期"中填写 7M（图 5.289）。

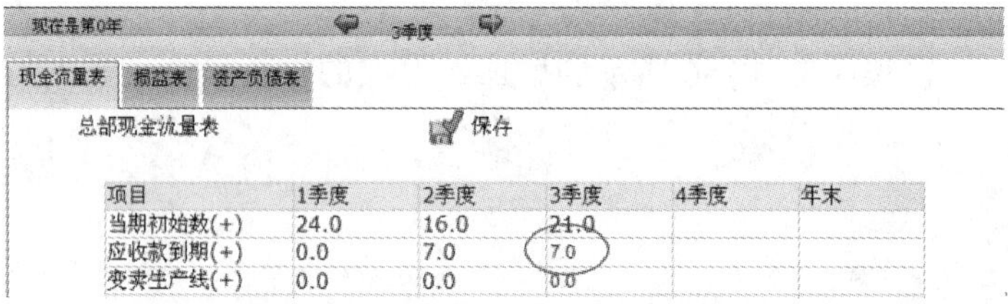

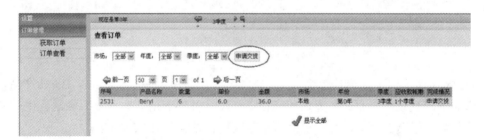

图 5.289　应收款到期

按订单交货	交纳 6 个 Beryl

在学生界面，选择"订单管理—订单查看"，选中要交货的订单行，单击"申请交货"，"完成情况"一列就变成了"申请交货"（图 5.290）。

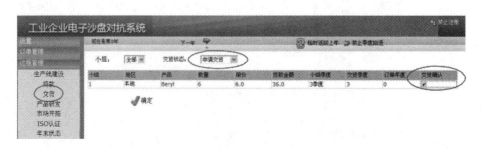

图 5.290　学生端申请交货

在讲师界面，选择"过程管理—交货"，再选择"交货状态"的内容为"申请交货"，系统显示出申请交货的订单。勾选"交货确认"，单击"确定"，讲师就确认学生交货了（图 5.291）。

图 5.291　确认学员交货

支付行政管理费	支付费用 1M

如图 5.292 所示,在学生界面,选择"经营分析—报表—现金流量表",填写行政管理费为 1M。单击"保存"按钮。

产品研发	0.0	0.0	0.0
行政管理费	1.0	1.0	1.0
长期贷款及利息	0.0	0.0	0.0

图 5.292 填写现金流量表

6. 第 4 季度任务引导

如图 5.293 所示,在学生界面单击状态栏所示的右箭头,切换季度。

图 5.293 学生界面—切换季度前

切换季度后,如图 5.294 所示,季度变为"4 季度",在总部的现金流量表会自动将 3 季度末的资金余额结转到 4 季度。

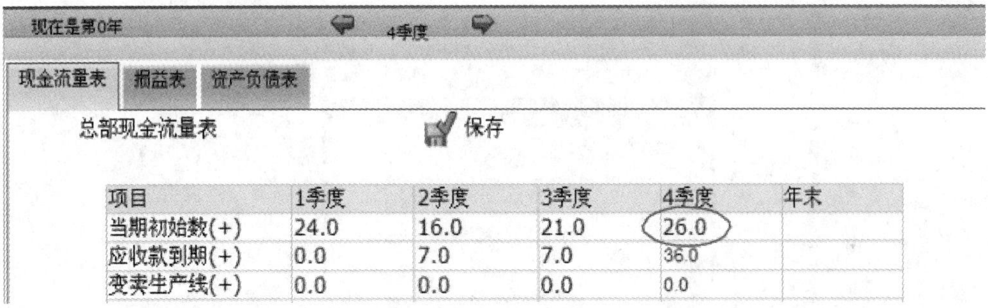

现在是第0年　　　　　◆　　4季度　　◆

现金流量表　损益表　资产负债表

总部现金流量表　　　　保存

项目	1季度	2季度	3季度	4季度	年末
当期初始数(+)	24.0	16.0	21.0	26.0	
应收款到期(+)	0.0	7.0	7.0	36.0	
变卖生产线(+)	0.0	0.0	0.0	0.0	

图 5.294 季度状态切换

按照下面的步骤,引导学生进行操作。

更新短期贷款/还本付息/申请短期贷款	将短期贷款 20M 移出,归还应付款;支付短期贷款利息 1M;申请 20M 的短期贷款

如图 5.295 所示,在学生界面,选择"经营分析—报表—现金流量表",填写"归还短贷及利息"为 20+1=21M:

贴现费用	0.0	0.0	0.0	0.0
归还短贷及利息	0.0	0.0	0.0	21.0
归还高利贷及利息	0.0	0.0	0.0	0.0

图 5.295 填写现金流量表

另外,在学生界面,选择"过程管理—贷款",在页面中选择将归还的贷款记录,单击按钮"申请还贷","已还款"列就更改为"申请还贷"(图 5.296)。

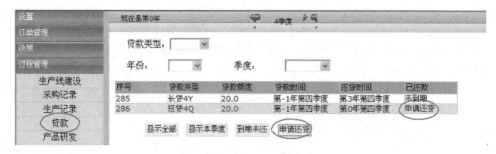

图 5.296　学生申请还贷

同时，在讲师界面，选择"过程管理—贷款"，单击按钮"申请还贷"。系统将显示各个小组申请还贷的记录。选择某个小组申请还贷的贷款，单击"修改"，在弹出的对话框中，将状态改为"已还贷"（图 5.297）。

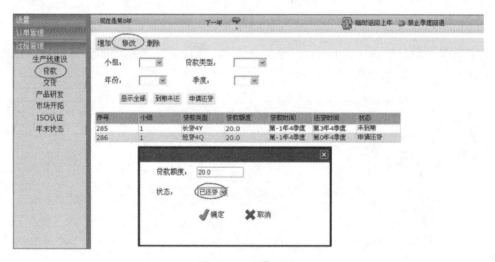

图 5.297　还贷确认

单击"确定"后，贷款状态发生变化（图 5.298）。

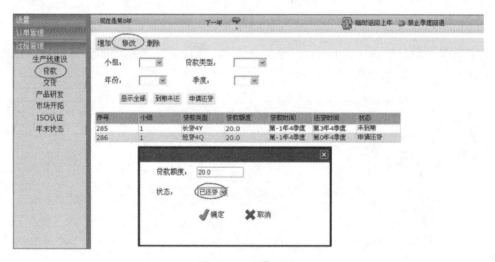

图 5.298　贷款状态改变

此时，现金余额为 5M，后续将支付采购货款 3M，生产费用 3M，现金已经不能支撑企业的正常运营。因此，必须借短期贷款。此处先借 20M 的短期贷款。每个小组的学生到讲师处领取 20M 的短期贷款现金，以及 20M 的短期贷款筹码标识。

在讲师界面，选"过程管理—贷款"，单击"增加"，在弹出的对话框中输入如图 5.299 所示的数据，就增加了短期贷款 20M。

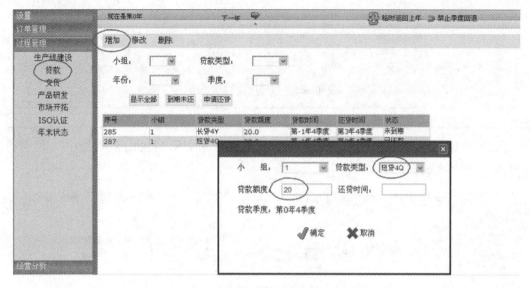

图 5.299　借短期贷款

　　然后，学生在学生界面选择"经营分析—报表"，选择"现金流量表"，就可以看到已经增加了短期贷款 20M（图 5.300）。

项目	1季度	2季度	3季度	4季度	年末
当期初始数(+)	24.0	16.0	21.0	26.0	
应收款到期(+)	0.0	7.0	7.0	36.0	
变卖生产线(+)	0.0	0.0	0.0	0.0	
变卖原材料/产品(+)	0.0	0.0	0.0	0.0	
变卖抵押/厂房(+)	0.0	0.0	0.0	0.0	
短期贷款(+)	0.0	0.0	0.0	20.0	
高利贷贷款(+)	0.0	0.0	0.0	0.0	

图 5.300　现金流量表的短期贷款改变

更新应付款 / 归还应付款	没有，略过
更新原料订单 / 原材料入库	3 个 M1 采购入库，支付 3M 现金给供应商

　　如图 5.301 所示，在学生界面，选择"过程管理—采购记录"，查看采购记录中，本季度有到货的物料，即 M1 采购了 3 个。

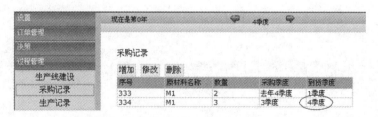

图 5.301　查看采购记录

选择"经营分析—报表—现金流量表"，在"原料采购支付现金"中填写 3M（图 5.302）。

归还短贷及利息	0.0	0.0	0.0	21.0
归还高利贷及利息	0.0	0.0	0.0	0.0
原料采购支付现金	2.0	0.0	0.0	3.0
成品采购支付现金	0.0	0.0	0.0	0.0
设备改造费	0.0	0.0	0.0	0.0

图 5.302　填写现金流量表

下原料订单	没有，略过

选择"过程管理—采购记录"，可以看到决策规划时所编制的采购计划中，没有第4季度的采购计划（图 5.303）。

图 5.303　查看采购计划

更新生产 / 完工入库	将 1 号线、2 号线、3 号线、4 号线上的在制品都往前推进一个格

如图 5.304 所示，在学生界面，选择"过程管理—生产记录"。可以看到，2 号线、3 号线、4 号线有产品完工。将完工后的产品放入 Beryl 成品库。

图 5.304　查看生产完工

投资新生产线 / 生产线改造 / 变卖生产线	在初始年不建新生产线，也不用改造和变卖生产线
开始下一批生产	2、3、4 号线投产，生产 Beryl

如图 5.305 所示，在学生界面，选择"过程管理—生产记录"，查看决策规划时所编制的生产计划。可以看到 2、3、4 号线在 4 季度可以安排生产。

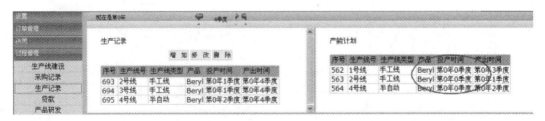

图 5.305　查看生产计划

单击"增加"，按照图 5.306 所示的增加 2 号线的生产记录。

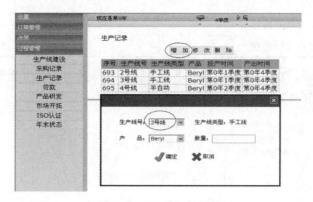

图 5.306 添加生产记录

同时，在盘面上，2 号线上都放 1 个 M1 和 1 个现金筹码，开始生产 Beryl 产品。

按照同样的方式，增加 3 号线、4 号线的生产记录。

增加生产记录后，可以看到预计入库量和预计库存量都没有发生变化（图 5.307）。这是因为三条线的产出都在下一年度，对本年度没有影响。

入库量

产品	1季度	2季度	3季度	4季度
Beryl	1	1	1	(3)
Crystal	0	0	0	0
Ruby	0	0	0	0
Sapphire	0	0	0	0

库存量

产品	期初库存	1季度	2季度	3季度	4季度
Beryl	3	4	5	0	(3)
Crylstal	0	0	0	0	0
Ruby	0	0	0	0	0
Sapphire	0	0	0	0	0

图 5.307 查看预计入库量和预计库存量

同时，选择"经营分析—报表—现金流量表"，在"加工费用"中填写 3M（图 5.308）。

生产线投资	0.0	0.0	0.0	0.0
加工费用	2.0	1.0	1.0	(3.0)
产品研发	0.0	0.0	0.0	0.0

图 5.308 填写现金流量表

产品研发投资	初始年不做，略过
更新应收款 / 应收款收现	有 36M 的应收款到账

因第 3 季度订单交货，产生 36M 的应收账款。故选择"经营分析—报表"，选择"现金流量表"，在"应收款到期"中填写 36M（图 5.309）。

现在是第0年 4季度

现金流量表 | 损益表 | 资产负债表

总部现金流量表 保存

项目	1季度	2季度	3季度	4季度	年末
当期初始数(+)	24.0	16.0	21.0	26.0	
应收款到期(+)	0.0	7.0	7.0	(36.0)	
变卖生产线(+)	0.0	0.0	0.0	0.0	
变卖原材料/产品(+)	0.0	0.0	0.0	0.0	

图 5.309 应收款到期

按订单交货	没有,略过
支付行政管理费	支付费用 1M

如图 5.310 所示,在学生界面,选择"经营分析—报表—现金流量表",填写行政管理费为 1M。单击"保存"。

图 5.310　填写现金流量表

7. 年末任务引导

在学生界面,单击状态栏,如图 5.311 所示的箭头。

现在是第0年　　　　4季度

图 5.311　学生界面—切换状态前

系统将时间切换为年末图 5.312。

现在是第0年　　　　年末

图 5.312　学生界面—切换状态后

讲师按照下面的步骤引导年末的任务。

更新长期贷款 / 支付利息 / 申请长期贷款	支付长贷利息 2M;申请长期贷款 20M

如图 5.313 所示,选择"经营分析—报表—现金流量表",填写长贷及利息 2M。

图 5.313　支付长贷利息

为了让学生能在第 1 年经营时有足够的资金,此处先借长期贷款 20M。每个小组的学生到讲师处领取 20M 的长期贷款现金和 20M 的长期贷款标识。

在讲师界面,选择"过程管理—贷款",单击"增加",填写长期贷款,如图 5.314 所示。

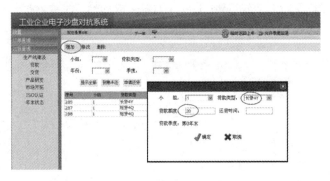

图 5.314　增加长期贷款

同时，在学生界面，选择"经营分析—报表"，选择"现金流量表"，就可以看到长期贷款已经增加 20M（图 5.315）。

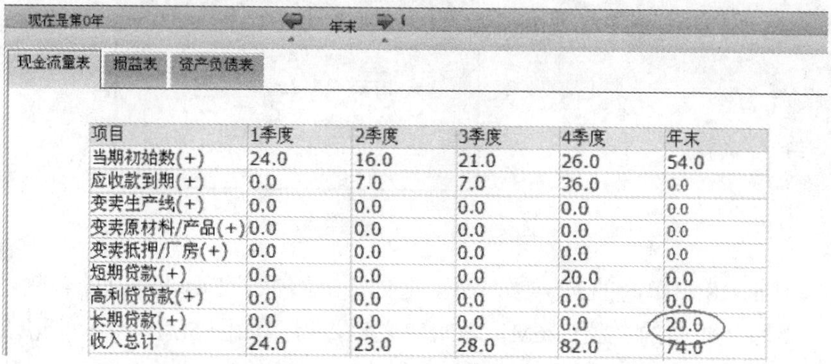

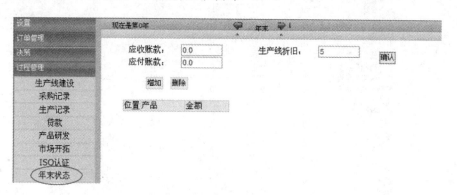

图 5.315　长期贷款改变

支付设备维护费	支付 4M

四条生产线的设备维护费为 4M。如图 5.316 所示，选择"经营分析—报表—现金流量表"，填写设备维护费 4M。

长期贷款及利息	0.0	0.0	0.0	0.0	2.0
设备维护费	0.0	0.0	0.0	0.0	4.0
租金	0.0	0.0	0.0	0.0	0.0

图 5.316　支付长贷利息

折旧	生产线折旧提取 5M

1 号线、2 号线、3 号线的折旧各为 1M，4 号线折旧为 2M，共 5M。如图 5.317 所示，选择"过程管理—年末状态"，在折旧中填写"5"。

图 5.317　填写年末状态

同时，在应收账款中填写 0M，应付账款中填写 0M，单击"确认"。

新市场开拓投资 /ISO 资格认证投资	起始年不做，略过
关账	填写报表

所有经营填写结束之后，再补充填写年末状态的信息。如图 5.318 所示，选择"过程管理—年末状态"，单击"增加"，按照图 5.318 填写年末状态信息。

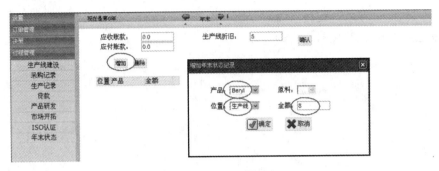

图 5.318 年末库存信息

注意：图 5.318 中填写的是金额，而不是数量。如 1 个 Beryl 产品的金额是 2M。同样，填写产成品的金额为 6M。填写完之后，得到如图 5.319 所示的记录。

位置	产品	金额
生产线	Beryl	8.0
成品仓库	Beryl	6.0

图 5.319 产成品和在制品的金额

8. 填写报表

选择"经营分析—报表—现金流量表"，检查现金流量表的数据是否如图 5.320 所示。

项目	1季度	2季度	3季度	4季度	年末
当期初始数(+)	24.0	16.0	21.0	26.0	54.0
应收款到期(+)	0.0	7.0	7.0	36.0	0.0
变卖生产线(+)	0.0	0.0	0.0	0.0	0.0
变卖原材料/产品(+)	0.0	0.0	0.0	0.0	0.0
变卖抵押/厂房(+)	0.0	0.0	0.0	0.0	0.0
短期贷款(+)	0.0	0.0	0.0	20.0	0.0
高利贷贷款(+)	0.0	0.0	0.0	0.0	0.0
长期贷款(+)	0.0	0.0	0.0	0.0	20.0
收入总计	24.0	23.0	28.0	82.0	74.0
支付上年应交税	3.0	0.0	0.0	0.0	0.0
广告费	0.0	0.0	0.0	0.0	0.0
贴现费用	0.0	0.0	0.0	0.0	0.0
归还短贷及息	0.0	0.0	0.0	21.0	0.0
归还高利贷及利息	0.0	0.0	0.0	0.0	0.0
原料采购支付现金	2.0	0.0	0.0	3.0	0.0
成品采购支付现金	0.0	0.0	0.0	0.0	0.0
设备改造费	0.0	0.0	0.0	0.0	0.0
生产线投资	0.0	0.0	0.0	0.0	0.0
加工费用	2.0	1.0	1.0	3.0	0.0
产品研发	0.0	0.0	0.0	0.0	0.0
行政管理费	1.0	1.0	1.0	1.0	0.0
长期贷款及利息	0.0	0.0	0.0	0.0	2.0
设备维护费	0.0	0.0	0.0	0.0	4.0
租金	0.0	0.0	0.0	0.0	0.0
购买新建筑	0.0	0.0	0.0	0.0	0.0
市场开拓投资	0.0	0.0	0.0	0.0	0.0
ISO认证投资	0.0	0.0	0.0	0.0	0.0
其他	0.0	0.0	0.0	0.0	0.0
支出总计	8.0	2.0	2.0	28.0	6.0
现金余额	16.0	21.0	26.0	54.0	68.0

图 5.320 最终的现金流量表

选择"经营分析—报表—损益表"，按照图 5.321 所示的，填写"成本"为 12M，"财务净损益"为 3M，单击"保存"，系统自动计算出报表。

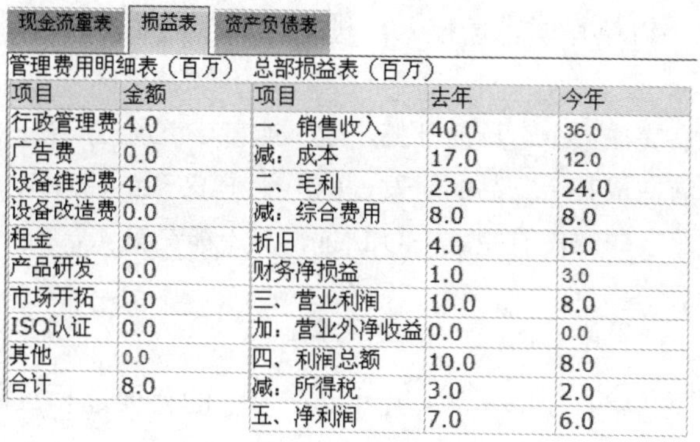

现金流量表 损益表 资产负债表

管理费用明细表（百万）

项目	金额
行政管理费	4.0
广告费	0.0
设备维护费	4.0
设备改造费	0.0
租金	0.0
产品研发	0.0
市场开拓	0.0
ISO认证	0.0
其他	0.0
合计	8.0

总部损益表（百万）

项目	去年	今年
一、销售收入	40.0	36.0
减：成本	17.0	12.0
二、毛利	23.0	24.0
减：综合费用	8.0	8.0
折旧	4.0	5.0
财务净损益	1.0	3.0
三、营业利润	10.0	8.0
加：营业外净收益	0.0	0.0
四、利润总额	10.0	8.0
减：所得税	3.0	2.0
五、净利润	7.0	6.0

图 5.321 损益表

选择“经营分析—报表—资产负债表”，按照图 5.322 所示的，填写“土地净值”为 40M，设备净值为 7M，股东资本为 50M，单击“保存”，系统自动计算出资产负债表。

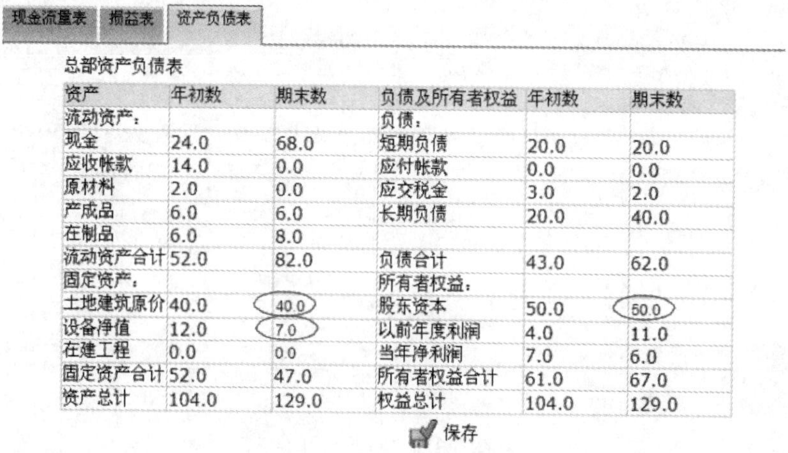

现金流量表 损益表 资产负债表

总部资产负债表

资产	年初数	期末数	负债及所有者权益	年初数	期末数
流动资产：			负债：		
现金	24.0	68.0	短期负债	20.0	20.0
应收帐款	14.0	0.0	应付帐款	0.0	0.0
原材料	2.0	0.0	应交税金	3.0	2.0
产成品	6.0	6.0	长期负债	20.0	40.0
在制品	6.0	8.0			
流动资产合计	52.0	82.0	负债合计	43.0	62.0
固定资产：			所有者权益：		
土地建筑原价	40.0	40.0	股东资本	50.0	50.0
设备净值	12.0	7.0	以前年度利润	4.0	11.0
在建工程	0.0	0.0	当年净利润	7.0	6.0
固定资产合计	52.0	47.0	所有者权益合计	61.0	67.0
资产总计	104.0	129.0	权益总计	104.0	129.0

保存

图 5.322 资产负债表

五、其他功能操作指南

1. 填写市场投入

在学生界面，选择“设置—市场投入”，每个小组填写广告数量，然后单击“确定”（图 5.323）。

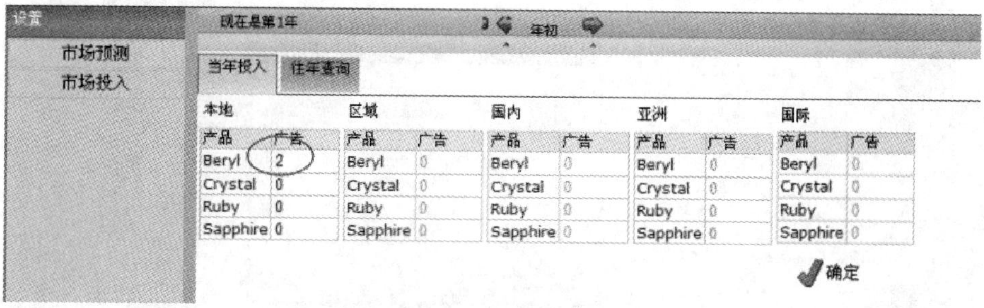

设置 市场预测 市场投入

现在是第1年 年初

当年投入 往年查询

产品	本地 广告	区域 广告	国内 广告	亚洲 广告	国际 广告
Beryl	2	0	0	0	0
Crystal	0	0	0	0	0
Ruby	0	0	0	0	0
Sapphire	0	0	0	0	0

确定

图 5.323 市场投入

讲师将根据各个小组填写的市场投入,进行排名,然后选择订单。

特别说明:

- 如果本小组没有完成某个市场的开拓,就不能在该市场打广告;
- 如果本小组没有完成某个产品的研发,就不能在该产品上打广告;
- 如果本小组在第3年末没有完成ISO认证,就不能在第4年初打任何广告,也不能获取到任何订单。

2. 选择订单

当讲师采用发放订单的方式时,学生可以在自己的界面选择订单。此方式适合培训时的订单发放。

1)正常选单

当讲师为小组排名后,告知小组排名情况和本轮可以选单的小组。

学生选择"订单管理—获取订单",单击"开始"。单击鼠标左键选择订单(图5.324)。

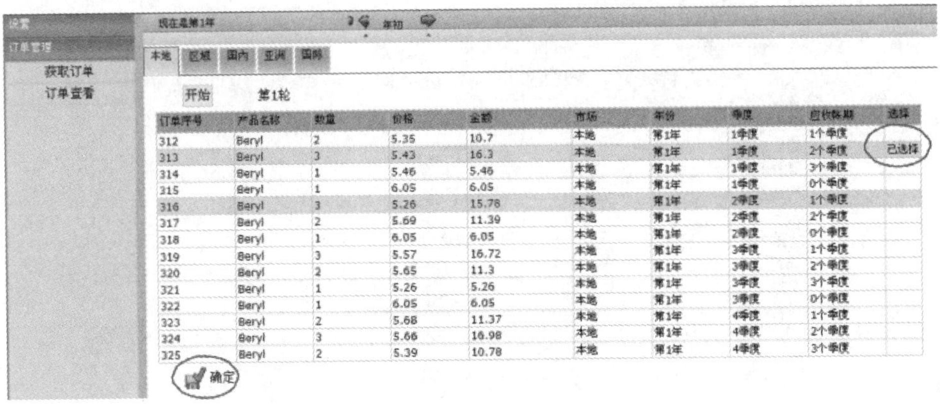

图 5.324 选择订单

当单击"确定"后,系统会对已经选择的订单标记"已选择"。

每个市场的每个产品每轮只能选择1张订单。系统根据该组在本轮中的排名,控制该组选单的数量。当小组超过能够选单的数量范围时,系统会给出提示,不允许超过(图5.325)。

图 5.325 系统控制选单数量

2）排名相同时选单

当两个小组的排名相同时，两个小组一起选单。选单的方式采用"抢单"制，哪个小组先选择某个订单，该订单就标记为该组。如果另外一个小组也选择了该订单，系统会给出相应提示，该订单不允许再被选择。

3）查看选单

各小组可选择"订单管理—订单查看"，查看自己所选的订单情况（图5.326）。

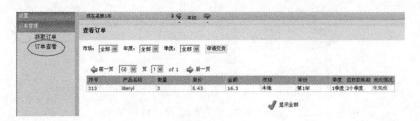

图5.326　查看订单

3. 分配订单

当讲师采用分配订单的方式时，学生可以在界面端查看到分配给自己小组的订单。此种获取订单方式适合于比赛。

当讲师分配完订单后，学生在"订单管理—订单查看"中可以看到自己小组分配的订单（图5.327）。

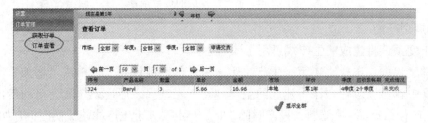

图5.327　订单分配后查看订单

4. 生产线规划的相关业务

1）规划生产线

如果想在本年度建设生产线，并规划该生产线的计划，可以选择"决策—生产决策—生产线建设决策"。在学生界面，单击"增加"，在弹出的对话框中输入将建设的生产线类型，生产什么产品，预计何时开建（图5.328）。

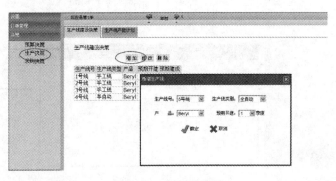

图5.328　规划生产线

系统根据输入的信息，生成建设规划，并计算出按照正常周期，何时能完成建设（图 5.329）。

生产线号	生产线类型	产品	预期开建	预期建成
1号线	手工线	Beryl		
2号线	手工线	Beryl		
3号线	手工线	Beryl		
4号线	半自动	Beryl		
5号线	全自动	Beryl	第1年1季度	第1年4季度

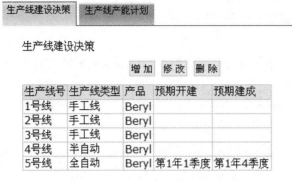

图 5.329　生产线建设规划

在规划将建设的生产线时，还需要考虑可能支付的设备资金。因此，应选择“决策-预算决策”，在“生产线投资”中对应季度做资金的预算（图 5.330）。

原料采购支付现金(-)	0	0	0
设备改造费(-)	0	0	0
生产线投资(-)	5.0	5.0	5.0
生产费用(-)	0	0	0

图 5.330　生产线投资的资金预算

2）规划产能

本年度预计将建成的生产线可用于安排生产。

在学生界面，选择“决策—生产决策—生产线产能计划”，单击“增加”，在弹出的对话框中就可以选择预计将建成的生产线。一旦选择之后，系统就会自动带出生产线类型、生产什么产品。在选择“投产时间”时，一定要大于生产线建成的时间。如图 5.331 所示，必须选择“4 季度”，如果小于 4 季度，系统就会判断，该生产计划是不可行的。

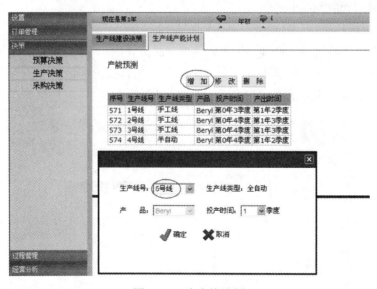

图 5.331　生产线计划

说明：对于半自动线、全自动线，其生产的产品在建设时就已经决定，因此不能更改。

对于手工线、柔性线，可以生产任何类型的产品，故其生产的产品可以自由决定。当规划生产线的生产计划时，还需要考虑相应的投产费用。因此，应选择"决策—预算决策"，在"生产费用"中对应的季度填写费用预算（图5.332）。

设备改造费(-)	0	0	0	0
生产线投资(-)	5.0	5.0	5.0	0
生产费用(-)	0	0	0	(1.0)

图 5.332　生产费用预算

5. 生产线建设的相关业务

1）生产线建设

在学生界面，选择"过程管理—生产线建设"，单击"增加"，可增加生产线，表示实际将建设该生产线了（图5.333）。

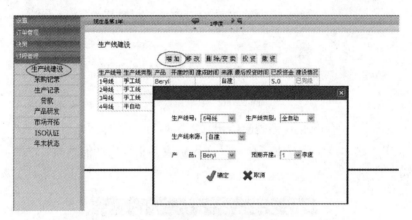

图 5.333　生产线建设

特别说明：在"生产线来源"中，有以下内容。

● 有"自建"，表示该生产线是从供应商处购买设备来建设，建设完成时间按照生产线规则确定。

● 如果选择"其他公司转让"，表示从其他公司购买生产线，在购买后，马上就可以安排生产。

在建设生产线的同时，还需要支付设备的投资费用。因此，需要选中刚增加的生产线，单击"投资"按钮，系统自动记录投资金额与投资时间，并判别建设情况。当所有的投资都完成后，系统会将"建设情况"由"未完成"自动修改为"已完成"（图5.334）。

图 5.334　支付设备的投资费用

同时，学生应转到"经营分析-报表-现金流量表"，在"生产线投资"中填写相应季度的生产线投资费用（图5.335）。

设备改造费	0.0		
生产线投资	5.0		
加工费用	0.0		

图5.335　生产线投资的费用支付

2）变卖/撤销生产线

在学生界面，如果想变卖或撤销生产线，可选择"过程管理—生产线建设"，选中某一个生产线，单击"删除/变卖"（图5.336）。

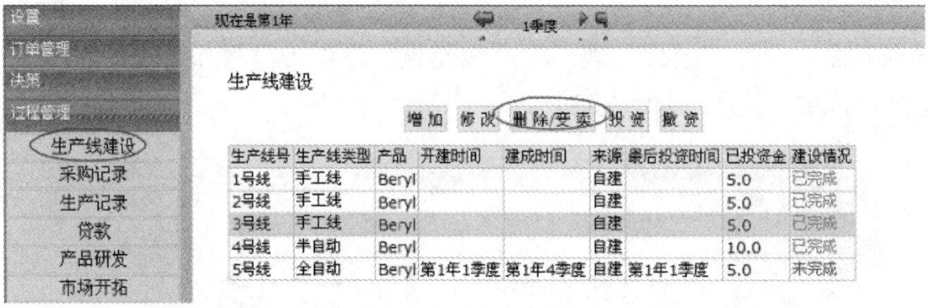

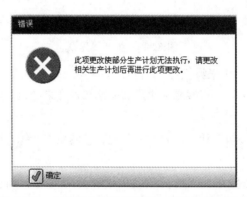

图5.336　取消生产线

如果该生产线上有在制品，系统会给出如图5.337所示的提示。需要进入"过程管理—生产记录"中，删除该生产线上的在制品（表示废弃正在生产的产品），然后就可以取消该生产线了。

错误

此项更改使部分生产计划无法执行，请更改相关生产计划后再进行此项更改。

确定

图5.337　生产线上有在制品时，无法取消生产线

如果该生产线是卖给其他组，或者在出售时还有残余价值，可以将其转化成现金。因此，应选择"经营分析—报表"，在"变卖生产线"中填写产生的现金（图5.338）。

应收款到期(+)	0.0		
变卖生产线(+)	5		
变卖原材料/产品(+)	0.0		

图5.338　生产线建设变卖产生现金收入

3）改造生产线

如果想改变生产线所生产的产品类型，可以做如下处理。

选择"过程管理—生产线建设"，先选择需要改造的生产线，单击"修改"，然后再选择产品类型，并单击"确定"。系统会自动计算出改造完成的时间（图5.339）。

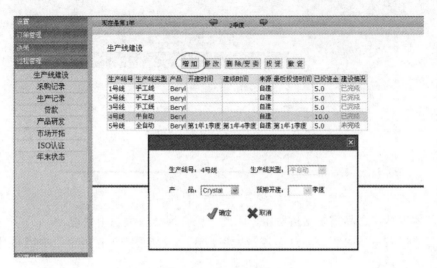

图5.339 改造生产线

改造生产线应该支付相应的费用。因此，选择"经营分析—报表—现金流量表"，在"设备改造费"中填写相应的资金（图5.340）。

成品采购支付现金	0.0	0.0
设备改造费	0.0	2.0
生产线投资	5.0	0.0

图5.340 填写设备改造费

6. 生产与采购的特殊处理

1）撤销生产记录

如果某生产线已经安排生产，但现在想中止该生产，可以做如下处理。

假设想取消4号线的生产，但现在为第1季度，在生产记录中看不到4号线的生产情况。可单击状态栏的右向箭头，提前进入2季度，然后选中4号线，单击"删除"，将取消该生产线的生产（图5.341）。

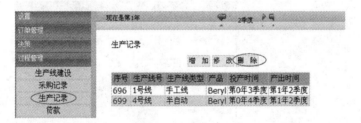

图5.341 取消生产

2）从其他小组购买产品

如果订单过多，本小组产能不足，无法完成，可以从其他组直接购买产成品。处理方式如下：选择"过程管理—生产记录"，单击"增加"，在弹出的对话框中，选择"生产线号"中的"买产品"，并填写数量，就表示从其他组直接购买了产品（图5.342）。

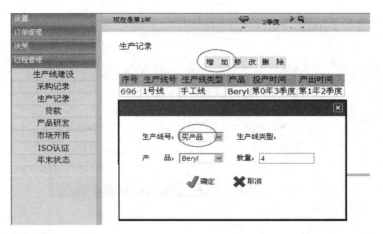

图 5.342　购买产品

从其他组购买产品需要支付费用，因此，应在现金流量表中处理。

选择"经营分析—报表—现金流量表"，在"成品采购支付现金"中填写对应季度的费用（图 5.343）。

原料采购支付现金	0.0	0.0	
成品采购支付现金	0.0	8.0	
设备改造费	0.0	2.0	

图 5.343　成品采购支付现金

3）将产品卖给其他组

在经营过程中，有可能将产品直接卖给其他组。可以做如下处理。

选择"过程管理—生产记录"，单击"增加"，在弹出的对话框中，选择"生产线号"中的"卖产品"，并填写数量，就表示将产品直接卖给了其他组（图 5.344）。

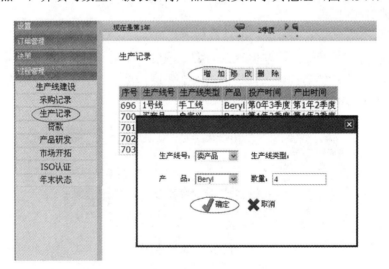

图 5.344　卖产品

将产品卖给其他组将产生现金收入。因此，应在现金流量表中处理。

选择"经营分析—报表—现金流量表"，在"变卖原材料／产品"中填写对应季度的现金收入（图 5.345）。

项目	1季度	2季度	3季度
当期初始数(+)	68.0	60.0	
应收款到期(+)	0.0	0.0	
变卖生产线(+)	0.0	0.0	
变卖原材料/产品(+)	0.0	8.0	
变卖抵押/厂房(+)	0.0	0.0	

图 5.345 变卖成品产生现金

特别说明： 在"损益表"的销售收入和成本中，应同时计算该笔销售产生的收入，以及对应的直接成本。

4）从其他组采购原材料

当采购计划做得不好，原材料不能及时采购到位，导致生产不能安排时，就需要从其他组采购原材料。

处理方式：选择"过程管理—采购记录"，单击"增加"，在弹出的对话框中的"来源"部分填写"其他公司转让"，表示从其他公司直接采购的原材料（图 5.346）。

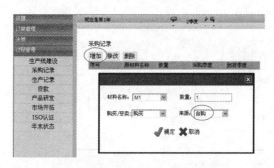

图 5.346 从其他组采购原材料

从其他公司采购原材料需要支付费用。选择"经营分析—报表—现金流量表"，在"原料采购支付现金"中填写费用（图 5.347）。

原料采购支付现金	0.0	2.0	
成品采购支付现金	0.0	8.0	

图 5.347 原料采购支付现金

5）将原材料卖给其他组

如果需要将原材料卖给其他组，可以做如下处理。

选择"过程管理—采购记录"，单击"增加"，在弹出的对话框中的"购买/变卖"部分选择"变卖"，表示将原材料卖给其他组（图 5.348）。

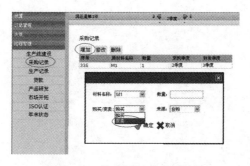

图 5.348 从其他组采购原材料

将原材料卖给其他组将产生收入。选择"经营分析—报表—现金流量表",在"变卖原材料/产品"中填写产生的收入(图5.349)。

变卖生产线(+)	0.0	0.0	
变卖原材料/产品(+)	0.0	2.0	
变卖抵押/厂房(+)	0.0	0.0	

图 5.349 原料采购支付现金

7. 产品研发

在进行产品研发时,需要在系统中记录研发的过程。

说明:如果某个产品的研发没有完成,则在下一年争取订单时,不能获取到该产品的订单。

1)自主研发产品

选择"过程管理—产品研发",在该界面中,单击"增加",选择产品和开发方式,单击"确定"(图5.350)。

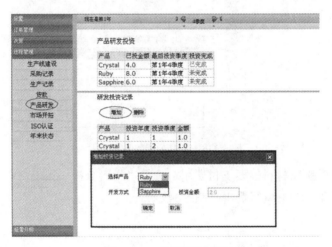

图 5.350 产品研发投资

当每种产品研发的投资达到所规定的金额时,系统自动将该产品改为"已完成"。

同时,在现金流量表中要记录所投资的费用。选择"经营分析—报表—现金流量表",在当季度的"产品研发"一栏中填写支出的研发费用,并单击"保存"(图5.351)。

广告费	3.0	0.0	0.0	0.0
贴现费用	0.0	0.0	0.0	0.0
归还短贷及利息	0.0	0.0	0.0	0.0
归还高利贷及利息	0.0	0.0	0.0	0.0
原料采购支付现金	0.0	2.0	0.0	0.0
成品采购支付现金	0.0	8.0	0.0	0.0
设备改造费	0.0	0.0	0.0	0.0
生产线投资	5.0	0.0	0.0	0.0
加工费用	0.0	0.0	0.0	0.0
产品研发	0.0	0.0	0.0	2.0
行政管理费	0.0	0.0	0.0	0.0
长期贷款及利息	0.0	0.0	0.0	0.0
设备维护费	0.0	0.0	0.0	0.0
租金	0.0	0.0	0.0	0.0
购买租建筑	0.0	0.0	0.0	0.0
市场开拓投资	0.0	0.0	0.0	0.0
ISO认证投资	0.0	0.0	0.0	0.0
其他	0.0	0.0	0.0	0.0
支出总计	8.0	12.0	0.0	2.0
现金余额	60.0	50.0	50.0	48.0

图 5.351 现金流量表—产品研发

2）购买产品研发技术

如果是从其他组购买产品研发技术，需要在系统中记录购买的金额。

选择"过程管理—产品研发"，在该界面中，单击"增加"，选择产品，并选择开发方式为"购买技术"，系统自动带出所需投资的金额，单击"确定"（图5.352）。

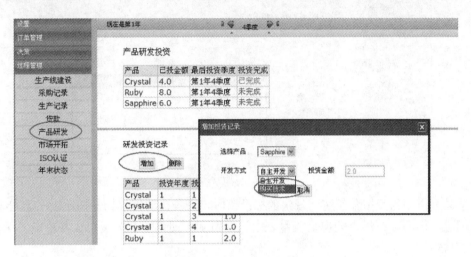

图5.352　产品研发－购买技术

当某种产品研发的投资达到所规定的金额时，系统自动将该产品改为"已完成"。

同时，在现金流量表中要记录所投资的费用。选择"经营分析—报表—现金流量表"，在当季度的"产品研发"一栏中填写支出的研发费用，并单击"保存"（图5.353）。

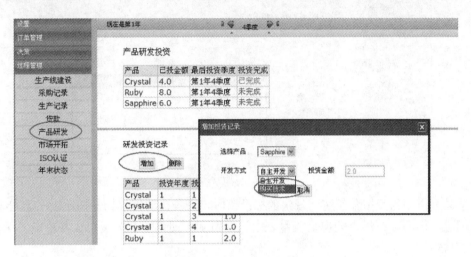

图5.353　现金流量表－产品研发

8. 市场开拓

在每个年度末进行市场开拓时，需要在系统中记录开拓情况。

说明：如果某个市场开拓没有完成，在下一年不能获取到该市场的订单。

市场开拓的操作过程如下。

选择"过程管理—市场开拓",在页面中单击"增加",选择市场,单击"确定"(图 5.354)。

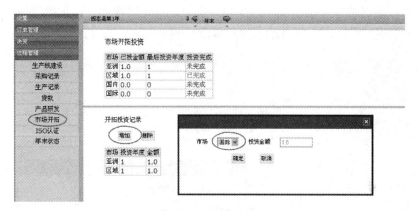

图 5.354　市场开拓投资

当某个市场的开拓金额达到规定的标准值时,系统自动将市场开拓改为"已完成"。

同时,还需要在年末的现金流量表中记录所支出的市场开拓费用,并单击"保存"(图 5.355)。

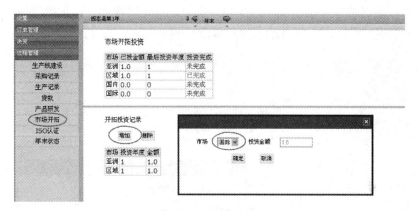

图 5.355　现金流量表-市场开拓投资

9. ISO 认证

在每个年度末进行 ISO 认证时,需要在系统中记录认证情况。

说明:从第四年初开始,如果没有完成 ISO 认证,则不能获取所有市场所有产品的订单。

ISO 认证的操作过程如下。

选择"过程管理 -ISO 认证",在页面中单击"增加",选择 ISO,单击"确定"(图 5.356)。

当 ISO 认证的金额达到规定的标准值时,系统自动将认证改为"已完成"。

同时,还需要在年末的现金流量表中记录所支出的 ISO 认证费用,并单击"保存"(图 5.357)。

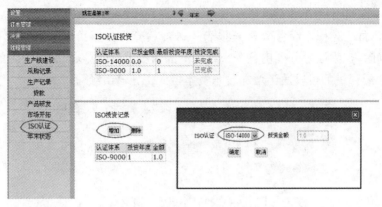

图 5.356　ISO 认证投资

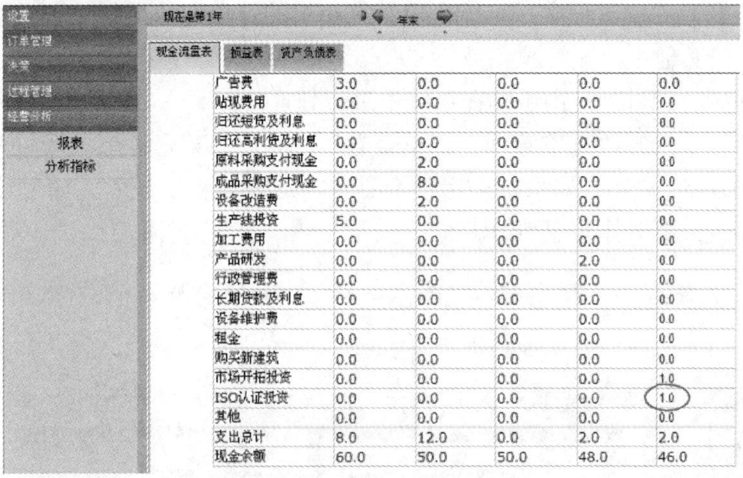

图 5.357　现金流量表－ISO 认证投资

10. 特殊应用提示

1）可排序与不可排序的表格区分

表头颜色为紫色时，可单击表头的文字部分，进行排序。如图 5.358 所示，单击"市场"，就可以对"市场"一列进行排序。这种模式在内容太多时，可方便地查看所关心的内容。

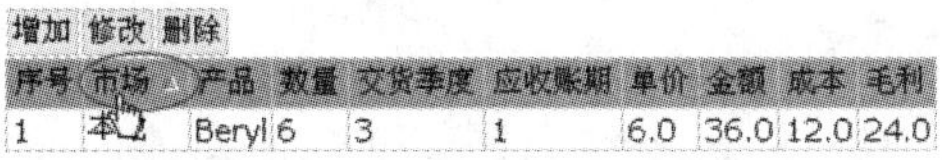

图 5.358　可排序的表格

表头颜色为灰白色时，不能进行排序（图 5.359）。

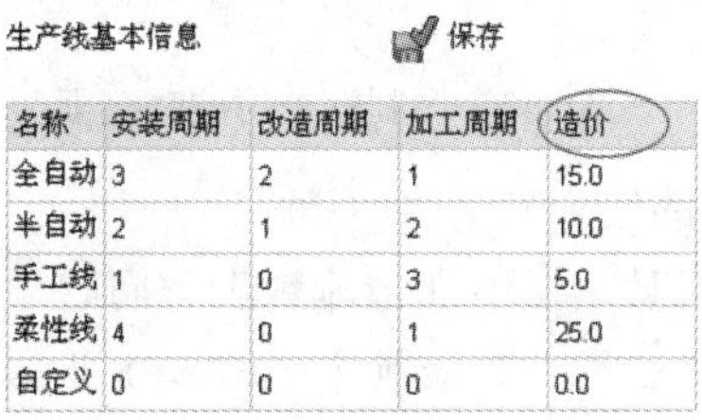

图 5.359　不能排序的表格

2）如何判断各小组是否破产？

在讲师界面，选择"经营分析—报表—破产检查"，就可以看到当年破产的小组（图5.360）。同时，在界面上分列出各个小组破产的情况。这样可以控制各小组的商业信誉。对于破产的小组，讲师可以适当增加股东资本投入，让该组经营下去。

图 5.360　检查小组破产情况

3）如何变更订单拥有者？

在学生经营企业的过程中，可能出现某个小组的订单无法交付，该组将放弃订单，或者订单转让给其他小组。

这时，必须告知讲师，由讲师在系统中进行处理。

在讲师界面，选择"订单管理—订单查看"，先选择某张订单，然后选择"变更订单拥有者"（图5.361）。如果该小组放弃订单，选择"未发放"。如果该小组将订单转让给其他小组，则选择其他小组。

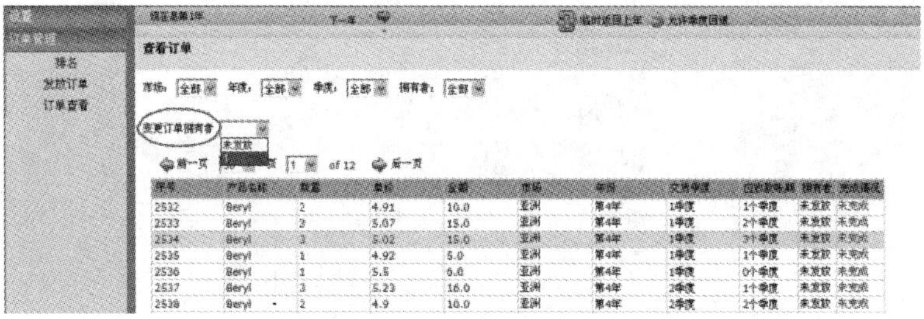

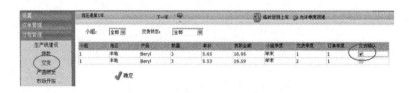

图 5.361　变更订单拥有者

4）如何控制订单的准时交货？

在讲师界面，选择"过程管理—交货"，讲师根据订单的交货季度、小组季度来判断，该小组是否准时完成该订单（图5.362）。如果交货季度大于小组季度，则表示该订单已经拖期，需要处以罚款。

图 5.362　控制订单的准时交货

5）如何修改现金流量表的错误？

如果在每年年末编制报表时，发现现金流量表有问题，需要修改，处理方式如下。

如图5.363所示，在年末发现当期余额不对时，主要原因是第3季度的加工费填写错误。

项目	1季度	2季度	3季度	4季度	年末
当期初始量(+)	24.0	16.0	21.0	26.0	34.0
应收款到期(+)	0.0	7.0	7.0	36.0	0.0
变卖生产线(+)	0.0	0.0	0.0	0.0	0.0
变卖原材料/产品(+)	0.0	0.0	0.0	0.0	0.0
变卖抵押/厂房(+)	0.0	0.0	0.0	0.0	0.0
短期贷款(+)	0.0	0.0	0.0	0.0	0.0
高利贷贷款(+)	0.0	0.0	0.0	0.0	0.0
长期贷款(+)	0.0	0.0	0.0	0.0	0.0
收入总计	24.0	23.0	28.0	62.0	34.0
支付上年应交税	3.0	0.0	0.0	0.0	0.0
广告费	0.0	0.0	0.0	0.0	0.0
贴现费用	0.0	0.0	0.0	0.0	0.0
归还短贷及利息	0.0	0.0	0.0	21.0	0.0
归还高利贷及利息	0.0	0.0	0.0	0.0	0.0
原料采购支付现金	2.0	0.0	0.0	3.0	0.0
成品采购支付现金	0.0	0.0	0.0	0.0	0.0
设备改造费	0.0	0.0	0.0	0.0	0.0
生产线投资	0.0	0.0	0.0	0.0	0.0
加工费用	2.0	1.0	1.0	3.0	0.0
产品研发	0.0	0.0	0.0	0.0	0.0
行政管理费	1.0	1.0	1.0	1.0	0.0
长期贷款及利息	0.0	0.0	0.0	0.0	2.0
设备维护费	0.0	0.0	0.0	0.0	4.0
租金	0.0	0.0	0.0	0.0	0.0
购买新建筑	0.0	0.0	0.0	0.0	0.0
市场开拓投资	0.0	0.0	0.0	0.0	0.0
ISO认证投资	0.0	0.0	0.0	0.0	0.0
其他	0.0	0.0	0.0	0.0	0.0
支出总计	8.0	2.0	2.0	28.0	6.0
现金余额	16.0	21.0	26.0	34.0	28.0

图 5.363　现金流量表填写错误

学生先向讲师申请，提出需要修改现金流量表。在老师同意之后，学生单击状态栏上向左的箭头，如图 5.364 所示。

图 5.364　讲师界面－时间状态栏

时间状态栏切换为"第 4 季度"（图 5.365）。

图 5.365　学生界面－时间季度

学生单击状态栏向左的箭头，改变为第 3 季度。然后，修改第 3 季度的加工费为 6，单击"保存"，系统将当期余额自动计算为 53（图 5.366）。

归还高利贷及利息	0.0	0.0	0.0	0.0	0.0
原料采购支付现金	2.0	0.0	0.0	3.0	0.0
成品采购支付现金	0.0	0.0	0.0	0.0	0.0
设备改造费	0.0	0.0	0.0	0.0	0.0
生产线投资	0.0	0.0	0.0	0.0	0.0
加工费用	2.0	1.0	2.0	3.0	0.0
产品研发	0.0	0.0	0.0	0.0	0.0
行政管理费	1.0	1.0	1.0	1.0	0.0
长期贷款及利息	0.0	0.0	0.0	0.0	2.0
设备维护费	0.0	0.0	0.0	0.0	4.0
租金	0.0	0.0	0.0	0.0	0.0
购买新建筑	0.0	0.0	0.0	0.0	0.0
市场开拓投资	0.0	0.0	0.0	0.0	0.0
ISO认证投资	0.0	0.0	0.0	0.0	0.0
其他	0.0	0.0	0.0	0.0	0.0
支出总计	8.0	2.0	2.0	28.0	6.0
现金余额	16.0	21.0	26.0	34.0	28.0

图 5.366　修改第 3 季度现金流量表

然后，单击状态栏上向右的箭头，如图 5.367 所示。

图 5.367　转换时间状态

系统将时间状态变为第 4 季度，当期初始数自动取上期末的数（图 5.368）。

图 5.368　学生界面－时间状态改变前

然后再单击"保存"，系统又自动计算第 4 季度的当期余额。

学生修改完毕之后，单击时间状态栏上"4 季度"向右的箭头，变成"年末"。

学生再单击保存，系统自动计算年末的当期余额。 之后，学生就可以重新编制利润表、资产负债表。

6）讲师如何控制小组的季度回退

讲师登录系统时，默认的是不允许学生季度回退。在比赛时采取该设置。

在培训的时候，讲师可以根据具体情况，允许学生回退。这时，讲师在时间状态栏单击"允许季度回退"，则系统将允许学生自行决定季度回退（图 5.369）。

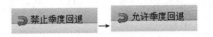

图 5.369　控制小组的季度回退

7）小组之间如何买卖原材料

购买方在系统中做如下处理。

选择"过程管理—采购记录"，单击"增加"。在弹出的界面中，选择"购买 / 变卖"的内容为"购买"，"来源"为"其他公司转让"（图 5.370）。

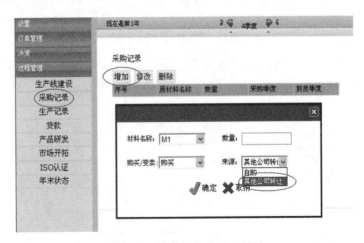

图 5.370　从其他组购买原材料

当原材料买入后，会影响当期的预计库存量。

然后，要在现金流量表中记录所支付的费用。选择"经营分析—报表—现金流量表"。在"原料采购支付现金"中填写所支付的费用（图 5.371）。

图 5.371　现金流量表－原材料采购费用支出

另外，在年末编制损益表时，需在成本中考虑小组之间采购所支出的费用（图 5.372)。

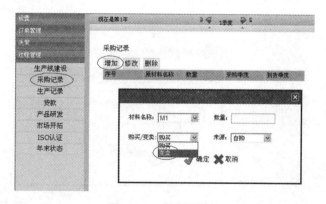

图 5.372　年末损益表的成本中考虑组间原材料采购的支出

卖材料方在系统中做如下处理。

选择"过程管理—采购记录"，单击"增加"，在弹出的窗口中，选择"购买 / 变卖"为"变卖"（图 5.373）。

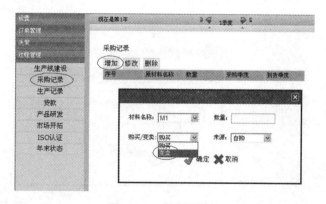

图 5.373　变卖原材料

当原材料卖出后，会影响当期的预计库存量。

原材料变卖后，还应在现金流量表中填写相应的收入。选择"经营分析－报表－现金流量表"，在"变卖原材料／产品"中填写相应的收入（图5.374）。

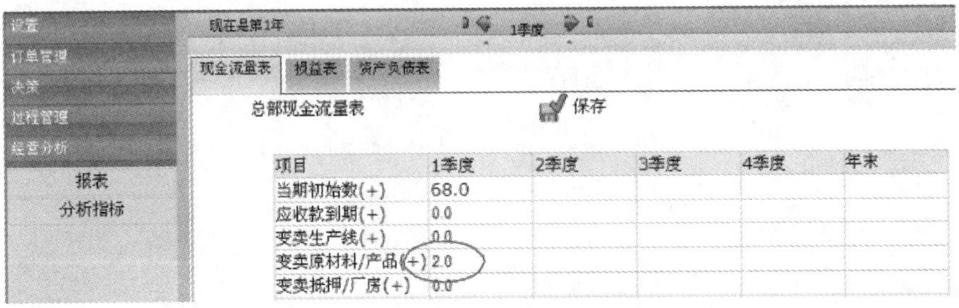

图5.374　现金流量表－变卖原材料

另外，在年末的时候，还应该在损益表的收入中考虑卖原材料的收入和成本（图5.375）。收入指卖原材料产生的收入，成本指原材料从供应商处采购所支付的金额。

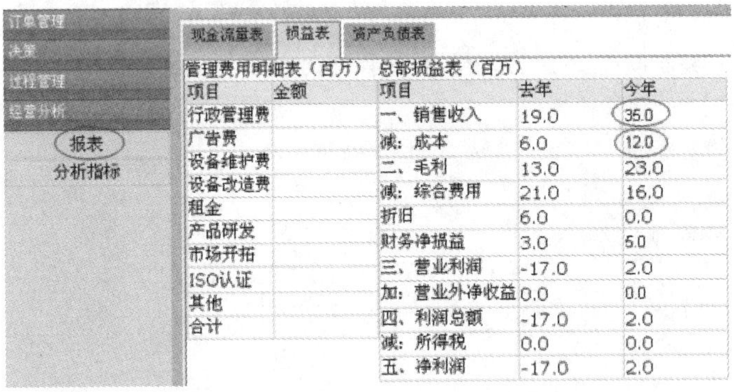

图5.375　年末损益表中考虑组间原材料采购产生的收入和成本

8）小组之间如何买卖产成品

购买方在系统中做如下处理。

选择"过程管理—生产记录"，单击"增加"。在弹出的界面中，选择"生产线号"的内容为"买产品"（图5.376）。

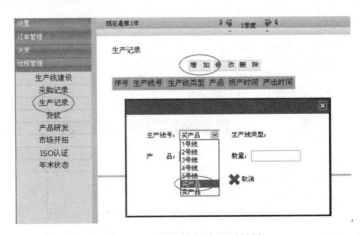

图5.376　从其他组购买原材料

当产成品买入后，会影响当期的预计库存量。

然后，在现金流量表中记录所支付的费用。选择"经营分析—报表—现金流量表"。在"成品采购支付现金"中填写所支付的费用（图 5.377）。

图 5.377　现金流量表—成品采购费用支出

另外，在年末编制损益表时，需在成本中考虑小组之间采购所支出的费用（图 5.378）。

现金流量表	损益表	资产负债表		
管理费用明细表（百万）		总部损益表（百万）		
项目	金额	项目	去年	今年
行政管理费		一、销售收入	19.0	35.0
广告费		减：成本	6.0	12.0
设备维护费		二、毛利	13.0	23.0
设备改造费		减：综合费用	21.0	16.0
租金		折旧	6.0	0.0
产品研发		财务净损益	3.0	5.0
市场开拓		三、营业利润	-17.0	2.0
ISO认证		加：营业外净收益	0.0	0.0
其他		四、利润总额	-17.0	2.0
合计		减：所得税	0.0	0.0
		五、净利润	-17.0	2.0

图 5.378　年末损益表的成本中考虑组间成品采购的支出

卖产品方在系统中做如下处理。

选择"过程管理—生产记录"，单击"增加"，在弹出的窗口中，选择"购买/变卖"为"卖产品"（图 5.379）。

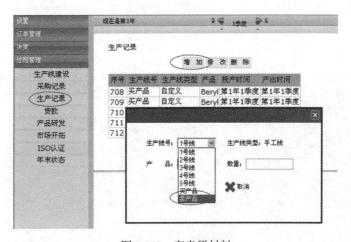

图 5.379　变卖原材料

当产品卖出后，会影响当期的预计库存量。

产品变卖后，还应在现金流量表中填写相应的收入。选择“经营分析—报表—现金流量表”，在“变卖原材料 / 产品”中填写相应的收入（图 5.380）。

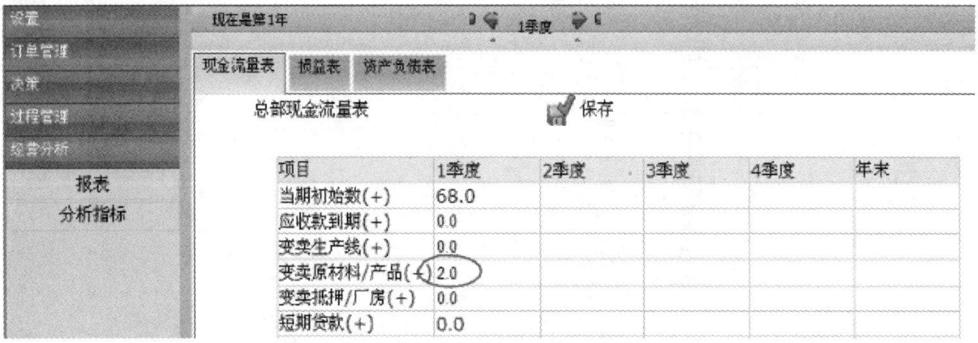

项目	1季度	2季度	3季度	4季度	年末
当期初始数(+)	68.0				
应收款到期(+)	0.0				
变卖生产线(+)	0.0				
变卖原材料/产品(+)	2.0				
变卖抵押/厂房(+)	0.0				
短期贷款(+)	0.0				

图 5.380　现金流量表一变卖产成品

另外，在年末的时候，还应该在损益表的收入中考虑卖产品的收入和成本（图 5.381）。收入指卖产品产生的收入，成本指产品本身的原材料和加工费用。

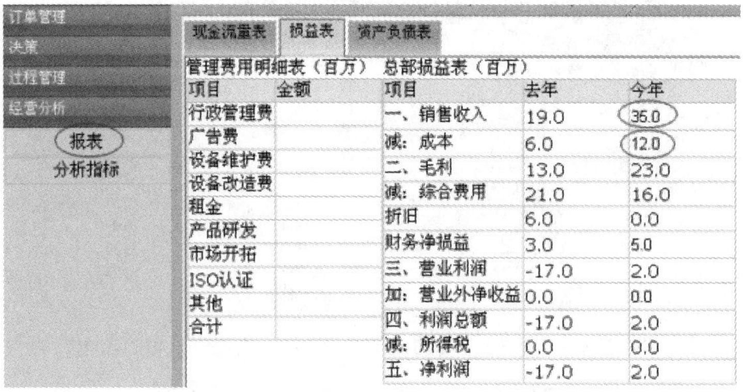

项目	金额
行政管理费	
广告费	
设备维护费	
设备改造费	
租金	
产品研发	
市场开拓	
ISO认证	
其他	
合计	

项目	去年	今年
一、销售收入	19.0	35.0
减：成本	6.0	12.0
二、毛利	13.0	23.0
减：综合费用	21.0	16.0
折旧	6.0	0.0
财务净损益	3.0	5.0
三、营业利润	-17.0	2.0
加：营业外净收益	0.0	0.0
四、利润总额	-17.0	2.0
减：所得税	0.0	0.0
五、净利润	-17.0	2.0

图 5.381　年末损益表中考虑组间产成品采购产生的收入和成本

9）变卖生产线，如何处理

当学生想变卖或废弃某条生产线时，可以做如下处理。

选择“过程管理—生产线建设”，选中要变卖或废弃的生产线，单击“删除 / 变卖”即可（图 5.382）。

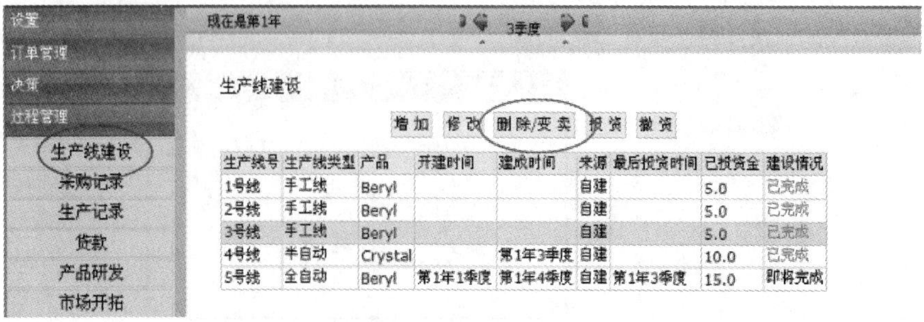

生产线号	生产线类型	产品	开建时间	建成时间	来源	最后投资时间	已投资金	建设情况
1号线	手工线	Beryl			自建		5.0	已完成
2号线	手工线	Beryl			自建		5.0	已完成
3号线	手工线	Beryl			自建		5.0	已完成
4号线	半自动	Crystal		第1年3季度	自建		10.0	已完成
5号线	全自动	Beryl	第1年1季度	第1年4季度	自建	第1年3季度	15.0	即将完成

图 5.382　变卖生产线

如果系统给出如图 5.383 所示的提示，表明生产线上还有在制品，需要等在制品完成后才能处理生产线。

错误

此项更改使部分生产计划无法执行，请更改相关生产计划后再进行此项更改。

✓ 确定

图 5.383 生产线上有在制品时，无法取消生产线

如果该生产线是卖给其他组，或者在出售时还有残余价值，将会产生现金收入。因此，应选择"经营分析—报表"，在"变卖生产线"中填写产生的现金收入（图 5.384）。

设置
订单管理　　　现在是第1年　　　　　　　 ◀ ♦ 3季度 ♦ ▶
决策
过程管理　　　现金流量表　损益表　资产负债表
经营分析
　　　　　　 总部现金流量表　　　　✓ 保存
　报表
　分析指标

项目	1季度	2季度	3季度	4季度	年末
当期初始数(+)	68.0	60.0	50.0		
应收款到期(+)	0.0	0.0	0.0		
变卖生产线(+)	0.0	0.0	5.0		
变卖原材料/产品(+)	2.0	2.0	0.0		
变卖抵押/厂房(+)	0.0	0.0	0.0		

图 5.384 生产线建设变卖产生现金收入

在年末处理损益表时，要考虑生产线处理产生的营业外净收益（图 5.385）。

订单管理
决策　　　　 现金流量表　损益表　资产负债表
过程管理　　　管理费用明细表（百万）　总部损益表（百万）
经营分析

项目	金额	项目	去年	今年
行政管理费		一、销售收入	19.0	35.0
广告费		减：成本	6.0	12.0
设备维护费		二、毛利	13.0	23.0
设备改造费		减：综合费用	21.0	16.0
租金		折旧	6.0	0.0
产品研发		财务净损益	3.0	5.0
市场开拓		三、营业利润	-17.0	2.0
ISO认证		加：营业外净收益	0.0	0.0
其他		四、利润总额	-17.0	2.0
合计		减：所得税	0.0	0.0
		五、净利润	-17.0	2.0

图 5.385 损益表中考虑生产线变卖的营业外净收益

如果生产线在卖给其他组时，以高于残值卖出，例如：剩余 3M 的生产线价值，但以 5M 卖出，则营业外净收益为 2M。

如果生产线是废弃处理给讲师，则剩余多少价值就将该价值转到盘面现金部分。例如：剩余 3M 的生产线价值，则现金收入为 3M。但营业外净收益为 0M，因为没有产生额外的收益。

10）已投资的生产线，是否可以撤资

如果是以往季度投资的费用，则不能再撤资。

如果是刚刚投资，可以撤资。如图5.386所示，刚投资一笔费用5M用于建全自动线。

图5.386 刚投资的费用

但考虑到后续可能资金紧张，需撤销。可单击"撤资"，系统自动就撤资（图5.387）。

图5.387 刚投资的费用进行撤资

如果撤资成功，需要在现金流量表中修改已经支出的设备投资费用（图5.388）。

图5.388 生产线投资的费用修改

11）讲师如何方便地处理订单交货

在进行订单交货前，要求学生必须先申请交货。

在学生端的"订单管理—订单查看"中，可以看到订单的信息。选中某个订单，单击"申请交货"（图5.389）。

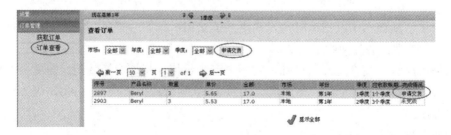

图5.389 学生端—申请交货

　　然后，学生就到讲师处交货。在讲师端，讲师选择"过程管理—交货"，选择"交货状态"的内容为"申请交货"，系统显示出申请交货的订单。讲师选择相应的订单进行交货确认（图5.390）。

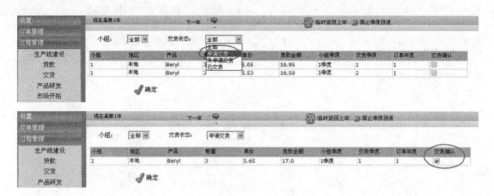

图5.390　讲师端－查看申请交货的订单并确认交货

12）讲师如何方便地处理贷款归还

在归还贷款前，要求学生必须先申请还贷。

在学生端的"过程管理—贷款"中，可以看到贷款的信息。选中某个贷款，单击"申请还贷"（图5.391）。

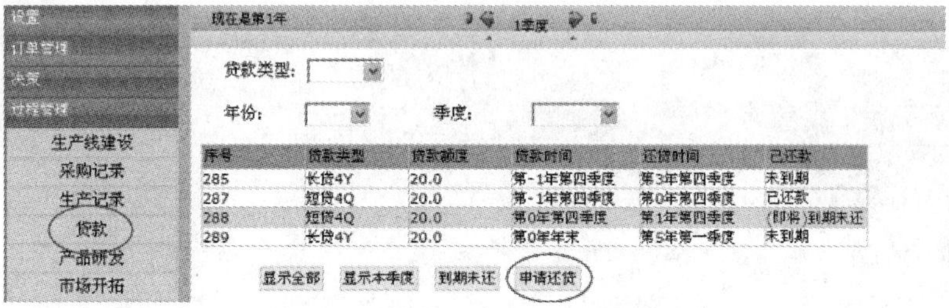

图5.391　学生端－申请交货

　　然后，学生就到讲师处归还贷款。在讲师端，讲师选择"过程管理—贷款"，选择"贷款"的内容为"申请还贷"，系统显示出申请还贷的贷款信息。讲师选中"申请还贷"的贷款信息，单击"修改"，系统弹出如图5.392所示的对话框，单击"确定"进行还贷确认。

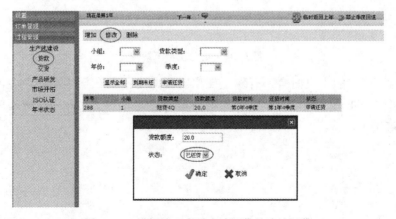

图5.392　讲师端－查看申请还贷并确认还贷

13）小组之间进行订单买卖，如何处理

如果小组之间要买卖订单，可以先向讲师申请。

讲师选择“订单管理—订单查看”，在界面中先选中要交易的订单，然后选择“变更订单拥有者”中的目标小组，就完成了小组之间的订单买卖（图 5.393）。

序号	产品名称	数量	单价	金额	市场	年份	交货季度	应收款账期	拥有者	完成情况
2894	Beryl	3	5.38	16.0	本地	第1年	1季度	1个季度	未发放	未完成
2895	Beryl	3	5.23	16.0	本地	第1年	1季度	2个季度	未发放	未完成
2896	Beryl	2	5.77	12.0	本地	第1年	1季度	3个季度	未发放	未完成
2897	Beryl	3	5.65	17.0	本地	第1年	1季度	1个季度	1	已完成
2898	Beryl	2	5.35	11.0	本地	第1年	1季度	2个季度	未发放	未完成
2899	Beryl	1	5.76	6.0	本地	第1年	1季度	3个季度	未发放	未完成
2900	Beryl	2	6.05	12.0	本地	第1年	1季度	0个季度	未发放	未完成
2901	Beryl	2	5.7	11.0	本地	第1年	2季度	1个季度	未发放	未完成
2902	Beryl	3	5.35	16.0	本地	第1年	2季度	2个季度	未发放	未完成
2903	Beryl	3	5.53	17.0	本地	第1年	2季度	3个季度	1	未完成
2904	Beryl	2	5.74	11.0	本地	第1年	2季度	1个季度	未发放	未完成
2905	Beryl	3	5.27	16.0	本地	第1年	2季度	2个季度	未发放	未完成

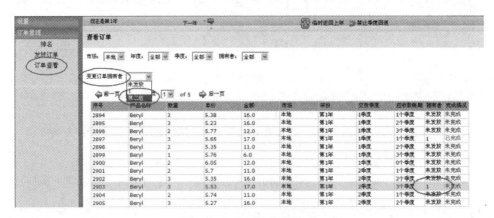

图 5.393　变更订单拥有者

对于卖订单的小组而言，有现金收入，因此该小组在学生端的现金流量表中需填写收入。可选择“经营分析—报表—现金流量表”，在“其他”中填写交易收入的金额（图 5.394）。因“其他”默认为支出，因此填写时应为负数，才能表示收入。

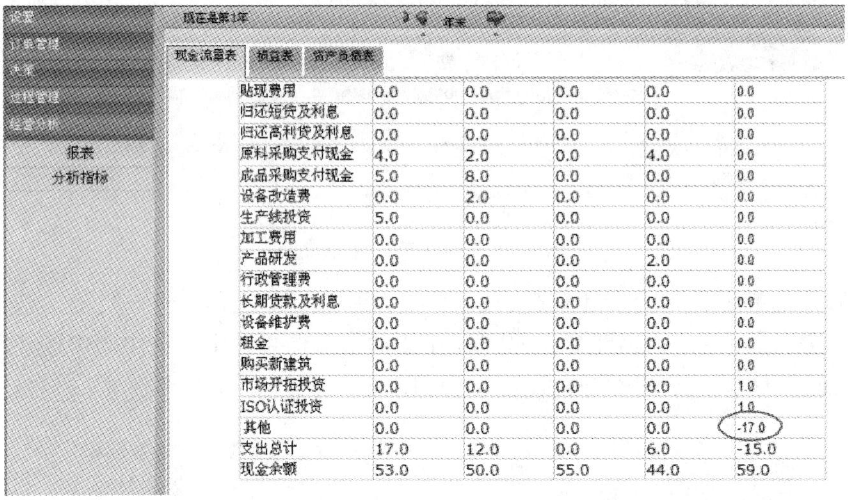

贴现费用	0.0	0.0	0.0	0.0	0.0
归还短贷及利息	0.0	0.0	0.0	0.0	0.0
归还高利贷及利息	0.0	0.0	0.0	0.0	0.0
原料采购支付现金	4.0	2.0	0.0	4.0	0.0
成品采购支付现金	5.0	8.0	0.0	0.0	0.0
设备改造费	0.0	2.0	0.0	0.0	0.0
生产线投资	5.0	0.0	0.0	0.0	0.0
加工费用	0.0	0.0	0.0	0.0	0.0
产品研发	0.0	0.0	0.0	2.0	0.0
行政管理费	0.0	0.0	0.0	0.0	0.0
长期贷款及利息	0.0	0.0	0.0	0.0	0.0
设备维护费	0.0	0.0	0.0	0.0	0.0
租金	0.0	0.0	0.0	0.0	0.0
购买新建筑	0.0	0.0	0.0	0.0	0.0
市场开拓投资	0.0	0.0	0.0	0.0	1.0
ISO认证投资	0.0	0.0	0.0	0.0	1.0
其他	0.0	0.0	0.0	0.0	-17.0
支出总计	17.0	12.0	0.0	6.0	-15.0
现金余额	53.0	50.0	55.0	44.0	59.0

图 5.394　填写现金流量表

对于购买订单的小组而言，有现金支出。因此也需要在学生端的现金流量表中填写支出。同样是在现金流量表中的“其他”填写。此时为支出，因此填写的数值应为正数（图 5.395）。

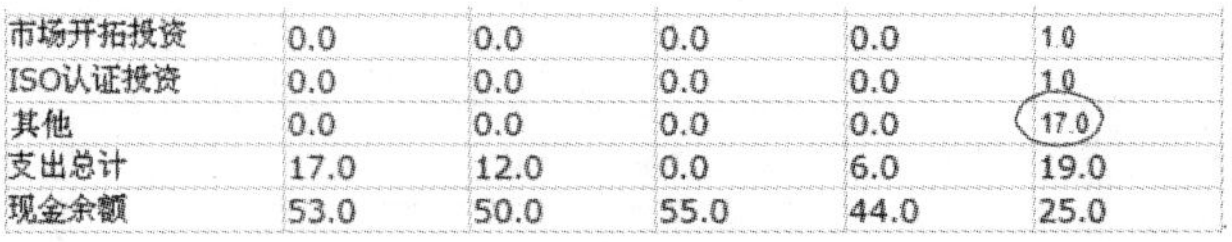

市场开拓投资	0.0	0.0	0.0	0.0	1.0
ISO认证投资	0.0	0.0	0.0	0.0	1.0
其他	0.0	0.0	0.0	0.0	17.0
支出总计	17.0	12.0	0.0	6.0	19.0
现金余额	53.0	50.0	55.0	44.0	25.0

图 5.395　订单交易的现金记录

另外，在年末时，还需处理损益表（图 5.396）。

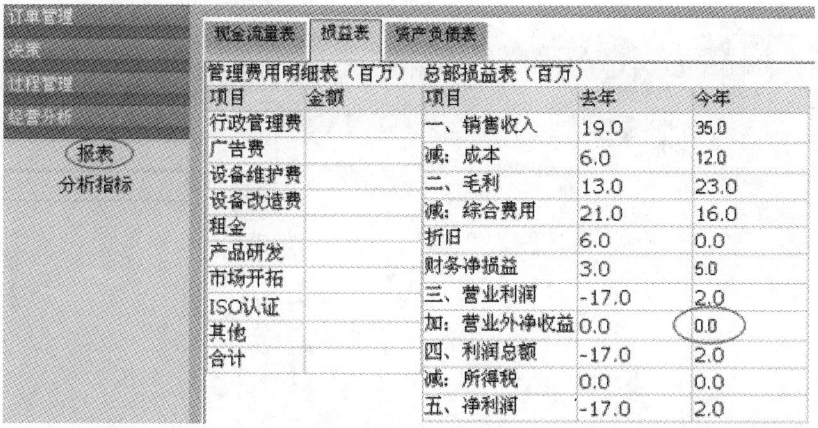

管理费用明细表（百万）

项目	金额
行政管理费	
广告费	
设备维护费	
设备改造费	
租金	
产品研发	
市场开拓	
ISO认证	
其他	
合计	

总部损益表（百万）

项目	去年	今年
一、销售收入	19.0	35.0
减：成本	6.0	12.0
二、毛利	13.0	23.0
减：综合费用	21.0	16.0
折旧	6.0	0.0
财务净损益	3.0	5.0
三、营业利润	-17.0	2.0
加：营业外净收益	0.0	0.0
四、利润总额	-17.0	2.0
减：所得税	0.0	0.0
五、净利润	-17.0	2.0

图 5.396　处理损益表

对于变卖订单的小组，视为营业外收益，因此在“营业外净收益”中填写正数。

对于买订单的小组，视为营业外支出，因此在“营业外净收益”中填写负数。

14）年末小组的资产负债表不平时，应如何处理

当小组的资产负债表不平时，而且也找不到具体的原因，可以由老师来调平。这适合于比赛时使用。讲师需将时间状态先切换到下一年度，然后马上来调整。

如果是资产总计 > 权益总计，可以通过减少现金来调平报表。

讲师选择“经营分析—报表—现金流量表”，然后选择“小组”，以及“往年”中的年份，然后在年末的“其他”中输入“资产总计”与“权益总计”之间的差值，单击“保存”，系统将调整现金余额。这时，再查看资产负债表，就已经平衡了（图 5.397）。

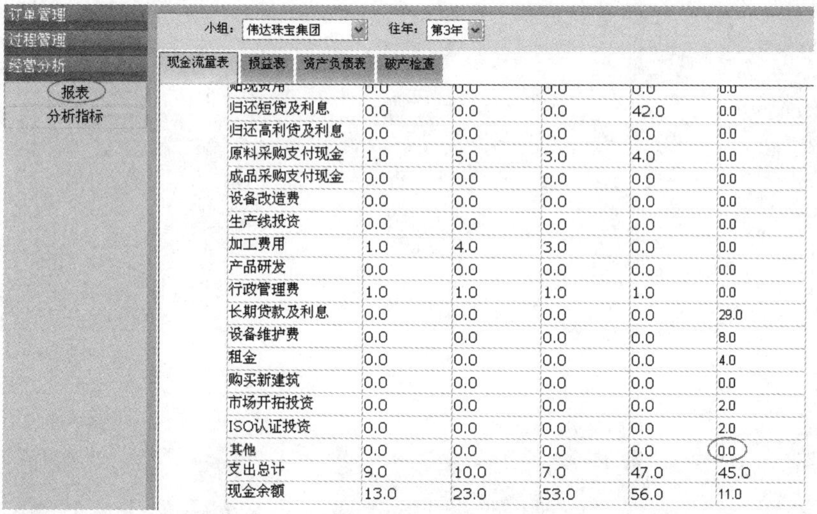

归还短贷及利息	0.0	0.0	0.0	42.0	0.0
归还高利贷及利息	0.0	0.0	0.0	0.0	0.0
原料采购支付现金	1.0	5.0	3.0	4.0	0.0
成品采购支付现金	0.0	0.0	0.0	0.0	0.0
设备改造费	0.0	0.0	0.0	0.0	0.0
生产线投资	0.0	0.0	0.0	0.0	0.0
加工费用	1.0	4.0	3.0	0.0	0.0
产品研发	0.0	0.0	0.0	0.0	0.0
行政管理费	1.0	1.0	1.0	1.0	0.0
长期贷款及利息	0.0	0.0	0.0	0.0	29.0
设备维护费	0.0	0.0	0.0	0.0	8.0
租金	0.0	0.0	0.0	0.0	4.0
购买新建筑	0.0	0.0	0.0	0.0	0.0
市场开拓投资	0.0	0.0	0.0	0.0	2.0
ISO认证投资	0.0	0.0	0.0	0.0	2.0
其他	0.0	0.0	0.0	0.0	0.0
支出总计	9.0	10.0	7.0	47.0	45.0
现金余额	13.0	23.0	53.0	56.0	11.0

图 5.397　调整现金流量表的其他支出

如果是权益总计 > 资产总计，可以通过减少营业外净收益来调平报表。

讲师选择“经营分析—报表—损益表”，然后选择“小组”，以及“往年”中的年份， 然后在今年的“营业外净收益”中输入“权益总计”与“资产总计”之间的差值，

注意应该是负值，单击"保存"，系统将调整净利润。这时，再查看资产负债表，就已经平衡了（图5.398）。

管理费用明细表（百万）		总部损益表（百万）		
项目	金额	项目	去年	今年
行政管理费	4.0	一、销售收入	28.0	70.0
广告费	6.0	减：成本	10.0	27.0
设备维护费	8.0	二、毛利	18.0	43.0
设备改造费	0.0	减：综合费用	23.0	26.0
租金	4.0	折旧	3.0	11.0
产品研发		财务净损益	6.0	9.0
市场开拓	2.0	三、营业利润	-14.0	-3.0
ISO认证	2.0	加：营业外净收益	0.0	0.0
其他	0.0	四、利润总额	-14.0	-3.0
合计	26.0	减：所得税	0.0	0.0
		五、净利润	-14.0	-3.0

图5.398　调整营业外净收益

六、经营分析图

每个小组在完成当年的经营，并编制完三大报表之后，讲师可以在系统中查看所有小组相应的指标分析图。

通过用 Ctrl 键 + 鼠标左键单击选择，可以组合选择多个小组。系统自动将多个小组的指标绘制在一起，便于分析比较。

如图5.399所示，选择"经营分析—分析指标"，可以看到各个小组相应指标的变化情况。

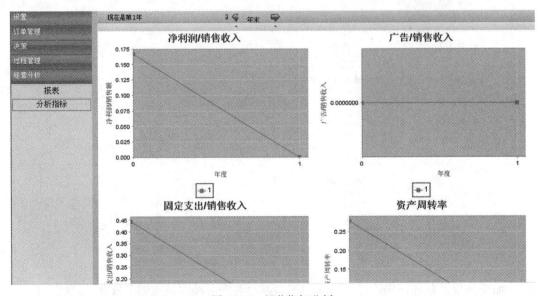

图5.399　经营指标分析

系统给出的分析指标包括以下内容。

- 净利润/销售收入
- 广告/销售收入
- 研发投入
- 固定支出/销售收入
- 资产周转率
- 负债/股东权益比率
- 速动比率
- 资产回报率
- 股东权益回报率

七、常见问题处理

1. 系统长时间提示"please wait"

如果系统长时间提示"Please wait"（图 5.400），是因为你较长时间没有在界面中处理数据了。这时，可以单击 IE 浏览器上的"刷新"按钮，或者按 F5，刷新一下页面，系统会自动退出，重新登录就可以了。

图 5.400　长时间出现 Please wait 的提示

2. 登录出错提示"Maximum Sessions of {0} for this principal exceeded"

当出现"登录失败，请再尝试。原因：Maximum sessions of {0} for this principal exceeded"，讲师重新启动本系统，学生重新登录即可（图 5.401）。

欢迎登录

登录失败，请再尝试。

原因：Maximum sessions of {0} for this principal exceeded

图 5.401　登录出错

3. 提示"合法性检查失败"—无加密狗的情况

如果在运行系统时没有插入加密狗，系统会给出如图 5.402 所示的提示。

系统合法性检查失败，请插入正确的**usb-key**或使用正确的许可证

图 5.402　未插入加密狗的提示

这时，请插入加密狗，并用 Ctrl+C 退出 java 运行状态。再双击 start.bat 图标启动，重新启动后就可以使用了。

4. 提示“HTTP ERROR：500”

如果学员在登录系统时，出现“HTTP ERROR:500”的错误，如图 5.403 所示。

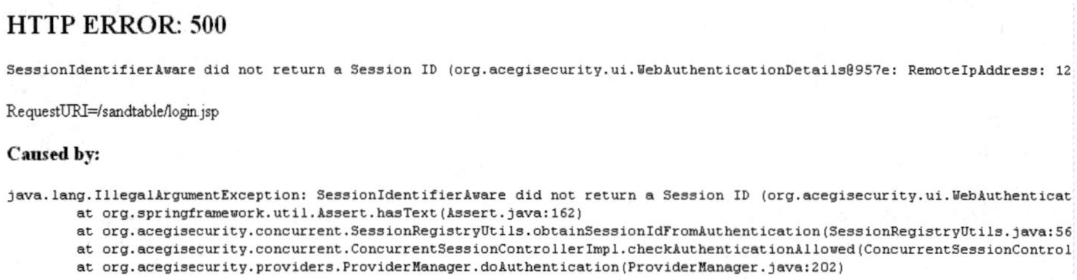

HTTP ERROR: 500
SessionIdentifierAware did not return a Session ID (org.acegisecurity.ui.WebAuthenticationDetails@957e: RemoteIpAddress: 12
RequestURI=/sandtable/login.jsp
Caused by:
java.lang.IllegalArgumentException: SessionIdentifierAware did not return a Session ID (org.acegisecurity.ui.WebAuthenticat
at org.springframework.util.Assert.hasText(Assert.java:162)
at org.acegisecurity.concurrent.SessionRegistryUtils.obtainSessionIdFromAuthentication(SessionRegistryUtils.java:56
at org.acegisecurity.concurrent.ConcurrentSessionControllerImpl.checkAuthenticationAllowed(ConcurrentSessionControl
at org.acegisecurity.providers.ProviderManager.doAuthentication(ProviderManager.java:202)

图 5.403　http error 500 错误

可做如下处理。

选择 IE 浏览器的“工具—Internet 选项”，在如图 5.404 所示的提示窗中，单击“删除 cookies”和“删除文件”，注意要清除所有脱机内容。处理完后，再登录系统就可以了。

Internet 选项
常规
安全
隐私
内容
连接
程序
高级
主页
可以更改主页。
地址(R): about:blank
使用当前页(C)
使用默认页(D)
使用空白页(B)
Internet 临时文件
所查看的 Internet 页存储在特定的文件夹中，这样可以提高以后浏览的速度。
删除 Cookies(I)...
删除文件(F)...
设置(S)...
历史记录
"History" 文件夹中包含有已访问页的链接，可使用户快速访问最近查看过的页。
网页保存在历史记录中的天数(K): 20
清除历史记录(H)
颜色(O)...
字体(N)...
语言(L)...
辅助功能(E)...
确定
取消
应用(A)

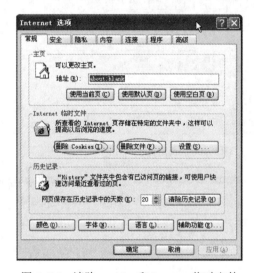

图 5.404　清除 cookies 和 Internet 临时文件

第六章　博浪沙盘软件操作

第一节　软件系统介绍

一、软件概述

ERP 实物沙盘以其独特的魅力席卷了高校管理类课程实验教学领域，但在高校教学应用时暴露出来的缺陷也是不容忽视的。为此，长春博浪科技有限公司研制开发的企业管理实验教学系统 ERP 电子沙盘 V2.0（以下简称"ERP 电子沙盘"）含 ERP 实物沙盘、配套课件和电子沙盘，并于 2007 年 12 月获得国家版权局软件著作权登记证书（登记号 2007SR19890）。ERP 电子沙盘的问世，打破了目前市场上同类产品只有实物沙盘没有电子沙盘的局面，将 ERP 实物沙盘成功地"移植"到电脑上，实现了沙盘模拟实验教学的现代化、教学手段的多样化、教学资源的共享化和实验竞争的公平化。

二、软件说明

1. 应用领域

ERP 电子沙盘是财经类院校融合多学科专业知识为一体的综合实验教具，不局限于企业管理专业使用，也适用于财务管理、市场营销、国际贸易等专业。

ERP 电子沙盘软件采用 C/S 模式，由教师机软件和若干台学生机软件构成，教师机和学生机在局域网内互联。由教师选择实验规则及实验参数，教师机将自动监控实验过程，学生模拟企业进行经营决策并在学生机上实施。

2. 功能特点

ERP 电子沙盘软件模拟出与现实相近的完整的企业经营的全过程，使学生犹如置身于真实的经营活动中。在模拟教学过程中，能够培养学生的思考能力和动手能力，为学生毕业后从事现实的经营管理活动提供自我反省和自我检验的机会。

三、软件结构

1. 教师机与学生机关系

ERP 电子沙盘软件由教师机（主机）和若干台学生机组成（见图6.1）。

图 6.1　教师机与学生机的关系

2. 教师机功能模块图（见图6.2）

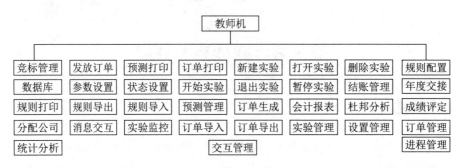

图6.2　教师机功能模块图

3. 学生机功能模块图（见图6.3）

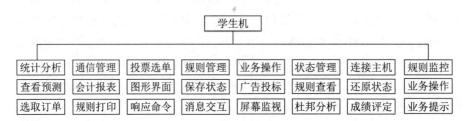

图6.3　学生机功能模块图

4. 联网

教师机和学生机在局域网内联网及运行。

第二节　软件安装

一、教师机安装

教师机安装步骤如下。

（1）插入USB密钥。

（2）安装SQL数据库。

（3）教师机程序是绿色软件，无须安装，只要将教师机文件夹拷贝至硬盘，运行"教师机.exe"即可。

（4）若要卸载教师机程序，直接删除该文件夹即可。

二、学生机安装

学生机安装步骤如下。

（1）学生机程序是绿色软件，无须安装，只要将学生机文件夹拷贝至硬盘，运行"学生机.exe"即可。

（2）若要卸载学生机程序，直接删除该文件夹即可。

第三节 教师机操作说明

1. 教师机按钮说明（见图6.4）

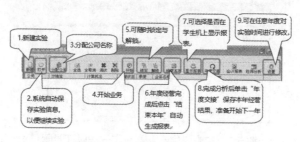

图 6.4 教师机按钮说明

2. 教师机参数设置

运行教师机软件前，需要将本机 IP 地址设置为固定 IP，由于本系统通过 IP 地址来区分教师机和学生机，因此在实验结束前此 IP 地址不可以更改。首次运行教师机软件时将自动弹出参数设置窗口，单击取得本机 IP 按钮，将自动获取已设置好的本机 IP 地址。在用户名处填写已安装好的 SQL 数据库用户名与密码后单击"保存"按钮完成软件初始设置（见图6.5）。

图 6.5 教师机参数设置

3. 设置实验信息

单击"新建"按钮，弹出实验设定向导窗口。

在实验类型选项中可选择练习、课程、比赛三种模式，可根据不同需要选择不同模式。

实验标题选项中可按实验班级进行填写，以便于成绩查找与案例整理。

实验组数选项可根据实际班级人数进行设置，实验组数不同，系统生成的市场需求量也会随着自动调整（见图6.6）。

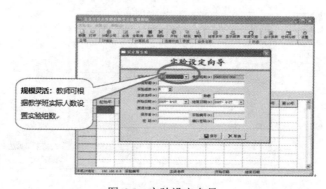

图 6.6 实验设定向导

4. 设置实验规则与参数

系统对投标、选单、年度业务等环节均可分别设置时长，各模拟企业同步倒计时以保证实验进度一致，同时可以保证学生自我分析和教师点评的时间（见图6.7）。

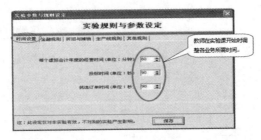

图6.7　实验规则与参数设定——时间设置

教师可根据需要在实验课开始前对实验规则进行设置，满足不同的实验需求（见图6.8）。

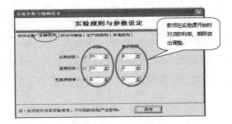

图6.8　实验规则与参数设定——金融规则

5. 与学生机互联

教师机设置完实验信息与参数后通知学生连接教师机。

如果有其他模拟小组学生机错误连接，可以在选择该小组学生机地址后单击"剔除"按钮。

6. 分配公司

当全部学生机连接完成后需要为各组学生分配公司名称，可分配的公司数不能超过学生组数。

单击"分配公司"按钮，弹出分配公司窗口，在左侧选择学生机的 IP 地址后单击右侧公司名称下拉按钮，顺序分配公司名称（见图6.9）。

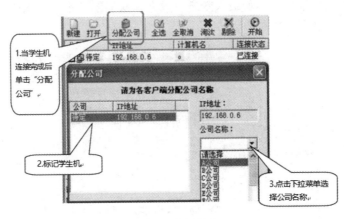

图6.9　分配公司

7. 开始实验

公司名称设置完成后，单击"开始"按钮，弹出开始窗口，选择将开始的年份，可选择第 0 年或第 1 年业务。第 0 年为起始年，规则参照手工沙盘模拟规则起始年操作（见图 6.10）。

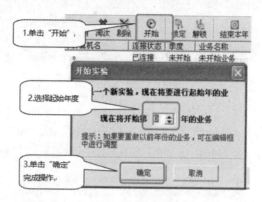

图 6.10 开始实验

（1）市场模型与订单生成。博浪 ERP 电子沙盘的市场模型能在一定范围内随机模拟出不同的市场情况并生成不同的市场订单，同时引入政治、经济和自然灾害对市场的影响，依据此模型动态生成的订单使每次模拟实验都有新意，增加了实验的挑战性和趣味性。

确定需调整的市场与产品后，可根据模拟课程的实际需要进行总体上调或总体下调。也可对其中某一产品的需求量或价格进行调整。教师机调整完成后，将自动生成未来 3 年的商业预测表格并发送至学生机，预测表包括未来 3 年产品需求量、价格趋势表格与最低价格（见图 6.11）。

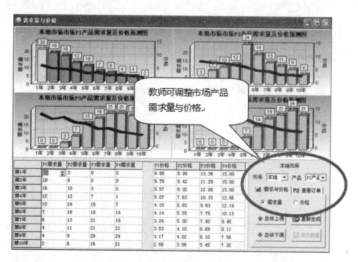

图 6.11 市场模型与订单生成

（2）支付应付税金。支付所得税税金时系统将自动从现金中扣除，当现金余额不足以支付时将自动弹出融资窗口。在支付完所得税税金后应留出 5 ～ 10 分钟的时间让学生讨论市场行情（见图 6.12）。

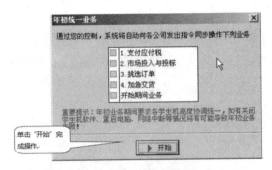

图 6.12　支付应付税金

（3）市场投入与投标。市场投入与投标是学生为自己产品确定销售价格与投放广告费数额的过程。单击"下一步"，学生机电脑将自动弹出报价窗口，价格单位为百万。当全部学生机填写完报价后，单击"下一步"开始发放订单（见图 6.13）。

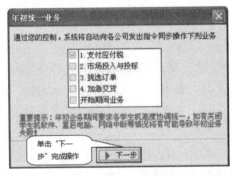

图 6.13　市场投入与投标

（4）发放订单。发放订单窗口左侧为选单顺序与各学生机报价，右侧为可供选择的订单。此时，学生机只能看到订单，选择按钮是灰化状态，当教师机单击"开始"选单后，学生机才可以按照选单顺序依次进行选择（见图 6.14）。

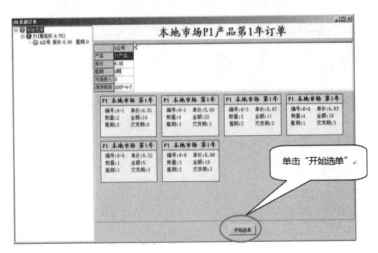

图 6.14　发放订单

（5）加急交货。订单选择完成后，单击"下一步"，学生机将弹出交货窗口，如果学生机有足够库存，那么可以在这时进行交货（见图 6.15）。

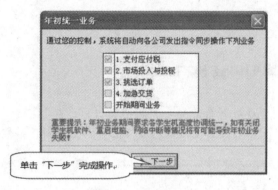

图 6.15　加急交货

（6）开始期间业务。加急交货完成后，单击"下一步"，开始期间业务，到此年初业务全部结束，系统将在每一期期初自动保存状态，学生如果操作失误，可选择相应期数还原重做（见图 6.16）。

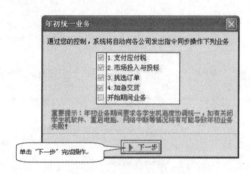

图 6.16　开始期间业务

8. 各项指标分析

当学生机操作完成并生成报表后，教师机可查看各公司的年度会计报表，右键单击"净利润与所有者权益表"，可打开利润表与资产负债表。

单击"杜邦分析"按钮可以打开目标公司的杜邦分析表，系统自动计算各项财务指标数据，分析结果可表现为文字和图形，以方便教师点评工作（见图 6.17）。

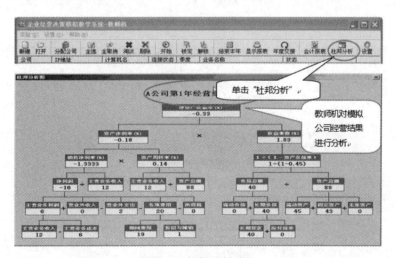

图 6.17　杜邦分析结果

第四节　学生机操作

一、图形化界面展现经营状态

用图形化的方式直观展现企业的全貌和经营过程，包括：企业的资产、负债、所有者权益等财务状况，收入、费用等经营成果，供、产、销等经营活动（见图6.18）。

图6.18　图形化界面展现经营状态

二、学生机操作

1.连接教师机

在教师机设置完毕后，单击学生机"连接教师机"按钮。在弹出的IP地址窗口中选择本组实验的教师机IP地址并单击"连接"按钮。连接完成后将弹出"数据库连接成功"的提示（见图6.19）。

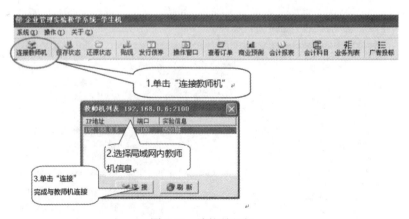

图6.19　连接教师机

2. 查看商业预测信息

在教师机发送指令"支付税金"后，学生机可单击"商业预测"按钮，查看未来三年各个市场产品需求及价格走势（见图6.20）。

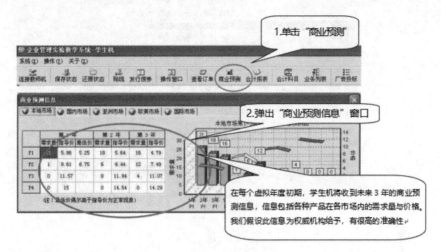

图6.20 查看商业预测信息

3. 市场投入

当教师机发送"市场投入与投标"指令后，学生机将自动弹出广告与投标窗口，窗口上半部分是商业预测，下半部分是广告与投标数据输入区，默认输入的是广告费（允许不投，可空着不填）。输入完成后切换到投标窗口，可以针对各市场内各种产品报价。产品价格输入完成后，单击"提交"按钮提交。本步骤有倒计时限制，必须在倒计时结束前提交，否则系统将强制提交，这时没有输入报价的将被系统视为放弃报价（见图6.21）。

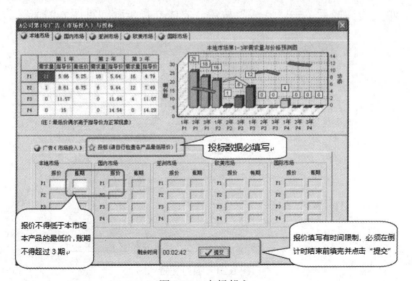

图6.21 市场投入

4. 挑选订单

当教师机发送"挑选订单"指令后，学生机的"确认选择"与"放弃选择"按钮可以操作，学生选择想要选取的订单，然后单击"确认选择"按钮。如不想选择，可单击"放弃选择"按钮。本步骤有倒计时限制，必须在倒计时结束前完成选单操作，否则系统将强制略过，由下一组学生选择。需要注意的是，选单过程不可恢复，不可中断（见图6.22）。

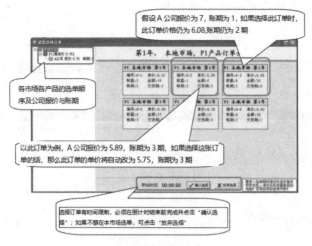

图6.22　挑选订单

5. 加急交货

当订单选择完成后，如果库存货物足以交货，可选择在加急交货时将订单交付。交货窗口左侧为产成品库，右侧是本年已接受的订单，订单有交货期限制，已到交货最后期限则会以红色和黄色显示，表示此订单已到交货最后期限，如不能交货将被处罚订单总金额20%的违约金。

交货时，首先单击鼠标左键选择产成品库中产成品，选错可双击取消。然后选择想要交货的订单，订单只能逐一交货，不能多张订单一起选择。选择完成后单击"交货"按钮。

所有订单交货完成后单击"完成"按钮，完成交货步骤（见图6.23）。

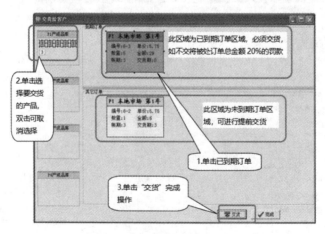

图6.23　加急交货

6. 更新短期贷款

更新短期贷款是期间业务的第一步，单击"下一步"按钮开始更新。如果模拟企业此时已有短期贷款，则已有的短期贷款向现金方向移动一格，表示距还款期又近了一期（见图6.24）。贷款移至现金栏中时需还本付息。短期贷款利率为10%。

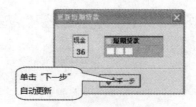

图 6.24　更新短期贷款

7. 获得新短期贷款

通过此步骤可申请短期贷款，贷款额度为短期贷款与长期贷款之和不得超过上一年所有者权益的 2 倍。短期贷款窗口左侧是应收账款与现金数；中间是贷款的相关信息，能否再贷款，以及再贷款数量都将显示在信息提示中；右侧是再贷款数额及还款期限。由于贷款规则要求必须以 20 的倍数进行贷款，因此单击贷款金额箭头一次，金额增加 20M（见图 6.25）。

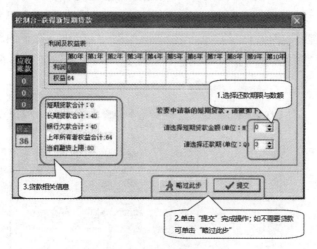

图 6.25　获得新短期贷款

8. 更新其他应付款

单击"下一步"，如有其他应付款存在则会向现金方向移动一格，表示距付款期近了一期（见图 6.26）。

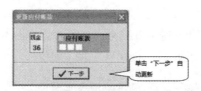

图 6.26　更新其他应付款

9. 更新原材料订单

已有的原材料订单按规则要求必须照单接收，不得退订、少订或补订。更新原材料订单窗口左侧是应收账款与现金数，中间是物料清单，右侧是已下单的原材料订单数量。单击"开始更新"按钮，原材料订单将自动更新到原材料库中，同时从现金中减去相应金额（见图 6.27）。

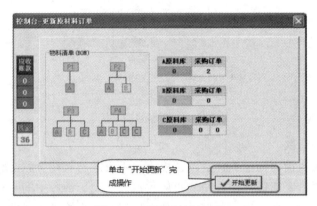

图 6.27　更新原材料订单

10. 下原材料订单

下原材料订单窗口左侧是应收账款与现金数，中间是物料清单，右侧是计划采购原材料的数量。A、B 原材料采购提前期为一期；C 原材料采购提前期为两期。在采购订单窗口中输入计划采购的原材料数量，并单击"提交"按钮。在下原材料订单过程中不需支付原材料采购费用，如不需采购则单击"略过此步"按钮（见图 6.28）。

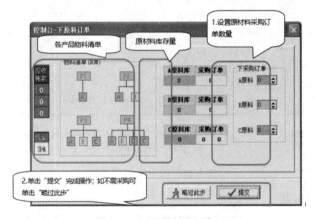

图 6.28　下原材料订单

11. 更新生产

更新生产是将生产线上在制品继续加工生产，在制品由加工车间完成加工并进入组装车间进行组装，组装车间的在制品下线至产成品库。单击"完成此步"按钮将自动更新，如果不需要更新则单击"略过此步"按钮（见图 6.29）。

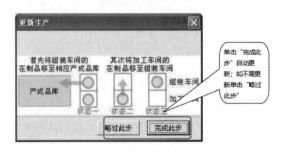

图 6.29　更新生产

12. 处置生产线

现有生产线如需出售，可在此步单击想要出售的生产线，但此时生产线上不能有在制品，且处于可生产状态，非普通状态不能出售。出售所得款项计入营业外收入（见图 6.30）。

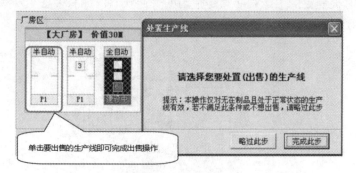

图 6.30 处置生产线

13. 新建生产线

在厂房的空余位置新建生产线，首先选择计划新建的生产线类型，然后选择计划生产的产品类型，最后再单击厂房的空余位置来确定在哪里建设。如果不需要新建可单击"略过此步"按钮（见图 6.31）。本步骤可重复操作。

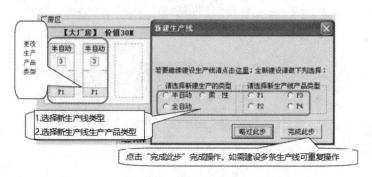

图 6.31 新建生产线

14. 继续建设生产线

如果模拟企业有在建的生产线，则单击新建生产线窗口第一行字中的"这里"两字，然后再单击想要继续建设的生产线完成操作（见图 6.32）。本步骤可以重复操作。

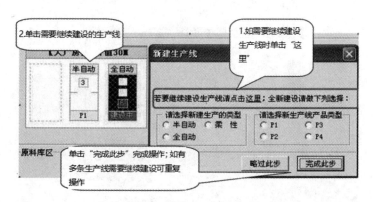

图 6.32 继续建设生产线

15. 生产线调整

对于半自动生产线与全自动生产线，变更生产线生产产品类型需要在生产线调整步骤中进行调整。首先在生产线调整窗口中选择计划变更的产品类型，其次单击计划变更的生产线，此时被变更的生产线必须是空闲的普通状态。如有多条生产线需要调整，本步骤可以重复操作。如果有正在调整中的生产线，则单击"这里"两字，继续调整（见图6.33）。

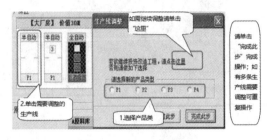

图 6.33　生产线调整

16. 产品上线生产

对于全自动或柔性生产线来说，如果有减产的需要，可选择"半负荷生产"，这时生产线只上线一个产品。如果不需要减产，可选择"满负荷生产"，这时一次上线两个产品。对于半自动生产线来说，不管选择满负荷生产还是半负荷生产，都是上线一个产品。如果两个选项都不选，系统默认半负荷生产。完成后单击"完成此步"按钮（见图6.34）。

图 6.34　产品上线生产

17. 投资产品研发

在此步骤可选择计划研发的新产品，研发窗口左侧是应收账款及现金数，中间是物料清单，右侧是计划投资研发区域，只需要在计划研发的产品前进行标记就可完成投资。投资完成后单击"提交"按钮（见图6.35）。

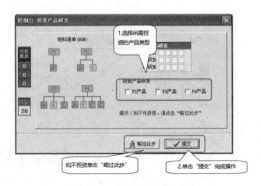

图 6.35　投资产品研发

18. 更新应收款

单击"下一步"按钮自动更新应收款（见图 6.36）。

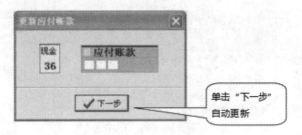

图 6.36 更新应收款

19. 支付行政管理费

行政管理费是每期都要支付 1M 的固定费用，单击"确定"按钮自动支付（见图 6.37）。

图 6.37 支付行政管理费

20. 出售厂房

出售厂房是年末业务第一步，不使用的厂房可以在此时选择出售。如果厂房中没有生产线，可以选择"仅出售"，出售后此厂房即消失；如果厂房中有生产线，必须选择"出售并转为租赁"选项。无论是"仅出售"还是"出售并转为租赁"，选择完成后都要在计划出售的厂房上方单击鼠标左键。单击"完成此步"按钮后，厂房由自有状态改为租赁状态（见图 6.38）。

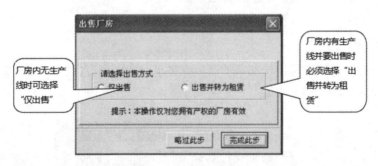

图 6.38 出售厂房

21. 租赁厂房

如果要租赁厂房，则需先选择确定厂房类型，然后单击"这里"两字确认，最后单击"完成此步"按钮完成操作。如果要退租一个已租赁的厂房，则需先确定厂房中没有生产线，然后单击退租厂房中的"这里"两字（见图 6.39）。

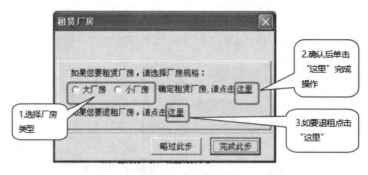

图 6.39 租赁厂房

22. 购买厂房

首先选择厂房类型，再单击厂房类型后的"这里"两字加以确定；如果要购买一个已经租赁的厂房，则单击窗口最下方一行字中的"这里"两字确认（见图 6.40）。

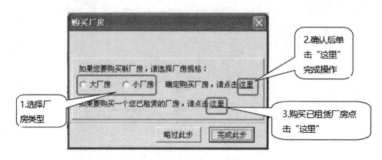

图 6.40 购买厂房

23. 支付长期贷款、应付债券利息

支付长期贷款与应付债券的利息，单击"确定"自动扣除（见图 6.41）。

图 6.41 支付长期贷款利息

24. 更新长期负债

单击"开始更新"按钮，长期负债或债券将自动向现金方向移动一格（见图 6.42），当其移动至现金中时需归还本金。

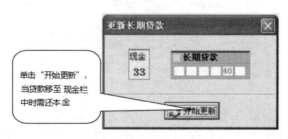

图 6.42 更新长期贷款

25. 获得新长期贷款

可向银行申请新的长期贷款，窗口左侧是应收账款及现金数额，中间为贷款信息，能否贷款及具体贷款数额可参考"当前融资上限"项目显示的数额（贷款数量的计算与获得短期贷款相同）。右侧是贷款金额与还款期限设置，默认还款期限为6年（见图6.43）。

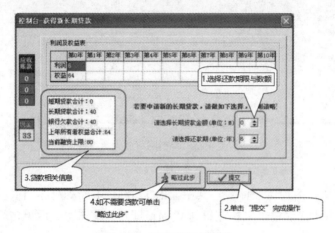

图 6.43　获得新长期贷款

26. 支付设备维修费

当年每条使用过的生产线都要支付1M设备维修费，如果生产线变更、出售或全年停产可以不付维修费。此费用为固定费用，不能改变。单击"确定"按钮，系统将自动扣除维修费（见图6.44）。

图 6.44　支付设备维修费

27. 机器设备折旧

系统将按设备现值的1/5提取设备折旧，单击"确定"按钮，系统将自动扣除折旧（见图6.45）。

图 6.45　机器设备折旧

28. 营销网络建设

营销网络建设是开拓新市场的前提。窗口左侧是应收账款及现金数额，中间是物料清单，右侧是计划开拓的市场，只要在计划开拓的市场前单击鼠标左键进行标记即可，各市场间没有任何联系，仅是四个不同市场，开拓时也没有先后顺序，可同时开拓也可任意选择开拓。操作完成后，单击"提交"按钮确认（见图6.46）。

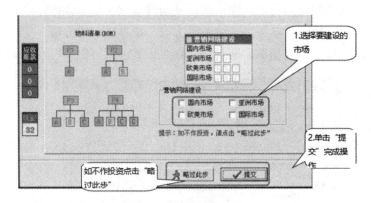

图6.46　营销网络建设

29. ISO 认证

本系统共虚拟了两种认证体系。其中，ISO 9000 为质量认证，ISO 14000 为环保认证，在计划开展的认证前单击鼠标左键进行标记即可。操作完成后单击"提交"按钮（见图6.47）。

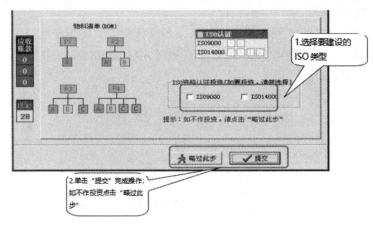

图6.47　ISO 认证

30. 业务完成被教师机锁定

当学生机出现被教师机锁定窗口时，代表此时学生机业务操作已全部完成并已在教师机数据库中进行保存（见图6.48）。此时学生机不能再还原重做，如必须还原，需要得到指导教师同意才可进行。

图6.48　业务完成被教师机锁定

第七章 ERP 沙盘操作手册

第一节 模拟企业介绍

一、企业与公司

企业是依法设立、以经营为目的、从事商品生产或服务的独立核算的经济组织。

公司（有限责任公司和股份有限责任公司）是依法设立，以营利为目的，独立承担民事责任的从事生产或服务性业务的经济组织。

因此，公司与企业是种属关系，凡公司均为企业，但企业未必都是公司。公司只是企业的一种组织形态。

二、模拟企业背景

我们模拟经营的是一家制造类企业（公司），由于上一届管理层经营保守，他们在残酷的市场竞争中没能带领企业发展壮大。目前，该企业已经步入了危险的边缘，企业总资产 100M（Million——百万，下同），负债 40M；企业只拥有本地市场和 P1 产品的生产技术。董事会为改变现状，决定重组企业管理团队，现高薪聘请你们分别担任企业的总经理、财务经理、营销经理、生产经理、研发（信息）经理等职务。

在模拟的初始阶段，你们所领导的企业将面临相同的市场环境、产品、资产、市场信息来源（该信息含有 3 年的产品和市场方面的预测）。企业各部门要通力合作，按照市场预测制定企业长远目标，确定企业主打产品和目标市场，争取在未来的 10 个模拟年度中将利润做到最大。

三、模拟企业的经营状况

虚拟企业长期以来一直从事 P（Product——产品）系列产品的生产与经营，P 系列产品包括 P1、P2、P3 和 P4。其中，P1 产品技术含量较低，P2 产品是 P1 产品的技术改进版，P3 产品和 P4 产品为全新技术，市场潜力巨大。

P1 产品在本地市场的知名度较高，客户对该产品较为满意。然而，目前市场上有 A、B、C、D、E、F6 家企业都生产 P1 产品，本地市场竞争日益激烈，P1 产品的市场份额逐渐减少，P2 产品的需求量会进一步增加。随着社会的发展和技术的进步，P3 产品和 P4 产品的社会需求量和价格上涨空间潜力巨大。

为了保持本地市场份额，并进一步开拓国内和国际市场，该企业需要开发 P 系列新产品。

四、模拟企业财务状况

学生将接手经营的模拟企业总资产为 100M（1 亿元），其中流动资产 60M、固定资产40M，负债42M，所有者权益58M。详见资产负债表（见表7.1）和利润表（见表7.2）。

表 7.1　资产负债表

起始年

资　　产	金额 /M		负债和所有者权益（或股东权益）	金额 /M	
	上　　年	起 始 年		上　　年	起 始 年
流动资产：			流动负债：		
库存现金	20		短期借款	0	
应收账款	14		应付账款	0	
其他应收款	0		其他应付款	0	
原材料	2		应交税费	2	
在产品	12		流动负债合计	2	
产成品	12		长期负债：		
流动资产合计	60		长期借款	40	
			企业无抵押债券	0	
非流动资产：			长期负债合计	40	
土地和厂房	30		负债合计	42	
在建工程	0		所有者权益：		
机器设备	10		实收资本	45	
固定资产合计	40		留存收益	9	
无形资产及其他资产：			本年净利	4	
无形资产	0		所有者权益合计	58	
资产总计	100		负债和所有者权益总计	100	

表 7.2　利润表

项　　目	金额 /M	
	上　　年	起 始 年
销售收入	36	
减：直接成本	14	
毛利	22	
减：期间费用	9	
折旧前利润	13	
减：折旧与摊销	5	
支付利息前利润	8	
加：财务收入　减：支出	2	
加：额外收入　减：支出	0	
税前利润	6	
减：税金	2	
净利润	4	

1. 流动资产

流动资产包括库存现金、应收账款、存货等。该模拟企业现有流动资产60M。其中，模拟企业初始年库存现金20M；应收账款14M，账期3Q（季度）；原材料2M、在产品12M、产成品12M。

2. 非流动资产

非流动资产包括土地和厂房、在建工程、机器设备等。该模拟企业现有非流动资产40M。其中，土地和厂房30M；机器设备（生产线）10M。

3. 负债

负债包括流动负债和长期负债。其中：流动负债包括短期借款、应付账款、其他应付款、应交税费等；长期负债包括长期借款和企业无抵押债券等。

该模拟企业现有长期借款40M和应交税费2M。

4. 所有者权益

所有者权益包括实收资本、留存收益和本年净利等。该模拟企业现有所有者权益58M。其中：实收资本45M；留存收益9M；本年净利4M。

第二节　模拟企业的市场环境分析

一、市场环境分析

企业与市场环境共同构成一个大系统。企业外部环境分析与企业内部环境分析是这一系统中的两个子系统，两者必须相互配合才能产生协同效应。但从企业角度来看，外部环境这一子系统是企业不可控制的客观环境，时刻处于变动之中。因此，企业必须经常对自身系统进行调整，才能适应外部环境的变化。

外部环境变化对一个企业产生的影响，可以从三个方面来分析。一是对企业营销有利的因素，即它对企业市场营销来说是环境机会；二是对企业营销不利的因素，它是对企业市场营销的环境威胁；三是对该企业营销无影响的因素，企业可以把它视为中性因素。对机会和威胁，企业必须采取适当的对应措施，才能在环境变化中生存下来。

外部宏观环境分析包括政治法律、经济、科技、文化等方面的分析，即对社会需求的综合分析，目的是寻找机会把企业的产品卖出去，把企业做强做大。

1. 政治法律

政治法律指可能对市场产生影响的国家法律、政党意志、政府政策、舆论导向、社团民意等的总和。任何国家的一项经济政策的出台，一项经济措施的出台，对某些行业及企业的生存与发展影响巨大。

例如，每一次美国总统大选都是一次财团实力的较量，不同的候选人都有其施政主张，要么施政主张代表了其背后的财团利益，要么因其施政主张符合某些财团利益而得到支持。一个总统候选人主张禁酒，他若上台，酒厂就得关门；反之，酒、酒桶、粮食、酒店等都会畅销。所以，美国总统选举中的民意测验很受关注，商人们必须根据选情做好生意上的准备。

2. 经济

这里所说的"经济"指各个行业及其相互联系。经济是由各个行业紧密联系的整体，其特点正如汉语的字面含义，"经"就是经络，"济"就是支持，即各个行业如经络一样相互联系，相互依存，构成了上下游关系。如房地产业，关联着建材、钢材、劳务、装修、家电、绿化、城建、电力、自来水、液化气等，龙头产业发生重大变化，对经济具有全局性影响。例如：2008年上半年，中国经济有过热迹象，于是政府就出台政策抑制房地产业的发展；而在2008年下半年，金融危机爆发，中国出口受到致命打击，为了保持经济整体的发展势头，中国政府反过来又出台政策刺激房地产业的发展。

经济的主要行为特征是上下游联系。上游行业急剧萎缩，必然导致下游产业发展机会锐减；下游产业急剧萎缩，必然导致上游产业成本激增。直接的上下游关系，影响传递较快，影响程度较大；间接的上下游关系，影响传递较慢，影响程度较小。

3. 科技

这里所说的"科技"指具有降低成本、提高产品质量、引发新的消费的科学发现、技术发明、工艺改进的总和。科技发展对经济的影响往往是刚性的。

一项新技术转化成现实生产力需要一个过程，从核心技术到技术方案，从技术方案到实验室工程，从实验室工程到产品，从产品到商品，从商品到项目，从项目到公司，有时一项技术从发明到产生经济效益需要几年的时间。

技术在概念刚刚出现时发展很慢，到了发展期，发展速度会迅速提高，而到了饱和期，发展速度又会降下来。从初始期到发展期，从发展期到饱和期，两个拐点的预测与把握十分重要。在技术发展的初始期要关注，即思想跟进；在技术功能的发展期要重视，即行动跟进；在技术发展的饱和期要关注下一个技术概念，即信息跟进。

4. 文化

这里所说的"文化"指对消费行为具有影响的习俗、习惯、偏好、时尚、信仰等因素的总和。文化是对终端消费者影响最为直接的因素，所以，商务策划必须重视市场环境中的文化因素。

文化发展变化有三个基本规律：主流换代、历史轮回、层次提升。

"主流换代"指年轻一代带着历史痕迹替代年长一代成为社会主流，社会文化特征也将随之发生变化。

"历史轮回"则是文化固有的现象——某些时尚会在衰落很长时间后再度时兴。例如，2002年在上海举办的APEC会议，各国领导人穿上了中国的"唐装"，就是服装文化轮回现象的一个缩影。一切流行的都已被历史记忆，一切流行的都将被历史回忆。

"层次提升"指人们的文化追求因物质财富日益丰富而逐步提高。就个人文化层次提升而言，其生理需要、安全需要、归属需要、尊重需要、价值实现的需要依次递升；就全社会来说，随着物质文明的发展，高层次精神需求的人口比例越来越高。

随着主流换代而文化层次越来越高，历史上的文化形式在更高层次再现，也许这就是文化变化的三大规律的合成。

影响市场环境的因素除上述四个方面外，还有气候变化、自然灾害、战争、社会动乱等。所以，分析市场环境，在定性的基础上，还需定量。市场环境的定量分析，涉及市场调查、信息收集与分析等。

分析市场环境的目的是寻找机会，然而，机会不仅是客观的，也是主观的。"机会"是客观环境与主观认识的统一。

人们对环境的认识必然带有一定程度的主观色彩，即便面对同样的环境，由于心态不同，对环境的判断也会有所不同。就如同"荒岛卖鞋"的故事：本来荒岛上的人不穿鞋，两个人去卖鞋，一个人先去了发现那里的市场不需要鞋，徒劳而返；另一个人接着去了，发现那里的市场没有人去满足，是空白市场，于是对赤脚人开展教育，最终给每个人都穿上了鞋。

据说，20世纪70年代的中国，有两个农村小孩儿，因为过不了穷困日子，两人结伴到城市闯荡。在火车站下车后，两人找水喝，那时火车站的水需花钱买，一杯水卖1分钱，一个小孩儿马上说："城市不好，一杯水就要1分钱，怎么混日子？还是回老家……"另一个小孩儿说："城市好呀！一杯水都能卖上1分钱，适合闯天下。"两个人从此分道扬镳，命运也因此天差地别。

所以，怀着尊重的、积极的心态，在创新思维的启示下，对市场环境进行分析，才能发现与利用市场机会。

二、模拟企业的市场环境分析

根据一家权威的市场调研机构对未来10年各个市场需求的预测，P1产品是目前市场上的主流技术产品，但在不久的将来会面临激烈的竞争。竞争可能来自于当地的同行，或是来自外国竞争者，又或是来自P系列其他产品。

P2产品作为对P1产品的技术改良产品，是下一步的自然发展方向。P2产品可望补偿针对P1产品需求的下降，也比较容易获得客户的认同。

P3产品是一个技术上遥遥领先于P2产品的新产品，被视为未来技术上及有利于环保方面的一个飞跃。目前很难评估客户针对这种新技术的态度。

P4产品被视为一个未来技术的产品，大家都在观望，然而它的市场何时才能形成是一个难以确定的问题。

作为P系列产品的高新技术，各个市场的认同度不尽相同，需求量和价格也会有较大的差异。下面我们针对不同的目标市场分阶段进行详细的预测分析。

本地市场对P1产品的需求已经减少，但是在不久的将来，仍然存在着对P1产品的需求。为了弥补这个市场需求的下降，新的市场或许存在着机遇。

开始阶段，或许可以立足于企业周边的地域（国内市场和亚洲市场），预计那里对低技术产品（P1产品和P2产品）需求会很不错。这两个市场的需求量有很大的差别：以产品数量计，亚洲市场与本地市场相等，国内市场估计只有本地市场的一半。

欧美市场的建立需要很长时间，大约为3年。因此针对其需求量的预测自然很不确定。这个市场被认为相当大，并且偏好高技术含量的产品。在这个市场上可以销售低技术产品，但是价格竞争会非常激烈。

进入国际市场可以在本期预测的时间段完成。这个市场估计会偏向于低技术产品，同时也存在着在后期可以销出技术更先进的产品的可能性。

进入一个市场意味着建立一些销售机构，它们可以销售企业所生产的产品。企业生产部分将永远不会移至国外。

第三节　模拟企业部门职能

一、采购部门

采购是企业运作的重要环节。企业的产品成本约 1/3 是原材料成本，而采购的价格是原材料成本的绝大多数。此外，采购承担着为获取企业资源的责任，保证企业连续生产运作。

P 系列产品的 BOM（bill of material——物料清单）如下。

类型：A、B、C 三种原材料，价值均为 1M。红色币代表原材料 A；绿色币代表原材料 B；蓝色币代表原材料 C。

说明：各种原材料均以批为单位，在用途上有所差异，但价值均为 1M。A 类原材料为产品 P 系列的基础材料，在产品 P1、P2、P3、P4 中使用，采购提前期为一期。B 类原材料为科技含量较高的原材料，在 P2、P3、P4 中使用，采购提前期为一期。C 类原材料为 P 系列产品中科技含量最高的原材料，在 P3、P4 中使用，采购提前期为二期。

配比方法：P1 产成品由一个 A 原材料与 2M 生产费用组成；P2 产成品由 A、B 原材料各一个与 2M 生产费用组成；P3 产成品由 A、B、C 原材料各一个与 2M 生产费用组成；P4 产成品由 A、B 原材料各一个及 C 原材料两个与 2M 生产费用组成。配比方法参照表 7.3。

表 7.3　配比方法

	P1 产品	P2 产品	P3 产品	P4 产品
原材料配比	A	A∶B	A∶B∶C	A∶B∶2C
原材料总价值	1M	2M	3M	4M

原材料价格与采购提前期见表 7.4。

表 7.4　原材料价格与采购提前期

原材料种类	A	B	C
原材料价格	1M	1M	1M
采购提前期	1Q	1Q	2Q

二、生产部门

1. 厂房

类型：根据所容纳生产线数量与价值的不同，厂房分为大厂房与小厂房（见表 7.5）。

表 7.5　厂房类型

	价　值	年　租　金	生产线容量
大 厂 房	30M	3M	3 条生产线
小 厂 房	20M	2M	2 条生产线

说明：企业可在年底购买或租赁厂房以扩大生产。如购买厂房需要从现金中取出厂房相应价值放入厂房价值栏中；如租赁厂房，租金按年度支付，在财务报表中归入"期

间费用"项目。企业自有厂房可按原值出售，即将厂房价值栏中的现金币直接放入现金栏中，作为企业的流动资金使用，同时向指导教师申请将厂房（自有）的标牌换为厂房（租赁）的标牌。

2. 生产线

生产线类型分为半自动生产线、全自动生产线和柔性生产线（见表 7.6）。

表 7.6 生产线类型

生 产 线	半自动生产线	全自动生产线	柔性生产线
购买价	8M	18M	24M
安装周期	2Q	3Q	3Q
残值	2M	6M	8M
调整费用	2M	4M	无
调整时间	1Q	2Q	无
维修费用（每年）	1M	1M	1M

新建生产线：安装周期和购买价格参照表 7.6，安装完成后方能投入使用。以全自动生产线为例，全自动生产线安装周期为三期，购买价为 18M。将新购入建设中生产线上放置三个空桶，在每期新建生产线时投入 6M，三期投满 18M 时将币移至设备价值中。

生产线调整：处于生产中状态的半自动与全自动生产线若要变换生产产品的类型则需要调整。调整时间与费用见表 7.4。例如，要使用现有生产 P1 产品的全自动生产线生产 P2 产品，需在该生产线空闲时（即没有在制品）进行调整，需要经过两期的调整时间，每期花费 2M 的调整费用，共计 4M。

出售生产线：没有在制品处于生产状态的生产线可以出售，残值参照表 7.4。

维修：在全年的经营过程中，每条参与生产的生产线都要支付 1M 的维修费用。

折旧：专指机器设备折旧，采用余额递减法，每年从设备价值中提取出 1/5，当设备价值不多于 5M 时，每年折旧以 1M 计，在建工程不计提折旧。

三种类型生产线的比较参见表 7.7。

表 7.7 三种类型生产线比较

	安 装 期	购买价格	产 能	调整时间与费用
半自动生产线	短	低	低	时间短、费用低
全自动生产线	长	较高	高	时间长、费用高
柔性生产线	长	高	高	无

3. 生产

（1）更新生产、完工产品下线。将组装车间中的在制品移至相应产成品库，加工车间中的在制品移至组装车间。

（2）新产品上线。更新生产后，在加工车间空闲的时候，可以开始生产新产品。投入生产的生产线可以不满负荷生产，如全自动生产线可只上线生产一批产品，而不是两批。

4. 生产加工

新产品上线时，将相应原材料出库进入加工车间开始加工，并一次性投入加工费（如工人工资等，支付现金）。不同的生产线或不同的产品，其生产费用也不同，用全自动 /柔性生产线生产 P 系列任何一种产品，加工费用均为 2M，用半自动生产线生产 P1、P2

产品加工费为 2M，生产 P3、P4 产品加工费为 3M（见表 7.8）。

表 7.8　生产加工表

	P1 产品	P2 产品	P3 产品	P4 产品
半自动（每批产品）	2M	2M	3M	3M
全自动 / 柔性（每批产品）	2M	2M	2M	2M

5. 产成品

产成品类型：P1、P2、P3、P4。

说明：产成品以批为单位，一桶产成品为一批。一批产成品由原材料与加工费组成。例如，全自动生产线生产的 P2 产成品是由一个红色原材料 A 与一个绿色原材料 B 再加两个现金币的加工费用（总数四个币即构成直接成本）。

6. 生产部门职能

营销部门：生产能力计算。

采购部门：提出原材料需求计划。

财务部门及总经理：产品类型、生产线匹配、成本分析。

三、营销部门

1. 营销网络建设

市场是企业进行产品营销的场所。只有把营销网络做大、做强、做久，企业才能得到更好的发展。目前，企业仅拥有本地市场，还有国内市场、亚洲市场、欧美市场和国际市场四个未开拓的市场，目标市场建设期和费用参见表 7.9。

表 7.9　目标市场建设期和费用表

名　称	建　设　期	建设费用（每年）	费用合计
本地市场	开放	开放	开放
国内市场	1 年	1M	1M
亚洲市场	2 年	1M	2M
欧美市场	3 年	1M	3M
国际市场	3 年	1M	3M

说明：目标市场的开拓无先后顺序，并且期间可中断开拓，当市场开拓完毕会得到一个相应市场准入证书。

2. 国际质量体系认证与环境体系认证

认证类型：ISO 9000、ISO 14000。

说明：随着客户对产品质量和环保要求的提高，各市场将陆续出现要求认证的订单，若欲获得此类订单，你的企业必须取得相应的认证资格，其所需时间和费用见表 7.10。

表 7.10　取得认证资格所需时间和费用

	ISO 9000 产品质量认证	ISO 14000 产品环保认证
时　间	2 年	4 年
投　资	共 2M（每年 1M）	共 4M（每年 1M）

3. 市场订单（见图 7.1）

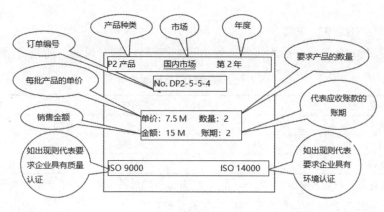

图 7.1　市场订单

4. 市场竞标规则

各市场在每年年初都将举行一次市场竞标会，各组需填写市场竞标单和广告单。只有完成某个市场的营销网络建设，并由指导教师颁发营销网络证书，方能取得进入该市场的资格。此时，便可在该市场参加市场竞标。

在新的营销网络建设完成后，选取某种产品的订单时，决定选单顺序的因素依次如下。

（1）投标价格。投标价格低者先选单，但投标价格不能低于当年商业预测的最低价，否则会被视为恶意竞争者，取消其选单资格。

（2）应收账款的账期。在投标价格相同的情况下，取得货款账期长者（最长 3 期）可先选订单。

（3）广告费。在前两项因素相同的情况下，广告费投入多的公司可优先选取订单。

（4）其他。在前 3 项因素相同的情况下，投标单先提交的公司先选单。

5. 待销售产品

待销售产品类型：P1、P2、P3、P4。

说明：本课程虚拟 P 系列产品，产品共分为四种，分别为 P1、P2、P3、P4。各产品价格与市场走势详见每年年初的商业预测信息。

各销售订单都规定了产品的数量，只有当相应的产成品库存量达到这个数量时方可对该订单交货。交货时销售经理从相应产成品库中拿出相应数量的产品交给指导教师；财务经理同时把这些产品的直接成本记下，以备填制利润表之用。指导教师根据订单金额支付相应的货款，货款是以应收账款形式表现的，将货款放到沙盘上"应收账款"的相应位置。

当年所接的订单，如果年底前没能交货，无法完成的订单会被收回，并收取订单总额的 20% 作为违约金。

例如，假设 A 公司第 3 年接到 1 张本地市场 5 批 P1 产品和 1 张国内市场 4 批 P1 产品的订单，当第三期交货之时，国内市场的订单（总金额为 20M）尚未交货，而此时 P1 产成品只有 3 批，不足以交货，即无法完成当年订单，那么此订单会被收回，并收取 4M 作为违约金。

四、研发部门

研发类型：P2、P3、P4。

说明：P2、P3、P4三种产品均需要研发方可生产销售，研发时间与所需费用参见表7.11。

表 7.11　研发时间与所需费用

产　品	P2	P3	P4
时间	4Q	4Q	4Q
投资	6M	12M	18M
研发规则	1-1-2-2	2-2-4-4	4-4-5-5

研发规则说明：以研发P2产品为例，研发P2共需要经过四期建设，第一期需投资1M、第二期投资1M、第三期投资2M、第四期投资2M，共需投资6M。

五、财务部门

融资渠道类型：长期贷款、短期贷款、出售厂房、应收款贴现、无抵押债券。

（1）长期贷款。允许各企业在每年年末以20的倍数申请，贷款额度为短期贷款与长期贷款之和不得超过上一年所有者权益的2倍。长期贷款利率为5%，贷款期限最长6年，每年年末支付贷款利息。

（2）短期贷款。允许各企业在每期的期初以20的倍数申请，贷款额度为短期贷款与长期贷款之和不得超过上一年所有者权益的2倍。短期贷款利率为10%，贷款期限最长为3期，利随本清。

（3）出售厂房。你可以在年末以原值出售厂房，出售时厂房中如有生产线，则必须将其租回，并在年底支付租金。

（4）应收账款贴现。如果你急需现金，可以将未收到的应收款卖给金融公司，这些金融公司将要等待客户的付款，当然你需要支付贴现费用。在我们的模拟中，从应收账款中取出7M放入6M现金，剩余1M作为贴现费用，放在沙盘贴现的位置。贴现可以在任何时候进行，金额为7的倍数。不论应收账款账期长短，贴现费用都为1M。

（5）无抵押债券。你可随时发行无抵押债券来融资（以20的倍数申请，总的应付债券不能超过40M，还款期最长3年），利率20%。

说明：当申请贷款时须在还本年限处放置空桶，除短期贷款以期为单位外，长期贷款与无抵押贷款以年为单位，向现金方向移动，当空桶移至现金时企业须还本。到期无法还本的企业则视为破产。参见表7.12。

表 7.12　贷款额度与利息

	额　度	利　息
长 期 贷 款	上年所有者权益的2倍（20的倍数）	5%（每年年底付息）
短 期 贷 款		10%（利随本清）
贴　现	在应收账款中变现	1/7（收7M应收款，支付1M贴现息）
出 售 厂 房	原值	直接变现
无抵押债券	随时发行，最多（20的倍数）	20%（每年年底付息）

六、总经理

总经理代表着企业,并对企业经营负责,总经理既是行政一把手,又是股东权益代言人。

总经理对公司所有重大事务和人事任免进行决策,决策后,权力就下放给具体主管,总经理具体干预的较少。

总经理应营造一种促使员工愿意为公司服务的企业文化,并把公司的整体形象推销出去。

第四节　实验细则

操作一览表把各个小组在企业经营模拟中的各项行为按照顺序以表格形式加以记录,它是进行操作的"流程表"。操作一览表分为三个部分:年初业务、期间业务、年末业务。

1. 年初业务(见表 7.13)

表 7.13　年初业务

年初业务	支付应付税(根据上年度结果)	
	市场投入	
	挑选订单	
	加急交货	

说明:年初业务只在每年年初时操作,一年只做一次。

(1)支付应付税。如果上一年净利润为正数,并弥补前三年亏损后为正数时,按照利润的 33% 计提税金。

(2)准备新一年。财务部门提供现金预算,各部门讨论并制订本年度的发展计划,市场部经理要做出市场投入预测。

(3)市场招标会。各组的市场经理参加市场招标会。

2. 期间业务(见表 7.14)

表 7.14　期间业务

期间业务(重复三次)	更新短期贷款			
	获得新短期贷款			
	更新其他应付款			
	更新应付款			
	更新原材料订单			
	下原料订单			
	更新生产			
	处置生产线			
	新建生产线			
	生产线调整			

期间业务（重复三次）	产品上线生产			
	投资产品研发			
	更新应收款			
	交货给客户			
	支付管理费用			

说明：期间业务在年初业务完成后进行，一般情况下企业期间业务为一年四期，每季度一期。

在沙盘仿真模拟实验过程中，将期间业务的各步骤从上而下进行一遍为一期。每年度要重复模拟四次，再加上年初业务和年末业务，不仅工作量大，而且很烦琐。为了节省年度模拟时间，可将期间业务压缩成一年二期或三期，这样可增加模拟年度、提高模拟效率。博浪 ERP 电子沙盘的实验规则将一年分为三期，一年重复三次。

（1）更新短期贷款／获得新短期贷款。可视需要选择融资方式（长期贷款、短期贷款、出售厂房、应收款贴现、无抵押债券）中的一种。

（2）更新其他应付款／应付款。将其他应付款／应付款位置上的空桶向现金方向移动一期，但空桶移至现金中时需支付应付款。

（3）接受原材料订单。如已向原材料供应商下原材料采购订单，此时需要全部接收。

（4）下原材料订单。根据生产所需，在此时向原材料供应商下采购订单。

（5）更新生产。将生产线上产品向产成品库方向移动。

（6）处置生产线。可在此步骤将现有生产线出售。

（7）新建生产线。可在此步骤购入新生产线。

（8）生产线调整。没有在制品的生产线可调整其生产产品的类型。

（9）产品上线生产。当生产线空闲时，在此步骤将原材料上线生产，并投入加工费用。

（10）投资产品研发。在此步骤进行新产品的研发。

（11）更新应收款。将应收款向现金方向移动一期，如已进入现金区则可转变为现金使用。

（12）交货给客户。如已完成一张订单的生产，可将产成品按订单要求交货。

（13）支付行政管理费。支付 1M 的行政管理费用。

3. 年末业务（见表 7.15）

表 7.15　年末业务

年末业务	支付厂房租金／出售厂房／租赁厂房／购买厂房		
	支付长期贷款／应付债券利息		
	更新长期贷款／应付债券		
	获得新长期贷款		
	支付设备维修费		
	机器设备折旧		
	营销网络建设		
	ISO 认证投资		
	结账		

（1）支付厂房租金/出售建筑/租赁厂房/购买厂房。在此步骤进行对建筑的相应操作。

（2）支付长期贷款/应付债券利息。如长期贷款/应付债券并未到期，在此步骤需要为长期贷款与应付债券支付利息。

（3）更新长期贷款/应付债券。将长期贷款/应付债券向现金方向移动一格，如已进入现金区则需还本并付息。

（4）获得长期贷款。在此步骤可申请长期贷款。

（5）支付设备维修费。当年所有使用过的生产线均需支付1M的维修费用。

（6）机器设备折旧。机器设备拿出1/5作为折旧，当机器设备总值低于5M时，每年折旧以1M计提。

（7）营销网络建设。在此步骤进行新市场建设。

（8）ISO认证的投资。在此步骤进行ISO资格认证投资。

（9）结账。本年业务完成，财务主管负责结账。

第五节 实验评估

一、评估内容

评估内容主要包括业务收入、赢利能力、人力资源、信息化投入、信息化应用、信息化效能、决策支持能力、电子商务状况、合作能力、创新与发展能力等。

二、评估程序

评估的程序大致可归纳为下列两点。

1. 收集相关的数据

（1）反映企业经营过程和企业经营状况的各类表单。

（2）反映企业财务状况的报表。

2. 得出结论

运用相应分析方法、知识、经验及判断能力得出结论。

三、评估方法

1. 收入评估法

此方法是一种用来估计公正市价的评估方式，根据拥有权预计未来利益的现有价值。

收入评估法引入贴现现金流量分析。换言之，企业的价值是由可用于调动分配和投资的未来净现金流量，按市场回报率贴现所得。

2. 市场评估法

使用市场评估法来制定评估指标时，评估公司通常会拿近期在公开市场上进行买卖的同类型公司作比较。

3. 资产总值评估法

此方法又称为"净资产值评估方法"。它通过调整目标公司在评估日的最近期的资产负债表来反映公司现时的资产和负债的公正市价。企业的公正市价是由公司资产的公正市价减去现时的负债公正市价而得出的。

第六节　ERP 电子沙盘模拟过程中应注意的事项

一、财务问题的重要性

企业的经营活动、破产危险都取决于企业的现金流活动，要在最大限度提高企业效益的同时避免坍塌危险，就必须有准确的财务分析和预测。

二、竞争的不确定性

竞争是一种互动关系，竞争参与者的决策往往取决于环境的变化和竞争对手分析的结果。

三、战略目标的达成

SWOT分析很实用，不一定非得清晰地列出来，但起码要想想自己有什么、没有什么、喜欢什么、怕什么。

四、经营管理的复杂性

经营确实是一个非常复杂的过程，往往从经营计划到前提条件分析，再修订计划，再了解前提条件，经过销售部门—生产部门—研发部门—人力资源部门—财务部门，至少需要两次以上的循环讨论和互动过程，需要一系列缜密的分析和计算，对不同战略方案深入探讨，做出取舍，才能确保科学性和可执行性。

五、企业运作的思路和工具

在了解各种管理工作具体方法和内容的同时，也要注意思考部分工作在企业整体运作中的位置和影响，站在全局高度思考具体工作的方向。

六、产品研发的方向

产品研发的方向，不一定要盯着最大的市场，有时小市场的产品竞争者少，销售情况反而会更好。

七、企业运作的瓶颈

对企业运作的瓶颈部分，要做出特别激励，即使只是保证刚好完成任务，也对企业具有很大贡献。一个工序（部门）产量（工作量）相同，采用不同的运作方式会对企业整体效益产生不同影响：如完成 50% 交付 50% 与全部完成一次性交付，对企业整体绩效影响很大。

八、人员要培训

人员培训要达到企业的要求，教学过程中专门设置了新招聘的员工必须培训 1 年才能上岗的规则。

九、跟随型公司策略

市场（品牌）领先者地位的取得需要付出非常高的成本，尽管这个地位可以给企业营销带来很大好处，但巨大的成本也可能把企业拖垮。例如，有些央视"标王"就因为高估这个领先地位能给企业带来的营销帮助，同时忽略了企业财务状况，导致经营失败。因此，采用跟随者战略，有时不失为一种理性的选择。

十、合作谈判

合作谈判一定要与对方企业的关键人物——能够保证决策权和合作进程的人排他性地进行，避免以为合作达成的时候恰恰是对方已经与其他方面达成了合作。

十一、信息的重要性

在市场竞争中，信息非常重要，了解对手的财务状况对于研判对手的实力和决策倾向具有极大帮助。

教师服务

感谢您选用清华大学出版社的教材！为了更好地服务教学，我们为授课教师提供本书的教学辅助资源，以及本学科重点教材信息。请您扫码获取。

>> 教辅获取

本书教辅资源，授课教师扫码获取

>> 样书赠送

企业管理类重点教材，教师扫码获取样书

 清华大学出版社

E-mail: tupfuwu@163.com
电话: 010-83470332 / 83470142
地址: 北京市海淀区双清路学研大厦 B 座 509

网址: http://www.tup.com.cn/
传真: 8610-83470107
邮编: 100084